"Se já desejou ter horas o suficiente no dia para estudar como otimizar suas horas, Amantha Imber já fez isso por você. Ela tem o dom de extrair informações úteis de pessoas produtivas e pesquisas rigorosas, e seu livro prático e charmoso fará você economizar mais tempo do que gastará nesta leitura."

— Adam Grant, autor best-seller do *New York Times* do livro *Pense de Novo* e apresentador do TED podcast *WorkLife*

"*Seu tempo vale ouro* é uma leitura necessária para qualquer um que sente que não existem horas suficientes no dia. Este livro transformará sua forma de abordar seu dia de trabalho."

— Greg McKeown, autor best-seller do *New York Times*, dos livros *Sem Esforço* e *Essencialismo*

"*Seu tempo vale ouro* está transbordando com ideias práticas de como otimizar o seu tempo. Se quiser tornar o tempo gasto no trabalho mais produtivo, focado e proveitoso, *Seu tempo vale ouro* é uma leitura necessária."

— Nir Eyal, autor de *Indistraível*

"Muitas pessoas falam sobre utilizar o tempo com sabedoria, mas Amantha Imber é minha favorita: mais direta ao ponto, mais real e muito mais divertida. Leia este livro!"

— Jake Knapp, autor best-seller dos livros *Sprint* e *Faça Tempo*

"O foco preciso de Amantha na produtividade é uma ferramenta muito útil."

— Mia Freedman, cofundadora da Mamamia Media Company

"Um livro incrível, útil e prático. Amantha acerta nos detalhes e nos ajuda a conquistar muito mais a cada dia. Gostaria de ter lido este livro anos atrás."

— Sandra Sully, jornalista e apresentadora

"Se você valoriza seu tempo, então use-o sabiamente ao ler este livro. Garanto que será um tempo bem gasto."

— Tim Kendall, ex-presidente do Pinterest

"O tempo é um dos nossos recursos mais preciosos. Eu o desafio a ler este livro e NÃO encontrar maneiras práticas de usá-lo com mais sabedoria."

— Daniel H. Pink, autor best-seller do *New York Times*, dos livros *Quando*, *Motivação 3.0* e *Saber Vender É d*

"É como ser convidado para o que seria uma aula sobre 'truques superpoderosos' dos Vingadores da Marvel — muitas dicas fantásticas (e muitas vezes peculiares) de como garantir que controlará a vida (em vez da vida controlar você) nos seus termos, da sua maneira e com repercussão no trabalho, passatempos e relacionamentos. *Seu tempo vale ouro* é um tempo bem gasto."

— Nicole Sparshott, CEO da Unilever na Austrália e na Nova Zelândia

"A expertise da Amantha e o amplo conhecimento que ela reuniu em seu podcast ganham vida nestas páginas. *Seu tempo vale ouro* é cheio de dicas e truques fáceis de serem aplicados por qualquer indivíduo tentando viver uma vida mais produtiva e mais feliz, seja como pai, funcionário ou gerente — ou todos os três."

— Laura Mae Martin, Conselheira Executiva de Produtividade do Google

Seu Tempo Vale Ouro

Copyright© 2024 Alaúde Editora Ltda, empresa do Grupo Editorial Alta Books (Starlin Alta Editora e Consultoria LTDA).
Copyright© 2022 Amantha Imber.
ISBN: 978-85-7881-666-7

Translated from original Time Wise. Copyright © 2022 by Amantha Imber. ISBN 978 1 76104 554 7. This translation is published and sold by Penguin Random House Australia, the owner of all rights to publish and sell the same. PORTUGUESE language edition published by Alaúde, Copyright © 2024 by STARLIN ALTA EDITORA E CONSULTORIA LTDA.

Impresso no Brasil — 1ª Edição, 2024 — Edição revisada conforme o Acordo Ortográfico da Língua Portuguesa de 2009.

I32s	Imber, Amantha
	Título original: Seu tempo vale ouro. Métodos poderosos para fazer o seu dia render nos negócios, na carreira e na vida pessoal. Amantha Imber ; traduzido por Gabriela Nascimento.Rio de Janeiro : Alta Books, 2024.
	304 p. ; 16cm x 23cm.
	Tradução de: Time Wise
	ISBN: 978-85-7881-666-7
	1. Autoajuda. I. Nascimento, Gabriela. II. Título.
2023-1307	CDD 158.1
	CDU 159.947

Elaborado por Vagner Rodolfo da Silva - CRB-8/9410

Índice para catálogo sistemático:
1. Autoajuda 158.1
2. Autoajuda 159.947

Todos os direitos estão reservados e protegidos por Lei. Nenhuma parte deste livro, sem autorização prévia por escrito da editora, poderá ser reproduzida ou transmitida. A violação dos Direitos Autorais é crime estabelecido na Lei nº 9.610/98 e com punição de acordo com o artigo 184 do Código Penal.

O conteúdo desta obra fora formulado exclusivamente pelo(s) autor(es).

Marcas Registradas: Todos os termos mencionados e reconhecidos como Marca Registrada e/ou Comercial são de responsabilidade de seus proprietários. A editora informa não estar associada a nenhum produto e/ou fornecedor apresentado no livro.

Material de apoio e erratas: Se parte integrante da obra e/ou por real necessidade, no site da editora o leitor encontrará os materiais de apoio (download), errata e/ou quaisquer outros conteúdos aplicáveis à obra. Acesse o site www.altabooks.com.br e procure pelo título do livro desejado para ter acesso ao conteúdo..

Suporte Técnico: A obra é comercializada na forma em que está, sem direito a suporte técnico ou orientação pessoal/exclusiva ao leitor.

A editora não se responsabiliza pela manutenção, atualização e idioma dos sites, programas, materiais complementares ou similares referidos pelos autores nesta obra.

Produção Editorial: Grupo Editorial Alta Books
Diretor Editorial: Anderson Vieira
Editor da Obra: Ibraíma Tavares
Vendas Governamentais: Cristiane Mutüs
Gerência Comercial: Claudio Lima
Gerência Marketing: Andréa Guatiello

Produtora Editorial: Gabriela Paiva
Tradução: Gabriela Nascimento
Copidesque: Beatriz Guterman
Revisão: Mariá Tomazoni, Thamiris Leiroza
Diagramação: Alice Sampaio
Capa: Karma Brandão

Rua Viúva Cláudio, 291 — Bairro Industrial do Jacaré
CEP: 20.970-031 — Rio de Janeiro (RJ)
Tels.: (21) 3278-8069 / 3278-8419
www.altabooks.com.br — altabooks@altabooks.com.br
Ouvidoria: ouvidoria@altabooks.com.br

Editora afiliada à:

"A vida não é curta, mas nós a encurtamos,
e não somos mal supridos, mas a desperdiçamos...
A vida é longa, se souber usá-la."
— Seneca, *Sobre a brevidade da vida*

Para Frankie, o maior motivo de eu usar meu próprio tempo com sabedoria.

SUMÁRIO

Você usa seu tempo com sabedoria?   XI

PRIORIDADES
Defina o que importa   1
A definição de metas está ultrapassada. Aprenda a se renovar   3
Como atalhos mentais podem ajudar a impedir um *burnout*   6
Por que você precisa de um conselho administrativo pessoal   9
O passo crítico que a maioria das pessoas ignora quando toma decisões   11
Como fazer as perguntas certas o levará às melhores decisões   13
Um simples truque para tomar decisões mais éticas   16
Já se comprometeu demais? Você precisa do Iceberg do Sim   18
Nunca mais se arrependa de uma decisão com essa simples pergunta   21
Como decidir a quais reuniões comparecer   23
Por que você precisa lutar pelo *des*equilíbrio entre vida-trabalho   26
Como dominar o seu tempo nas tardes de sexta-feira   29
Um ritual diário para ajudá-lo a ver o panorama geral   32
Faça mais com uma lista de possibilidades   35
Quando você precisa colocar um limite na sua lista de tarefas   37
PRIORIDADES: Um resumo   39

ESTRUTURA
Defina o seu dia   43
Por que você precisa deixar seu cronotipo estruturar seu dia?   45
Como o registro de mudanças o ajudará a dominar seu tempo   48
Escolha um destaque satisfatório para cada dia   51
Como fazer mais tarefas de 10 mil dólares a hora e menos tarefas de 10 dólares a hora   53

É hora de podar as besteiras da sua agenda	55
Como impedir que as pessoas invadam seu calendário	57
Como tornar todas as horas produtivas	60
Pare de pensar em pausas como algo adiável	62
Como evitar ter um dia extremamente ocupado	64
Como parar de conferir os e-mails incessantemente	66
Por que você precisa terminar seu dia com a Técnica de Hemingway	69
É hora de começar um ritual da "hora de largar"	71
ESTRUTURA: Um resumo	75

EFICIÊNCIA
Trabalhe mais rápido e commais inteligência 79

Por que você precisa ir à caça aos zumbis	81
Pare de gastar tempo com tarefas repetitivas	83
Por que você precisa dizer "não" às reuniões em cafés	85
Como reduzir dramaticamente a carga das suas reuniões	87
Pare de desperdiçar o tempo de todo mundo — incluindo o seu	89
É hora de substituir as reuniões por vídeos	91
Recupere tempo agrupando reuniões	93
Uma fórmula para reuniões mais eficientes	95
Por que você precisa de uma lista de coisas "a discutir"?	98
Trate seu e-mail como a sua roupa suja	101
Uma estratégia simples para reduzir o desperdício de tempo	104
Abra caminho para um comportamento melhor	107
Como parar de esquecer o que você leu	110
Como um mouse pode lhe dar superpoderes de produtividade	112
EFICIÊNCIA: Um resumo	115

FOCO
Entre no ritmo 119

Utilize a arquitetura comportamental para transformar o seu relacionamento com o celular	121
Você precisa de um cofre inteligente para o seu celular	123
Como um elástico pode domar o vício digital	125
Tire o celular da mesa para aumentar a felicidade	127
Torne o seu celular chato	129
Uma estratégia simples para parar de rolar a tela sem pensar	131
Como parar de conferir o e-mail no feriado	133
Permita-se sentir mais solidão	135
Como usar o seu espaço físico para entrar no ritmo	138
Como um segundo computador o ajudará a manter-se em dia	140

Um truque simples para destravar	142
Como um roteiro pode te ajudar a destravar	144
Por que você precisa usar o Temporizador da Dificuldade	146
Como ficar confortável com o desconforto o tornará mais produtivo	148
Como usar a música para entrar no ritmo	151
Uma maneira nada convencional de conseguir o ritmo criativo	153
O real motivo para a sua procrastinação	155
FOCO: Um resumo	157

REFLEXÃO
Olhe para si mesmo

	163
Por que você precisa agendar *check-ups* regulares?	165
Use a insegurança como uma força, não uma fraqueza	167
Pare de tentar ser a pessoa mais inteligente na sala	169
Lembre-se, é a sua história	171
Transforme o medo em entusiasmo com uma simples pergunta	173
O momento ideal para buscar feedback	175
Como conseguir um feedback que seja realmente útil	177
Está na hora de pagar as pessoas para te criticarem	180
O poder de assistir a si mesmo	182
Uma simples frase para te motivar a fazer coisas que você não quer	184
Lembre-se de que você vai morrer	187
REFLEXÃO: Um resumo	189

CONEXÃO
Construa relacionamentos melhores

	193
Por que você precisa de um manual de instruções de uma página	195
Use uma peça de roupa para transformar seu comportamento	198
O poder de presentes não solicitados	200
Pare de pensar em si mesmo como uma ilha	202
Por que você precisa se tornar um doador extremo	204
Como ser melhor em networking — sem conhecer novas pessoas	206
Um conselho para construir um relacionamento rapidamente	209
Como evitar conversa fiada ao conhecer novas pessoas	211
Faça com que conhecer novas pessoas em eventos seja menos aterrorizante	213
Um simples truque de números para facilitar o networking	215
Por que você precisa enviar e-mails mais divertidos — e como fazê-lo	217
CONEXÃO: Um resumo	221

ENERGIA
Mantenha o seu brilho 225
Como uma nota adesiva pode ajudá-lo a ser mais resiliente 227
Uma maneira fácil de monitorar se as coisas estão saindo dos trilhos ... 229
Como transformar o trabalho duro em algo agradável 232
O ritmo ideal para o trabalho duro 234
Como fazer um hábito durar 236
Por que você precisa fazer piada do trabalho sério 239
Por que você precisa de uma Pasta da Alegria 241
Como a senha do seu computador pode torná-lo mais produtivo 243
É hora de parar de se apressar 245
Por que vale a pena considerar comprar mais tempo 247
Como remover recorrências irritantes da sua vida 249
Uma forma de dizer "não" sem culpa 252
O poder do "Sim, mas" 255
Crie uma lista do que não fazer 257
ENERGIA: Um resumo 259

Tempo bem gasto 263
Outros materiais 265
Referências 267
Agradecimentos 279
Sobre a autora 283

Você usa seu tempo com sabedoria?

"A má notícia é que o tempo voa. A boa é que você é o piloto."
— Michael Altshuler

Há alguns anos eu me deparei com um meme que viralizou na internet. Ele dizia: "Seu dia tem a mesma quantidade de horas que o da Beyoncé."

Imediatamente eu pensei: "*É isso aí, eu consigo!*" Porém, isso foi rapidamente seguido por: "*Então por que eu não vendi mais de 100 milhões de álbuns mundialmente, enquanto cuido de gêmeos e advogo por importantes causas feministas globalmente? O que eu tenho feito com a minha vida!?*"

Convenci a mim mesma de que eram, simplesmente, as minhas habilidades vocais e o fato de o meu óvulo fecundado ter falhado em se dividir no útero que me impediam de conquistar tais feitos. Mas isso me fez pensar: *Essas pessoas de grande sucesso usam seu tempo de forma diferente do resto de nós?*

Veja bem, a não ser que seja a Beyoncé (e sejamos sinceros, ela não é o público-alvo deste livro), você provavelmente está pensando: "*Talvez eles usem o tempo de forma diferente, mas eles também têm um pelotão de pessoas para ajudá-los a lidar com a caixa de e-mails lotada, a servir jantares perfeitamente balanceados, preparados por um chefe todas as noites, e a limpar manchas e tirar cheiros estranhos dos seus banheiros. Minha vida é caótica e ocupada! E eu tenho que esfregar o meu próprio banheiro!*" Eu te entendo. Eu e milhões de pessoas ao redor do mundo.

Uma pesquisa da Organização Mundial da Saúde sugere que estamos trabalhando por mais tempo do que nunca. Em 2016, 488 milhões de pessoas ao redor do mundo trabalhavam mais do que 55 horas semanais. Você pode até pensar que não é tão ruim — bem, na verdade é. Trabalhar mais de 55 horas na semana aumenta as chances de sofrer um acidente vascular cerebral ou doença do coração em 35% e 17%, respectivamente, quando comparados à rotina padrão de 35 a 40 horas semanais. O trabalho duro está literalmente nos matando.

E aquele maldito vírus, chamado covid, não ajudou em nada.

Uma pesquisa com quase 3 mil profissionais nos Estados Unidos descobriu que 70% daqueles que mudaram para o trabalho remoto durante a pandemia estavam trabalhando nos fins de semana. Quarenta e cinco por cento afirmaram trabalhar mais horas desde que passaram a trabalhar de casa, em comparação ao período em que trabalhavam no escritório.

Numa pesquisa que abrangeu 65 países, a gigante do software, Atlassian, descobriu que a média da carga de trabalho diária dos australianos aumentou em 32 minutos por dia durante a covid. O Índice das Tendências de Trabalho anual da Microsoft descobriu que o tempo gasto em chamadas de vídeo mais do que dobrou graças à pandemia, com a média de chamadas, agora, sendo 10 minutos mais longa. E todos nós sabemos como elas são envolventes e enriquecedoras.

Para piorar ainda mais as coisas, nós nunca fomos tão bombardeados com mensagens online. De acordo com o relatório da Microsoft, enviamos 45% mais mensagens de chat por semana em comparação aos níveis pré-pandemia, e 42% mais mensagens após o horário de trabalho. E em fevereiro de 2021, enviamos 40,6 bilhões a mais de e-mails do que no mesmo mês do ano anterior. Então, caso sinta que está se afogando toda vez que abre sua caixa de entrada, você, definitivamente, não está sozinho.

Só para descontrair, vamos trazer as aulas online para a conversa. Esse é outro pesadelo em tempo integral, quero dizer, trabalho em tempo integral. Com sorte, tudo estará bem e isso terá passado quando este livro chegar às livrarias.

Talvez não seja uma surpresa que a Microsoft tenha relatado que 40% dos trabalhadores ao redor do mundo estavam cogitando abandonar seus empregadores em 2021.

A vida profissional é difícil.

Porém, não tem que ser assim.

Em janeiro de 2018, minha vida era ocupada. Eu estava no comando de uma consultoria de gestão e tinha metas de crescimento ambiciosas, além de ser mãe, filha, amiga, dona de casa e por aí vai. Eu sentia como se estivesse correndo de um compromisso para o outro, e ainda assim, de alguma forma, eu conseguia tempo para ficar rolando o feed do Instagram toda a semana. Prioridades, não é mesmo?

Por ser janeiro, o mês oficial do recomeço, eu estava refletindo sobre o ano que havia passado e o que eu tinha conquistado. Claro, minha empresa, Inventium, estava indo bem e estávamos fazendo um ótimo trabalho. Mas o que eu tinha feito pessoalmente? Havia respondido milhares de e-mails pontualmente. Também havia enviado vários e-mails bem escritos. Passava a maior parte do tempo respondendo pedidos da minha equipe, dia após dia. Participava de centenas de reuniões e contribuía com colocações que pareciam ser inteligentes. Mas eu havia feito o meu melhor trabalho? Não exatamente.

Eu queria que 2018 fosse um ano maior e melhor. Queria transformar meus hábitos de trabalho, que eu sentia que deixavam muito a desejar. Queria parar de ser escrava da minha caixa de e-mails. Queria sair do escritório todos os dias em um horário razoável, para garantir que eu estivesse em casa, sem falta, para aproveitar o fim do dia com minha filha. Queria terminar cada dia de trabalho sentindo aquela sensação gloriosa de progresso que você experimenta quando faz um trabalho importante, em vez de ficar pensando "*O que eu, de fato, fiz hoje?*". Eu queria fazer minha vida parar de desaparecer no *looping* do Instagram. E eu queria parar de ser tão reativa.

Então, comecei um podcast.

Transformei-me de uma daquelas pessoas irritantes que dizem que vão começar um podcast para uma que realmente começa. (Então, agora eu sou uma daquelas pessoas irritantes que falam do próprio podcast em todas as conversas que têm.)

O podcast, *How I Work*, foi uma missão pessoal. Eu queria entender como as Beyoncés e os Elon Musks do mundo usam seu tempo de forma diferente do resto de nós, meros mortais. Como eles gerenciam seus dias, suas horas e seus minutos com tanta eficiência, enquanto nós sofremos para zerar a caixa de e-mails uma ou duas vezes ao ano?

Pessoas de grande sucesso possuem uma alta demanda. Suas caixas de e-mails transbordam, suas agendas estão lotadas, suas cargas de trabalho são arrebatadoras. Considerando essa demanda enorme e infinita por seu tempo e energia, como elas conseguem fazer as coisas?

Depois de 3 anos, mais de 150 entrevistas e mais de 3 milhões de downloads, eu posso concluir duas coisas.

Pessoas de grande sucesso, sem dúvida, lidam de forma diferente com seu dia de trabalho.

Suas estratégias podem melhorar sua produtividade e a forma como você trabalha, seja você um CEO, um pai ou mãe que trabalha fora, um estudante universitário, ou alguém tentando se manter no topo da vida.

Este livro dá acesso às respostas, aos segredos e às estratégias que cada uma delas encontrou para fazer as coisas funcionarem. Você se sentirá como se tivesse sido aceito em um clube exclusivo, à medida que aprende sobre as melhores táticas usadas pelas melhores pessoas em suas respectivas áreas de atuação.

Mostrarei o truque de Adam Grant, professor da escola de negócios Wharton, para tornar mais fácil entrar no ritmo do trabalho todas as manhãs. Você descobrirá como a cocriadora e coprotagonista de *Broad City*, Abbi Jacobson, usa a Síndrome do Impostor a seu favor. E como a conselheira executiva de produtividade do Google, Laura Mae Martin, limpa sua caixa de e-mails.

O que você não encontra neste livro são estratégias de produtividade ultrapassadas, tais como: faça a sua tarefa mais importante primeiro; estabeleça metas claras e pare de conferir suas redes sociais. Você já sabe de tudo isso. Em vez disso, você aprenderá alguns dos métodos mais bizarros, excêntricos e, geralmente, construtivos de melhorar sua produtividade.

Você descobrirá o motivo pelo qual o ex-presidente do Pinterest, Tim Kendall, tranca seu telefone em um cofre por horas. Verá como o fundador e CEO do 1-800-GOT-JUNK, Brian Scudamore, pede a seu assistente que mude a senha do seu e-mail quando ele sai de férias, para que seja forçado a fazer uma pausa apropriada. E descobrirá o motivo de Sandra Sully reassistir a suas performances quase todas as noites.

Apresentar o *How I Work* é o trabalho dos sonhos, pois me fascina saber como as pessoas bem-sucedidas fazem as coisas.

Desde que eu me lembro, sempre fui alguém que se empenha em melhorar e conquistar. Algumas das minhas memórias mais vívidas da escola primária envolve minha tendência escrupulosa e competitiva — sempre querendo ser melhor.

Minha arqui-inimiga na escola primária era uma garota chamada Bonnie Smart. Ela fazia jus ao nome (Smart significa inteligente em inglês). A corrida pelo primeiro lugar na competição acadêmica era sempre entre Bonnie e eu. Eu me sentia devastada toda vez que ela conseguia notas maiores que as minhas em algum teste de matemática. E ficava alegre (e secretamente presunçosa) quando a superava.

Minha ambição continuou depois da escola, quando eu me tornei a pessoa mais jovem a se formar no Doutorado em Psicologia Organizacional pela Universidade de Monash. Eu já tinha as letras D e R na frente do meu nome aos 24 anos de idade. E já mencionei que me ofereceram um contrato de gravação com uma grande gravadora internacional durante o meu primeiro ano de doutorado, porque eu decidi seguir uma carreira paralela como cantora, compositora e guitarrista? Isso mesmo.

Por fim eu acabei negando o contrato de gravação, porque eu era nerd mesmo, ainda sou. Queria desesperadamente ser psicóloga, mais do que queria ser uma estrela do rock. Com quase 30 anos, comecei uma consultoria de ciência comportamental, a Inventium, e com o meu time aconselhei algumas das maiores empresas do mundo, como Google, Apple, American Express, Deloitte, Disney, Atlassian, Nestlé, Virgin, Visa e até mesmo a Lego. (Apesar de eu achar que a Lego não me contrataria novamente depois que eu dei aula em uma oficina para um time de desenvolvimento de produto no "Quarto Branco" na sua sede em Billund, na Dinamarca, e usei, acidentalmente, uma caneta permanente no quadro branco.)

Não digo tudo isso para me gabar (apesar de que, convenhamos, o parágrafo anterior não demonstra muita humildade), mas para dizer que eu sou uma pessoa que sempre teve tudo em ordem.

Porém, com quase 40 anos de idade, meus hábitos de trabalho começaram a se deteriorar.

Eu estava gerindo a minha empresa em um estágio de crescimento intenso e rápido, e estava estressada. Contudo, quando a empresa mais precisou que eu estivesse no meu melhor, em termos de pensamento estratégico, minha vida profissional se resumia a mandar e-mails e conferir a minha caixa de entrada toda vez que eu ficava "travada" (o que acontecia, literalmente, a cada poucos minutos), sendo constantemente interrompida pelos alertas das mensagens dos meus colegas de equipe, tentando balancear o trabalho em período integral com ser mãe, carente do sentimento de conquista no trabalho *e* esquecendo quais eram os meus objetivos. E não vamos nos esquecer das rolagens sem fim nas redes sociais.

Então, sendo uma psicóloga nerd plenamente funcional, eu me voltei para os periódicos acadêmicos em busca de ajuda. Ao mesmo tempo que comecei o podcast *How I Work*, eu rapidamente fiquei obcecada com a ciência da produtividade. Liderei um novo desenvolvimento de produto na Inventium, para elaborar programas de ajuda para os nossos clientes vencerem batalhas contra a distração digital e ensinar seus funcionários a fazer um trabalho absorto e bem focado. A produtividade se tornou a minha vida. E eu estava constantemente experimentando com as melhores formas de trabalhar e tornar o trabalho mais gratificante.

E eu precisava dessas estratégias mais do que nunca. Em agosto de 2019, eu me separei do meu marido e pai da Frankie, minha filha. A mudança de ver minha filha todos os dias para vê-la só metade do tempo e estabelecer-me na minha nova vida de mãe solo — sem mencionar a luta com mais de 250 dias de *lockdown* e ter que mudar completamente a minha empresa para sobreviver à pandemia global — complicou minha vida.

Em meados de 2020, minha CEO e eu tomamos a decisão de testar a semana de quatro dias, na qual os funcionários são pagos o salário do período integral, mas espera-se que eles façam o trabalho referente a apenas quatro dias de trabalho de duração normal. Todos nós tivemos que mudar a forma com que trabalhávamos — e mudamos. A produtividade aumentou em 26% em seis meses do nosso experimento e tornamos a semana de quatro dias algo permanente.

Com todo o caos ao meu redor e a tentativa de fazer meu trabalho completo em quatro dias, usar meu tempo com sabedoria se tornou meu superpoder e, pelo que descobri, graças aos meus convidados do *How I Work* e com pesquisas científicas para sustentar meu argumento, usar seu tempo com sabedoria pode, facilmente, tornar-se seu superpoder.

As estratégias que aprendi com os especialistas que entrevistei no *How I Work* se dividem em sete categorias. Este livro começa com **Prioridades**, em que você aprenderá como os melhores do mundo decidem seus objetivos, para o que dizer "sim" e "não". Então seguiremos para o capítulo nomeado **Estrutura** e examinaremos como eles organizam seus dias, semanas, meses e anos proativamente. Na seção sobre **Eficiência**, você aprenderá um monte de truques surpreendentes para economizar tempo.

O **Foco** vem em seguida, no qual você verá como as pessoas que conquistaram mais conseguem se desligar das distrações digitais e permanecer focadas no que importa. Então, partiremos para a **Reflexão**, que nos mostra como meus convidados superaram o diálogo interno negativo da Síndrome do Impostor.

Na seção sobre **Conexão**, eu te guiarei na construção de redes sólidas e em como facilitar o encontro com novas pessoas e a criação de novas conexões. Finalizaremos dando uma olhada na **Energia** e nas diferentes estratégias que meus convidados usaram para trazer mais alegria, gratidão e energia para suas vidas de trabalho.

Você pode ler este livro do começo ao fim, ou talvez queira começar pela parte que achar mais interessante — talvez onde sinta que precisa de mais ajuda. Também verá que as seções se complementam — por exemplo, a seção sobre estrutura exigirá que você pense sobre suas prioridades (que são abordadas na primeira seção, Prioridades). E aprender a minimizar as distrações com a seção sobre foco o ajudará a aplicar estratégias abordadas ao longo das outras seções com mais eficiência.

Escolha uma ou duas estratégias por vez e se comprometa a experimentá-las por uma semana ou duas, até que tenha se habituado ou queira mudar para algo novo.

Trate este livro como seu guia pessoal para dominar seu dia de trabalho da forma que os melhores do mundo fazem. E, como um bom efeito colateral, é possível que você descubra que sua vida pessoal também se beneficiará, com mais tempo e mais energia para dedicar àqueles que você ama e às atividades de lazer que você mais gosta.

Ok. Chega de tagarelar. Vamos dominar o seu tempo.

PRIORIDADES
Defina o que importa

Você começa o seu dia de trabalho com a melhor das intenções. Tem uma grande apresentação para preparar, então abre o PowerPoint. Porém, alguns minutos após começar o trabalho, seu telefone toca. É sua chefe. Ela tem uma tarefa urgente (apesar de que, se tratando dela, a tarefa de encontrar um meme engraçado e apropriado sobre determinado assunto para acompanhar um e-mail a ser enviado para toda a equipe em algum momento no ano seguinte seria classificada como urgente).

Deixando de lado pensamentos negativos sobre chefes, você desliga a ligação e começa a tarefa requerida. Contudo, você pensa consigo mesmo, *"É melhor eu conferir rapidinho a minha caixa de entrada para ver se tem algo realmente urgente esperando por mim"*. Claro que tem! Tudo na sua caixa de entrada vem com um falso senso de urgência.

Você se perde entre os e-mails, mas se lembra da tarefa que sua chefe requisitou. Volta para a tarefa, contudo, seu dia é interrompido por uma reunião no Zoom. E depois outra. E mais outra. Antes que você perceba, são 15 horas e você não preparou nada da sua grande apresentação.

Se esse cenário lhe parece familiar, você não está sozinho. Muitas pessoas levam seus dias de forma reativa. Mas o engraçado é que a maioria de nós nem percebe, porque nunca paramos para sair da nossa roda de hamster.

É hora de sair dessa roda e colocar um basta na sua reatividade. É hora de focar o que realmente importa.

Começaremos observando a perspectiva geral e nos aprofundaremos na definição de metas e o porquê disso nem sempre funcionar. Isso mesmo — metas SMART[1] não são tão inteligentes assim. Em seguida, passaremos um tempo falando sobre tomada de decisões. Você aprenderá a tomar decisões melhores, e descobrirá algumas estratégias para tornar mais fácil a decisão entre dizer "sim" ou "não".

Você aprenderá maneiras de ser proativo e onde focar seu esforço de trabalho. Abordaremos algumas dicas simples para evitar aceitar oportunidades que, na verdade, você deveria recusar (mesmo que seja alguém que, assim como eu, gosta de agradar as pessoas). Falaremos até mesmo sobre um método para rever as prioridades de a quais reuniões comparecer para se livrar do inferno das videochamadas.

Armado com essas estratégias, em pouco tempo você colocará seus dias, semanas e meses em ordem. E poderá, finalmente, deixar o seu hamster correr na rodinha.

---

1 Referência ao método SMART ("inteligente", em inglês), que forma o acrônimo Específico [Specific], Mensurável [Measurable], Atingível [Achievable], Relevante [Relevant] e Temporal [Time-Bound].

A definição de metas está ultrapassada. Aprenda a se renovar

Para ser bem-sucedido, você precisa definir metas e trabalhar para alcançá-las, certo? É isso que os gurus da autoajuda dizem. E a maioria dos gerentes concordariam. Certifique-se de que esteja dentro do critério SMART — Específico (S), Mensurável (M), Atingível (A), Relevante (R) e Temporal (T) — e vá nessa!

Adam Alter, um escritor best-seller e professor de Marketing na Stern School of Business da Universidade de Nova York, discorda. Apesar de Alter reconhecer que as metas podem ser sinalizadoras úteis e nos dizem em qual direção devemos seguir, ele acredita que a ideia de definir metas é falha.

"Existe um elemento da definição de metas que me parece ultrapassado", explica Alter. *"Basicamente, uma meta significa que, até que alcance seu objetivo, você está inerentemente fracassando. Quando está trabalhando em direção à meta, você ainda está fracassando, fracassando e fracassando, até que a alcance, e então será bem-sucedido. E os seres humanos não se contentam com o que já têm, o que significa que não ficamos muitos felizes ao alcançar uma meta."*

Alter descreve isso como sendo realidade tanto para metas grandes quanto para as pequenas. Quando trabalhamos para alcançar um objetivo, vamos potencialmente nos sentir horríveis, pois, até que o conquistemos, estaremos em um estado constante de fracasso. Então, quando alcançamos o objetivo, não sentimos uma sensação duradoura de conquista porque o que fazemos em seguida? Imediatamente, estabelecemos uma nova meta! Assim, logo retornamos para o nosso estado de fracasso. Isso se torna um ciclo de definição de metas, estado de fracasso, sucesso, estado de fracasso, sucesso. *Para sempre*.

Embora seja útil saber o que quer conquistar e a direção que deseja seguir, estabelecer metas pode não ser a melhor forma de chegar lá. Alter tenta fazer uma pausa de, em média, 2 horas todos os meses para pensar sobre a direção que pretende seguir e em como ele quer alocar seus recursos e esforços para isso.

Porém, ele não estabelece metas. Em vez disso, ele estabelece sistemas.

"Em vez de dizer, por exemplo, 'Meu objetivo é escrever cem mil palavras', eu reformulo a frase e digo 'Meu sistema funciona de forma que, a cada manhã, por uma hora, eu escreverei quinhentas palavras'. E, eventualmente, elas somarão as cem mil palavras, mas você não pensa nisso dessa forma. Você pensa nisso como um sistema. Esse é meu sistema para alcançar aquele objetivo final."

Se o sistema for possível, o processo se torna autossustentado, pois você pode executá-lo todos os dias e ver um progresso claro. Sistemas parecem muito mais gratificantes e, assim sendo, Alter afirma que as pessoas se sentem mais motivadas quando usam sistemas em vez de metas. E, quando a nossa motivação aumenta, a qualidade do nosso trabalho também aumenta.

Em relação ao seu próximo livro (Alter escreveu dois best-sellers do *New York Times*, *Irresistível* e *Drunk Tank Pink*), ele diz para si mesmo que quer terminar de escrevê-lo em 24 meses, o que, no sentido tradicional, poderia ser visto como uma meta. Então, Alter pergunta a si mesmo, *"Quantas palavras eu preciso ter escrito até lá? Quando escreverei essas palavras? Qual será o meu sistema para chegar lá?"*.

Dessa forma, para Alter, em vez de criar uma meta bem longa e genérica, isso se torna uma atividade diária. Com o tempo, quando isso se somar, o sistema produz o resultado que ele deseja. Ele não tem como falhar, literalmente.

Os professores Gary Latham e Travor Brown investigaram os efeitos de utilizar sistemas em vez de metas com 125 estudantes calouros de um curso de MBA. Para um grupo de estudantes foi pedido que tivessem o foco em aplicar estratégias para aprender de forma mais efetiva. Um segundo grupo teve que estabelecer uma meta para o que queriam alcançar no ano letivo, tal como a nota que queriam conquistar, também conhecida como objetivo distal. (Eu, secretamente, suspeito que os estudantes que estavam no grupo que estabeleceria metas se sentiram com sorte — afinal, estamos falando de estudantes de MBA.)

Acontece que eles não foram os sortudos. Os pesquisadores descobriram, ironicamente, que os estudantes que focaram sistemas para aprender mais efetivamente conquistaram notas melhores que aqueles que estabeleceram metas de conseguir notas altas.

Então por que as pessoas se saem melhor quando especificam os sistemas que usarão em vez dos objetivos que querem alcançar? Imagine que sua estratégia ou sistema é estudar por duas horas a cada noite. Quando a noite se aproxima, essa estratégia parece possível — até porque, você a alcançará em apenas duas horas. Isso parece viável, e coisas que parecem conquistáveis também são motivadoras e energizantes. Mas se o seu objetivo for tirar a nota mais alta ao fim do semestre, isso parecerá bem mais remoto e, consequentemente, bem menos motivador e inspirador.

> **MÃOS À OBRA**
>
> 1. Pense em algo significante que você deseja conquistar. Fazer o mesmo que Alter e escrever um livro. Também pode ser correr uma maratona. Ou tirar de letra uma apresentação importante no trabalho. Ou, talvez, você queira aperfeiçoar a receita de *croquembouche*, a famosa "torre do terror" do chefe Adriano Zumbo, da primeira temporada do *Masterchef* australiano (neste caso, por favor, me convide para o jantar quando conseguir essa façanha).
>
> 2. Crie um sistema para como você chegará no objetivo final, preferivelmente um processo que você possa fazer todos os dias (ou, ao menos, regularmente, para ajudar a criar uma rotina). Você pode estabelecer um sistema para correr determinada distância diariamente, que aumenta gradualmente até que você esteja pronto para a maratona. Ou você pode separar 30 minutos a cada manhã para ensaiar para a sua apresentação, em preparo para o grande dia.
>
> 3. Faça uma revisão na metade do seu progresso para garantir que ele o levará até o seu objetivo final no tempo estabelecido.

Como atalhos mentais podem ajudar a impedir um *burnout*

Adam Grant, professor da Wharton e psicólogo organizacional, é famoso por ser um doador. Ele até escreveu um livro — *Dar e Receber* — sobre os benefícios de ser um doador. Mas, fazendo jus à sua grande notoriedade, Grant recebe mais solicitações pelo seu tempo do que ele poderia atender. Então como uma pessoa que se descreve como doadora decide quando dizer "sim" ou "não"?

"Eu costumava tentar dizer 'sim' para tudo e todos", disse-me Grant. *"Mas descobri que isso era impossível à medida que fiquei mais ocupado quando minha notoriedade aumentou para além da minha vida privilegiada. Eu simplesmente não tinha horas suficientes no dia para atender a todas as solicitações que chegavam."*

Grant acabou inventando um conjunto de heurísticas, o que talvez não seja surpreendente, já que nós psicólogos amamos um conjunto de heurísticas. Elas são um conjunto de atalhos mentais que nos permitem tomar decisões e resolver problemas de forma mais eficiente. As heurísticas de Grant refletiam o que ele tinha estudado durante a fase de pesquisa do livro *Dar e Receber*, quando ele observou as diferenças entre doadores bem-sucedidos e fracassados. Ele descobriu que doadores bem-sucedidos são produtivamente generosos, enquanto doadores fracassados são muito altruístas e acabam se desgastando com os tomadores, com quem eles têm o azar de ter que lidar.

Para ser produtivamente generoso, primeiro, Grant é cuidadoso com quem ele ajuda. *"Eu tenho uma hierarquia das pessoas que estou tentando ajudar. Em primeiro lugar vem minha família, estudantes em segundo, colegas de trabalho em terceiro, os demais em quarto. Em algum momento eu percebi que meus amigos não estavam na lista e me senti muito mal sobre isso. Mas, então, eu percebi que meu objetivo em uma amizade não é ajudar a pessoa, é ser amigo."*

Em segundo lugar, Grant reconhece que ele não será igualmente generoso com todos. Ele se contentou com o fato de que seus colegas de trabalho podem considerá-lo menos generoso do que seus alunos o consideram. *"Eu não me tornei um professor para tentar inspirar outros professores. Eu me tornei um professor porque queria ter um impacto nos alunos, da mesma forma que fui influenciado pelos ótimos professores que tive. Queria tentar passar isso adiante."*

Grant também pondera como e quando ele ajuda. *"Isso, basicamente, se resume em dizer, 'Veja, eu quero ajudar quando puder somar algo significativo, quando isso não prejudicar minha energia, ou minha habilidade de fazer meu próprio trabalho'"*, explicou ele.

Para fazer isso funcionar, Grant reconsiderou todas as formas que dizia "sim" às pessoas e tentou descobrir de quais ele mais gostava e em quais se destacava. *"Se as pessoas pedissem ajuda em áreas que eu não sentia que teria uma contribuição significante a fazer, ou que estivesse me deixando exausto, eu sabia que, com o tempo, isso significaria que eu faria menos impacto."*

Grant acabou percebendo dois pontos em comum. Um era o compartilhamento de conhecimento. *"Não há quase nada que ilumina mais a minha caixa de entrada do que alguém me procurando ou dizendo 'Eu tenho essa dúvida sobre algo relacionado à psicologia do trabalho. Alguém já estudou [insira o tema aqui]?' Minha reação é: 'Sim, essa é uma chance de pegar toda aquela informação esotérica que estou coletando de periódicos acadêmicos e compartilhá-la com alguém que possa ter curiosidade a respeito ou que possa aplicá-la de alguma forma'."*

A outra forma com que Grant acredita que está unicamente situado a ajudar as pessoas é ao apresentá-las umas às outras, de forma que se beneficiem mutuamente. *"Eu sinto que, por virtude do trabalho que faço, eu posso interagir com muitos setores e tipos de pessoas diferentes. É simplesmente divertido ligar os pontos entre duas pessoas que poderiam se ajudar, ou que poderiam criar algo significativo juntas."*

"Eu tento focar esse tipo de solicitação, e isso significa que quando alguém busca minha ajuda e não é nenhuma dessas situações, eu deixo claro que o pedido não é a minha especialidade, mas se eu puder ser útil ao compartilhar conhecimento, ou ao apresentá-lo a alguém, então ficarei feliz em fazê-lo."

Várias semanas depois de entrevistar Grant pela primeira vez no podcast *How I Work*, eu presenciei seu processo em ação. Um colaborador da Wharton, Reb Rebele, estava prestes a se mudar para Melbourne, onde estou situada. Grant me enviou uma brilhante referência profissional de quatro páginas (sim, quatro páginas! Com espaçamento simples!) que ele escreveu sobre Reb e perguntou se ele poderia nos colocar em contato. Eu escrevi de volta e pedi que ele, por favor, nos apresentasse imediatamente, até mais rápido, se possível. Mais de dois anos depois, eu ainda mantenho o contato com Reb a cada dois meses e sempre saio dos nossos encontros me sentindo enriquecida e intelectualmente estimulada. E, também, grata por Grant praticar o que ele prega.

> **MÃOS À OBRA**
> 1. Reflita sobre seus valores e considere os grupos ou tipos de pessoas que você acha mais importante ajudar. Podem ser amigos, família, colegas de trabalho, clientes, filhos, parceiros, sua chinchila de estimação, ou um grupo completamente diferente. Classifique seus quatro ou cinco grupos mais importantes para o auxiliar a priorizar a quem ajudar.
> 2. Pense sobre quais tipos de solicitações você se dispõe a responder, combinadas com o tipo de pedidos que te causam mais alegria ao atender.
> 3. Use essa nova percepção para formar heurísticas (ou seja, regras gerais) que o ajudem a tomar decisões rápidas e efetivas de para quais solicitações do seu tempo você decide dizer "sim".

Por que você precisa de um conselho administrativo pessoal

É sexta-feira à tarde e você tem uma grande decisão a tomar no fim de semana. Você acabou de receber uma oferta de emprego em uma empresa rival. Quando contou à sua chefe, ela disse que daria 20% de aumento para você ficar. Tentador... Você tem até segunda-feira para decidir.

Você está dividido. Sente um senso de lealdade em relação a sua chefe, o que torna a decisão ainda mais desafiadora. Você pensa em conversar sobre a decisão com um amigo ou parente, mas é difícil para eles serem objetivos. O que você realmente precisa agora é de um conselho administrativo pessoal — um conceito introduzido a mim pela professora da Columbia University Rita McGrath.

"Quando penso sobre questões grandiosas, considero que seja de boa ajuda ter um conselho administrativo pessoal", explica Rita. *"Essas são pessoas cujas opiniões você respeita e com quem pode trocar ideias."*

McGrath compara o conceito do papel tradicional de um conselho administrativo. *"Quando um conselho funciona propriamente, ele pensa sobre o bem-estar em longo prazo da empresa. Ele aponta quando considera que algo está sendo negligenciado ou omitido. Empresta sua expertise e sua sabedoria para os empreendimentos da empresa. E eu acho que um conselho administrativo pessoal faz a mesma coisa."*

Para McGrath, seu conselho é formado por pessoas a quem ela pode pedir opiniões, que podem facilitar uma conexão com alguém com um ponto de vista ou expertise valorosos e que possam ter acesso a recursos que ela não tenha. *"É um relacionamento muito mais intenso do que uma rede de contatos padrão. O que eles dizem faz, realmente, uma diferença relevante."*

Eu formei imagens na minha mente de McGrath convocando seu conselho administrativo pessoal para se reunir ao redor de uma grande mesa, uma vez por mês, por várias horas, em um escritório no topo de um arranha-céu de luxo, enquanto um assistente traz lattes com leite de aveia. Porém,

McGrath me certificou de que não é assim que funciona. Ela, tipicamente, entra em contato com seu conselho, em média, duas vezes ao ano e se utiliza dele como grupo consultivo quando tem uma grande decisão para tomar e quer uma opinião direta.

Diferentemente do conselho administrativo de uma empresa, McGrath nunca formalizou esse relacionamento. E, na verdade, os membros do seu conselho administrativo pessoal nem mesmo sabem que fazem parte do conselho de McGrath. Ela reconhece que esse não é sempre o caso. O que importa é ser deliberado em decidir quem serão essas pessoas e contar com elas em momentos críticos na sua carreira.

MÃOS À OBRA

1. Reflita sobre as grandes decisões de sua carreira com as quais você é, geralmente, confrontado — ou que poderá ser confrontado — no próximo ano (ou anos). Essas decisões podem ser sobre mudanças de emprego, experiências profissionais, visar um novo projeto mais atrativo, abrir um negócio ou investir em uma fazenda de emas.

2. Identifique pessoas que você acredita que poderiam adicionar uma perspectiva astuta e útil que seria diferente da sua. Vise diversidade cognitiva — quem pensa diferente de você. Procure por pessoas com experiências e expertises distintas, assim você pode ser estratégico sobre quem buscar para diferentes tipos de conselhos. Mas, talvez, evite abordar fazendeiros de emas, já que eles poderão te desencorajar.

3. Você pode formalizar o relacionamento ao especificar com que frequência gostaria de contatá-los e que tipo de comprometimento você espera. É possível até mesmo remunerar os membros do seu conselho de alguma forma. Como alternativa, você pode manter esses relacionamentos informais e nem mesmo contar que eles fazem parte do seu conselho.

O passo crítico que a maioria das pessoas ignora quando toma decisões

Pense sobre a última vez que você teve que tomar uma grande decisão. Talvez seja uma mudança de emprego. Talvez tenha sido em qual escola matricular seus filhos. Ou se você deveria morar com um parceiro. Ou, então, se divorciar e ir para Marte (apesar de eu presumir que você não é Jeff Bezos). Como você tomou essa decisão?

Emily Oster é uma professora de economia da Brown University. Ela também tem pais economistas e é casada com um economista. Eu, secretamente, imagino que suas reuniões de família envolvem quadros de infográficos e discussões sobre significância estatística (meu ideal de paraíso, devo dizer).

Talvez não surpreenda que Oster tenha uma estrutura para tomar todas as grandes decisões em sua vida. É chamada de os quatro E's.

O primeiro é Enquadrar a Questão. *"Embora esse passo possa parecer óbvio, é algo que as pessoas não são particularmente boas em fazer"*, explica Oster. Quando deparadas com uma decisão, tal como procurar um novo emprego, Oster diz que a maioria das pessoas simplesmente se pergunta: *"Eu deveria mudar de emprego ou não?"* Mas o grande problema com essa questão é que você não sabe quais são as outras escolhas.

"É importante elaborar uma questão que seja uma contrapartida entre: a) fazer isso (por exemplo, permanecer no seu emprego) e b) fazer algo mais – em que o 'algo mais' é imaginário, tal como mudar para um emprego que você nem sabe o que pode envolver."

O segundo E é Encontrar os Fatos. Para tomar qualquer decisão, você precisa de dados e informações. Oster passa boa parte de seu tempo juntando informações que fornecerão evidências que possa usar para orientá-la na direção de uma das opções que está cogitando.

O terceiro passo é Eleger a Decisão Final, o que, assim como o passo 1, também pode parecer óbvio (afinal, estamos falando de uma estrutura de tomada de decisões), mas é algo que, frequentemente, é adiado. Psicólogos descobriram que ter tempo ilimitado para tomar uma decisão pode, na verdade, prejudicar, em vez de melhorar, a nossa satisfação com o resultado final.

"Acho que costumamos deixar grandes escolhas se alongarem e alongarem. E pensamos sobre elas em momentos aleatórios do dia e durante o banho. E conversamos a respeito com nossos parceiros." Então, para evitar cair nessa armadilha de paralisia da análise e, em casos extremos, não tomar a decisão, Oster literalmente agenda uma reunião (mesmo que tenha apenas uma pessoa presente — ela mesma) para tomar a decisão.

O último E é Em Frente. *"Quando temos grandes decisões, costumamos pensar sobre elas como um simples 'eu vou tomar essa decisão e pronto'. Essa decisão será definitiva. Claro, para algumas decisões isso é verdade, mas, para muitas outras, pode não ser. Você pode ter a oportunidade de revisá-la em outro momento, e nem sempre tiramos vantagem disso."* Assim sendo, Oster sempre programa um tempo para rever suas decisões e refletir sobre como elas estão caminhando.

Refletir deliberadamente sobre decisões nos permite corrigir o curso e até mesmo abandonar o navio, em vez de simplesmente navegar no piloto automático. Pessoalmente, eu penso nesse estágio final como um choque que me sacode para questionar decisões passadas e procurar oportunidades de melhorar, repetir ou eliminá-las.

Ao usar a estrutura de Oster, tomar decisões (especialmente as de maior importância) pode transformar um processo que você teme ou evita em algo empoderador. E não vamos nos esquecer do benefício principal: tomar decisões *melhores*.

MÃOS À OBRA

1. Quando tiver a próxima grande decisão para tomar, primeiro, Enquadre a Questão. Certifique-se de ter, ao menos, duas opções concretas para escolher.
2. Encontre os Fatos. Procure por dados ou informações que o ajudarão a tomar uma decisão esclarecida.
3. Eleja a Decisão Final — e agende uma reunião consigo mesmo (ou alguém mais envolvido na decisão) para tomá-la.
4. Siga Em Frente na sua decisão. Separe um tempo para rever e refletir se você precisa mudar o curso da sua decisão original.

Como fazer as perguntas certas o levará às melhores decisões

A guru da felicidade e escritora best-seller Gretchen Rubin ama listas de prós e contras. Porém, ela começou a perceber que, para muitas decisões, essas listas não ajudavam. Isso se provava particularmente verdadeiro quando os prós e os contras estavam relativamente balanceados, ou quando as duas opções disponíveis pareciam tão distintas que era como comparar maçãs com laranjas. Como, por exemplo, decidir entre ter um pug de estimação ou praticar *yarn bombing* (que, apesar da tradução, bombardeiro de fios, é uma prática pacífica e artística de tricô urbano. Pesquise no Google se não tiver ideia do que estou falando).

Rubin percebeu que, geralmente, a diferença entre tomar uma decisão boa e uma ruim é tão simples quanto as perguntas que fazemos a nós mesmos para nos ajudar na tomada de decisão. Como resultado, ela desenvolveu várias perguntas para ajudá-la a tomar decisões melhores.

A primeira pergunta que Rubin faz a si mesma é qual opção levará ao que ela chama de "vida melhor". Isso tem relação com um dos seus valores centrais: escolher a vida melhor. Rubin aplica isso quando se trata de decidir ter ou não um cão de estimação (*yarn bombing* não fazia parte de suas considerações).

"Para algumas pessoas, uma vida melhor seria uma vida sem um cachorro, porque, assim, elas poderiam viajar mais livremente e ter mais dinheiro guardado. Mas eu sabia que, para a minha família, uma vida melhor seria ter um cachorro. Então tivemos um cachorro e o amamos."

Rubin também pergunta a si mesma, "Isso me tornará mais feliz?". *"Qualquer coisa que aprofunda ou amplia relacionamentos é capaz de contribuir em termos de felicidade"*, explica ela.

Uma terceira pergunta que Rubin faz vem de conselhos que ela recebeu de seu pai. Ela se pergunta: "Eu vou aproveitar esse processo?" *"Às vezes nós podemos decidir fazer algo que realmente não queremos naquele momento. Nós, po-*

tencialmente, aturamos coisas ruins por anos, porque pensamos que no final haverá uma grande recompensa."

No caso de Rubin, isso envolvia estudar para se tornar advogada — a profissão que ela ocupava antes de deixar o emprego para se tornar escritora em tempo integral, há mais de uma década. Ela não gostava muito de atuar como advogada, o que, de acordo com a associação de advogados American Bar Association, faz dela um ser humano normal: aparentemente, 44% dos advogados não recomendam que jovens sigam na carreira jurídica.

Ela poderia, simplesmente, ter aturado o trabalho como advogada, sabendo que provavelmente teria uma sociedade em alguns anos. Para a sorte de seus milhões de leitores, ela não fez isso. Mas Rubin também observou as pessoas que escreviam livros com a esperança de escreverem um best-seller, mas que odiavam o processo de escrever.

"O problema de não gostar do processo é que, muitas vezes, as coisas não funcionam da forma que queremos. Nós não controlamos os resultados. *Porém, podemos controlar o* processo."

Rubin relembrou a experiência de escrever um livro chamado *Forty Ways to Look at JFK* [sem publicação no Brasil]. "*Eu amei escrever aquele livro e ele foi um fracasso total. Não alcançou um público-alvo. Mas eu amei escrevê-lo e, embora fique triste por ele não ter encontrado seu público, não me arrependo, porque aproveitei bastante o processo.*"

Uma pergunta final que Rubin faz quando toma decisões é se isso é algo que ela está fazendo para o seu eu imaginário ou para o seu eu real. "*Estou fazendo isso porque é a minha ideia do tipo de pessoa que quero ser? Isso é um grande alerta para mim.*"

Por exemplo, um dos valores de Rubin é "Ser a Gretchen", o que significa abraçar quem ela é no seu âmago, em vez de fingir ser algo que ela não é. Rubin dá o exemplo de decidir comprar, ou não, jogos de guardanapo de linho só por eles estarem em promoção. E, para Rubin — e certamente para Gretchen —, guardanapos de linho simplesmente não são do seu gosto. Mas guardanapos de linho são do gosto de alguém?

MÃOS À OBRA

1. Determine seus valores centrais — as coisas que mais importam quando você pensa em uma vida de realizações.

2. Estruture esses valores em perguntas para ajudar a guiar a tomada de decisões. Por exemplo, se viver uma vida feliz é importante para você, pegue emprestada a técnica de Rubin de perguntar a si mesmo: "Qual opção me deixará mais feliz?"

3. Além de pensar sobre valores, sempre se pergunte: "Eu vou aproveitar o processo?" Tente evitar fazer escolhas que só sejam atrativas porque podem levar a uma grande recompensa no final. A decepção será bem menor se você aproveitar o percurso, mesmo que nunca chegue ao destino.

Um simples truque para tomar decisões mais éticas

Quando você pensa em um banco, ética provavelmente não é a primeira coisa que lhe vem à cabeça. Porém, a ex-diretora não executiva do Commonwealth Bank of Australia, Wendy Stops, pensa muito sobre ética. Ela tem até um teste para isso.

"Quando você está fazendo negócios, é muito fácil se deixar levar pela dinâmica de seguir um processo, ou uma política, ou algo do tipo", explicou Stops no meu podcast. E quando chega a hora de tomar uma decisão, pode ser fácil fazer isso no piloto automático.

Quando Stops toma uma decisão, ela adota o que os bancos chamam de teste do "deveríamos" — algo que pessoalmente funciona para ela. Isso envolve se colocar na posição do cliente, com suas circunstâncias e seus contextos, e então perguntar a si mesmo: "Isso é mesmo a coisa certa para eles?"

Stops dá o exemplo de considerar conceder crédito imobiliário. *"Mesmo que um cliente possa, tecnicamente, passar pelo processo e você possa carimbar o documento, é necessário se perguntar, 'Isso está correto?'"* Em outras palavras, apesar de o banco poder fazê-lo, a pergunta é se ele *deveria*.

"Parece bem mais fácil do que é na prática. Pois, se você perguntar ao cliente, pode ouvir uma opinião diferente. Ele pode dizer: 'Eu quero muito esse crédito, por favor aprove para mim'", explica Stops. Mas ao aplicar o teste do "deveríamos", ela diz que a resposta pode ser "não", pois é óbvio que o cliente terá dificuldade em pagar. O teste do "deveríamos" requer que as pessoas pensem além das mecânicas da política ou do processo. Em vez disso, elas precisam dar um passo para trás, pausar e colocar na balança se é realmente a coisa certa a se fazer.

Para mim, o teste do "deveríamos" é útil de ser aplicado não somente em decisões de clientes, mas internamente para os funcionários. Quando a pandemia do covid começou em março de 2020, minha consultoria, a Inventium, foi muito impactada. Nós saímos de ter uma agenda cheia de trabalho para ter literalmente cada trabalho sendo cancelado ou adiado. Tivemos que demitir quatro funcionários. Foi de partir o coração para todos os envolvidos.

Embora houvesse requerimentos legais a serem cumpridos, aplicar o teste do "deveríamos" trouxe mais humanidade à situação. Fez com que eu e minha CEO refletíssemos sobre o que mais deveríamos fazer, além do mínimo. Passamos horas pensando sobre como fazer o processo ser um pouco menos pior para todos os envolvidos. Vasculhamos nossos contatos e ligamos para pessoas que poderiam estar contratando, na esperança de que elas tivessem um emprego para os quatro membros talentosos da nossa equipe. Na época em que reuniões virtuais não estavam em alta, fizemos uma longa deliberação sobre fazer uma despedida virtual com o time. (Acabamos por decidir que conversas pessoais seriam mais sinceras.) Apesar de exonerar funcionários nunca ser uma ocasião alegre, eu gosto de pensar que tornamos a situação um pouco mais sustentável para aqueles quatro membros da nossa equipe por meio da reformulação da situação e da ação que tomamos.

MÃOS À OBRA

1. Da próxima vez que for tomar uma decisão sobre um cliente, funcionário ou qualquer outro ser humano, evite seguir processos e políticas sem pensar. Embora existam instâncias em que você poderá seguir em frente com uma decisão por se tratar, simplesmente, de seguir as regras, resista à tentação de fazer isso cegamente. Em vez disso, dê um passo para trás e pergunte a si mesmo: "'Deveríamos' fazer isso?"

2. Se a resposta for "não", pergunte a si mesmo o que você deveria fazer, então.

Já se comprometeu demais? Você precisa do Iceberg do Sim

Por volta de dois anos atrás me pediram para participar de um comitê para revisar o programa de MBA de uma prestigiada faculdade de negócios da Austrália. Fiz algumas perguntas vagas sobre quanto tempo seria necessário, mas, na verdade, eu sabia que diria "sim". Além de me sentir entusiasmada em ajudar estudantes universitários a serem bem-sucedidos no mundo dos negócios, a Inventium já tinha entrevistado muitos alunos de MBA dessa universidade para cargos de consultoria. Como resultado, eu tinha opiniões fortes sobre como esse programa de MBA, em particular, poderia ajudar a preparar graduandos para o mundo real.

Assim sendo, aceitei o convite. Porém, após 4 longas horas de uma reunião no fim do dia, numa sala escura e sem janelas da universidade, eu, imediatamente, me arrependi da minha decisão.

John Zeratsky, cofundador e parceiro geral de uma firma de capital de risco, a Character, autor best-seller dos livros *Sprint* e *Faça Tempo* e ex-parceiro de design do Google Ventures, refere-se ao meu problema como o Iceberg do Sim. "*Quando estamos decidindo se vamos fazer algo – um projeto, um emprego, um serviço de voluntariado, entre outros –, tendemos a focar a parte visível e empolgante. Em outras palavras, focamos o pico mais reluzente do iceberg, que fica acima da água*", explica Zeratsky.

Contudo, ele aponta que a maioria dos compromissos de tempo (leia-se a maior parte do iceberg) flutua escondida abaixo da superfície. E, infelizmente, não podemos acessar a parte reluzente e empolgante sem fazer todo o resto, tal como passar 4 horas numa reunião no fim da tarde numa sala abafada da universidade.

Tendo dito "sim" para muitas oportunidades que pareceram empolgantes e vieram com muitas horas escondidas de trabalho árduo e demorado, Zeratsky mudou seu processo de tomada de decisão. Agora, quando as pessoas solicitam o seu tempo ou o oferecem oportunidades, ele pensa em todo o iceberg, não apenas naquilo que está na superfície. Zeratsky reflete sobre todo o trabalho envolvido até chegar na parte empolgante, em vez de apenas pensar no topo. Ele também considera quanto tempo isso tiraria da sua agenda de trabalho.

"Por exemplo, quando concordo em fazer uma palestra, eu também programo o tempo que levarei para me preparar. Isso torna o ato de dizer 'sim' mais difícil, mas no final isso é uma coisa boa."

Zeratsky aponta que o inverso vem com seus próprios benefícios — ou seja, o sentimento que ele tem ao dizer "não". *"Quando digo 'não', eu penso sobre todo o iceberg para o qual estou dizendo 'não', não somente um único evento, ou reunião, ou ideia de um cargo. Eu posso saborear o sentimento de todo o trabalho que não terei que fazer."*

O que o método de Zeratsky supera é um viés psicológico chamado de falácia do planejamento. Uma pesquisa liderada pelo professor Justin Kruger, da Stern School of Business da Universidade de Nova York, revelou que as pessoas consistentemente subestimam quanto tempo levam para completar uma tarefa. E elas não ficam só um pouco fora da margem do tempo estimado — ficam muito fora da margem. Um dos estudos de Kruger descobriu que uma tarefa que as pessoas pensaram que poderiam completar em três semanas na verdade demandou todo um mês. Da mesma forma, uma tarefa que elas esperavam que fosse levar 8 dias na verdade demorou 14 — mais de 50% a mais que o tempo estimado.

Porém, Kruger descobriu que quando se pedia que os participantes pensassem sobre todas as facetas da tarefa, o viés era menor. Então, ao aplicar o Iceberg do Sim ao seu processo de tomada de decisões e desempacotar todas as atividades que um projeto engloba, você poderá estimar de maneira mais precisa o tempo necessário para completá-lo e terá informação para decidir de maneira consciente se aceita uma oferta.

No meu caso, eu acabei saindo do comitê de revisão do MBA após muitas horas de reuniões muito longas. Se eu tivesse pensado sobre todo o iceberg adiante e reconhecido meu desgosto por reuniões de longas horas, minha decisão inicial, definitivamente, teria sido diferente.

> **MÃOS À OBRA**
>
> 1. Quando te pedirem para dedicar tempo a algo ou for oferecida uma oportunidade, pense sobre todo o tempo e potencial trabalho duro necessários para chegar ao topo reluzente do iceberg. E, se não tiver certeza do compromisso de tempo e das exatas responsabilidades, certifique-se de perguntar!
>
> 2. Mapeie todas as tarefas necessárias e o tempo aproximado que cada uma delas tomará.
>
> 3. Após revisar tudo que é necessário e que está submerso no iceberg, você estará em uma posição bem melhor para decidir se diz "sim" para a oportunidade.

Nunca mais se arrependa de uma decisão com essa simples pergunta

Quando alguém nos pede para fazer algo em um futuro muito distante, pode ser fácil dizer "sim". Eu sei disso por experiência própria. Quando me pedem para fazer algo, como palestrar em um evento que acontecerá em 4 meses, eu penso comigo mesma, "Parece divertido! E a minha agenda está praticamente vazia! Então sim!". Contudo, o que inevitavelmente acontece é que, quando o evento se aproxima, eu começo a me arrepender da decisão, pois, adivinhe, minha agenda não está mais vazia.

Se você, assim como eu, gosta de agradar as pessoas e tem dificuldades em dizer "não", a coisa mais fácil a se fazer quando alguém lhe pede algo com muita antecedência é dizer "sim". Sigmund Freud notoriamente se referia a esse impulso como o Princípio do Prazer: nossa tendência, como seres humanos, de procurar prazer e evitar a dor. Mas, infelizmente, embora essa tendência resulte em um prazer de curto prazo (a habilidade de dizer "sim" e agradar a pessoa que nos fez um pedido), isso pode levar a uma dor em longo prazo (ter que honrar com um compromisso que você, provavelmente, não queria ter).

A atleta e guru motivacional Turia Pitt se via caindo nessas armadilhas com frequência. Ela era convidada para fazer palestras regularmente, mas muitas vezes esses compromissos são muito distantes. *"Eu penso comigo mesma, 'Ah, é dentro de seis meses, tudo bem, não tem problema'. Então, quando a data da palestra se aproxima, eu penso 'Ah, meu Deus, por que eu disse sim?' Quando digo 'sim' para muitas coisas eu acabo me sentindo muito mal, ressentida, e fico sem tempo livre para fazer uma corrida, ou passar tempo com minha família; coisas do tipo."*

Em vez de cair na armadilha de subestimar o quão ocupada estará no futuro e evitar a dor em curto prazo de dizer "não", Pitt agora se faz uma pergunta antes de dar uma resposta. *"Eu pergunto a mim mesma, 'Como eu me sentiria se essa oportunidade ou evento fosse acontecer na próxima terça-feira?' Eu reagiria com um 'Sim! Mal posso esperar para isso acontecer', ou buscaria evitá-la?"*

Ao parar para fazer essa pergunta, Pitt está superando um defeito fundamental em como os humanos são, naturalmente, programados para tomar decisões: atividades em um futuro distante parecem muito mais atraentes e empolgantes do que aquelas em um futuro mais imediato.

Em uma pesquisa publicada pelo *Journal of Personality and Social Psychology*, os participantes tiveram que avaliar várias atividades e planos, tais como uma política de governo ou uma abordagem criativa para administrar provas. Os resultados mostraram que as atividades que foram programadas para um futuro mais distante foram vistas como mais favoráveis em comparação àquelas em um futuro imediato.

Quando os eventos e planos acontecem eminentemente, estamos mais sintonizados com as possíveis complicações, ao passo que somos menos criteriosos quando as coisas estão em um futuro muito distante.

Ao se fazer a Pergunta da Próxima Terça-feira, Pitt pode ter o foco em como ela genuinamente se sente sobre a oportunidade que foi apresentada. Ao usar a regra da Próxima Terça-feira, nós evitamos dizer "sim" às oportunidades de forma indiscriminada (e entender os possíveis pontos negativos), o que pode ser muito fácil se você for do tipo generoso e determinado, como Pitt.

MÃOS À OBRA

1. Da próxima vez que te pedirem para fazer algo ou que se deparar com uma oportunidade que acontecerá em um futuro distante, resista à urgência de dar uma resposta imediata.
2. Em vez disso, pergunte a si mesmo: "Como eu me sentiria se essa oportunidade fosse acontecer na próxima terça-feira?"
3. Se a resposta for qualquer coisa menos que "totalmente animado!", diga "não". Apesar de dizer "não" parecer desafiador, você evitará sentir a dor do ressentimento sobre a oportunidade em longo prazo.

Como decidir a quais reuniões comparecer

"Eu gostaria de ter mais reuniões para comparecer", disse ninguém, em momento algum. Para o trabalhador comum, reuniões são a maldição da sua existência e o motivo pelo qual as pessoas, geralmente, encontram-se fazendo os seus trabalhos reais no fim da tarde, pois esse é o único momento em que se pode escapar do purgatório das reuniões.

Pesquisas têm constantemente mostrado que a satisfação com as reuniões prevê nossa satisfação geral com nossos empregos. Um estudo revelou que mais de 15% da nossa satisfação com o trabalho se baseia na satisfação com as reuniões às quais comparecemos. Outros estudos apontaram que a satisfação com reuniões é o *maior* indicador de satisfação com o emprego. Então é realmente uma missão crítica que o tempo dedicado às reuniões seja um tempo bem gasto. E uma das coisas mais eficazes que podemos fazer é priorizar as reuniões às quais concordamos em comparecer.

O professor Scott Sonenshein pensou muito a respeito das reuniões. Ele também já participou de muitas delas. Quando Sonenshein se juntou à School of Business da Rice University, em Houston, no Texas, por volta de quinze anos atrás, ele compareceu à sua primeira reunião de professores.

"O que me surpreendeu foi o tanto de tempo que ficamos sentados lá e as coisas que fazíamos para ocupar esse tempo", relembrou Sonenshein. *"Tínhamos 1h30 agendada, e não importava se os problemas que deveríamos discutir fossem grandes ou pequenos, sempre completávamos, pelo menos, aquela 1h30."*

Infelizmente, ele tinha que aturar nove dessas reuniões todo ano e, apesar da falta de valor agregado, elas permaneciam no calendário por definição. Quando um novo reitor se juntou a eles, um ano depois, ele questionou se essas reuniões recorrentes eram realmente necessárias, e num piscar de olhos elas foram reduzidas a três ao ano. Eles sentiram muita falta das outras seis. Brincadeirinha. Claro que não.

Pesquisas sugerem que reuniões geralmente acontecem por hábito, e não por necessidade. E, como resultado, as pessoas reclamam que têm muitas reuniões nas suas agendas e que elas são uma perda de tempo. Para abordar essa perda de tempo, Sonenshein desenvolveu um processo para ajudar as pessoas a limparem suas reuniões da agenda. Ele recomenda revisar sua agenda e, para cada reunião, fazer três perguntas:

1. Essa reunião é necessária para o meu trabalho?
2. Ela me aproxima da minha vida de trabalho ideal?
3. Ela me traz alegria?

Se uma reunião não preenche, pelo menos, um dos quesitos apresentados, é melhor você não comparecer, pois ela será uma má utilização do seu tempo.

Sonenshein reconhece que é mais fácil falar do que fazer. *"As pessoas têm FOMO (sigla no inglês para 'fear of missing out', ou seja, 'medo de ficar de fora') de reuniões. Se não nos sentarmos à mesa, significa que não somos úteis, ou que vamos perder alguma decisão importante. Algumas pessoas, erroneamente, acreditam que quem comparece ao maior número de reuniões está trabalhando mais."*

Precisamos nos livrar do FOMO de reuniões e parar de igualar os nossos status com a frequência de reuniões. Reuniões devem ser, simplesmente, uma forma de trabalhar e progredir. Reuniões não valem a pena se você não trabalhar nelas. E conferir seus e-mails, sorrateiramente, durante uma reunião não conta como "trabalho".

MÃOS À OBRA

1. Avalie seu calendário e anote todas as reuniões a que compareceu nas últimas duas semanas. Você também pode fazer essa atividade com as duas semanas a seguir. Para cada reunião, faça a si mesmo as seguintes perguntas:

    a. Isso é necessário para o meu trabalho? Ou seja, ela forneceu informações que você não poderia ter aprendido ao ler algo? Ela ajudou a resolver um problema? Ela levou a uma decisão crítica?
    b. Ela me ajudou a me aproximar da minha vida de trabalho ideal? Por exemplo, você aprendeu algo que o ajudará a avançar na sua carreira ou nos seus estudos?
    c. Ela me trouxe alegria? Em outras palavras, ela fez você se sentir mais conectado com seus colegas de trabalho? Foi divertido?

2. Elimine todas as reuniões que não correspondem a ao menos um dos critérios apresentados para ajudar a priorizar seu tempo efetivamente. Se você for o organizador, delete essas reuniões do seu calendário. Não se esqueça de explicar o motivo de fazê-lo. E se for um participante, converse com o organizador sobre seu objetivo nas reuniões. Faça qualquer ajuste necessário. E se ainda sentir que as reuniões não são relevantes para você, então, de forma polida, retire-se.

3. Baixe um modelo simples dessa estratégia em: amantha.com/timewise (conteúdo em inglês).

Por que você precisa lutar pelo *desequilíbrio* entre vida-trabalho

Em algum momento da sua carreira (ou talvez quase todos os dias), você provavelmente sentiu que estava faltando um equilíbrio entre a sua vida pessoal e o trabalho. Talvez você tenha ouvido líderes em sua empresa falarem sobre as estratégias que estão empregando para ajudar as pessoas a alcançarem um equilíbrio melhor. E, talvez, você tenha lido artigos que aconselham a conquistar aquela ilusória vida perfeitamente equilibrada. Independentemente de como ela seja.

Para o especialista global em engajamento de funcionários, Marcus Buckingham, a ideia de encontrar um equilíbrio entre vida pessoal e trabalho é falha. *"As categorias de equilíbrio entre vida pessoal e trabalho estão erradas"*, argumenta Buckingham. *"Trabalho é parte da vida, assim como a família e a comunidade. E não é como se a vida fosse boa e o trabalho ruim e você devesse balancear o ruim do trabalho com o bom da vida. Essas são categorias falsas. O que temos na vida, seja trabalho, família ou comunidade, são muitos aspectos diferentes, e somos atraídos para alguns deles enquanto somos repelidos por outros."*

Buckingham propõe que, em vez de tentarmos balancear trabalho e vida pessoal, precisamos olhar para o que amamos fazer e o que não gostamos de fazer. E precisamos lutar pelo desequilíbrio. Isso mesmo — precisamos fazer o exato oposto do que os ditos especialistas dizem que precisamos buscar. *"Devemos, desesperadamente, sempre desequilibrar nossas vidas em busca de mais atividades que nos revigoram e longe daquelas que detestamos."*

Você pode estar pensando que isso tem a ver com aquele famoso conselho para se ter uma carreira bem trilhada: "Faça o que você ama." Mas para Buckingham esse é um conselho bem inútil.

"'Encontre amor no que você faz' é um conselho muito mais útil", explica Buckingham. "Sabemos, pelos dados da Mayo Clinic, uma organização que realiza pesquisas médico-hospitalares, que, se você for médico e as atividá-

des que ama fazer representam menos de 20% do seu trabalho, para cada porcentagem abaixo de 20% existe um aumento proporcional de um ponto no seu risco de exaustão."

Em outras palavras, existe uma forte relação negativa entre fazer as coisas que você ama e a exaustão. Se você faz menos atividades que ama, seu risco de exaustão aumenta.

Por outro lado, Buckingham diz que passar muito mais que 20% do seu tempo de trabalho fazendo atividades que você ama não leva a um decréscimo equivalente no risco de exaustão. *"Se você passa 25%, 35%, ou até mesmo 40% do seu tempo no trabalho fazendo coisas que ama, você não tem um aumento proporcional em resiliência e uma queda na exaustão. Então, ao que parece, um pouco de amor ajuda muito."*

Buckingham descreve esses 20% como um Fio Vermelho de atividades. Elas são as tarefas que te animam, te revigoram — tarefas que você está mais atraído a fazer. *"O tempo passa mais rápido quando você as faz e anseia por fazê-las. E é importante prestar atenção nas atividades que você especialmente ama."*

Para tentar criar desequilíbrio na própria vida e priorizar mais o seu tempo, toda sexta-feira Buckingham reflete sobre a semana que passou e pergunta a si mesmo quais atividades ele amou fazer e quais odiou. Ele tenta, conscientemente, preparar a semana seguinte para incorporar mais do que ele ama e menos do que ele odeia.

MÃOS À OBRA

1. No começo de cada semana, reflita sobre a semana que passou e liste todas as atividades que amou e que odiou fazer.

2. Para todas as atividades que gostou de fazer, faça um plano para definir como repeti-las um pouco.

3. Para as atividades que odiou, veja se pode reduzi-las ao fazer uma das quatro coisas que Buckingham sugere:

    - Você pode parar de fazer essas atividades? É provável que ninguém note se você parar de fazer aquele relatório mensal que as pessoas fingem ler, mas que ninguém lê de verdade.
    - Você pode fazer uma parceria com alguém que ama fazer as coisas que você odeia e pedir para que essa pessoa se encarregue da tarefa? Você pode até ser capaz de ajudá-la a fazer algo de que ela não gosta, mas que você ama.

- Você pode usar algumas de suas qualidades para atenuar a coisa de que não gosta? Por exemplo, Buckingham odeia socializar, mas ama entrevistar. Então, ele vê eventos e festas como uma oportunidade para entrevistar pessoas, em vez de socializar.
- Você pode mudar a sua perspectiva e reformular como vê as atividades de que desgosta? Por exemplo, se tiver que demitir alguém e está receoso em fazê-lo, é possível reformular isso como uma oportunidade de livrá-los de um trabalho no qual eles não estão se saindo bem para encontrar algo que amam e no qual se destacam.

Como dominar o seu tempo nas tardes de sexta-feira

É comum se levantar numa segunda-feira de manhã e passar boa parte do tempo tentando recordar do que você estava trabalhando na semana anterior. Quando você finalmente se lembra pelo que foi contratado para fazer e tenta evitar se afogar em sua caixa de e-mails, é provável que uma hora, ou mais, já tenha se passado. Então você se sente sobrecarregado com a semana louca que o espera. Ou, talvez, apenas se sinta culpado por ter gastado tempo tratando de coisas que acabou esquecendo, graças a um caso temporário de amnésia. Pode parecer aquela moleza da segunda de manhã.

Laura Vanderkam é uma especialista de renome mundial em gerenciamento de tempo. Ela escreveu vários livros aclamados pela crítica sobre o assunto. Vanderkam evita a moleza da segunda de manhã ao separar 20 minutos todas as sextas-feiras à tarde para planejar a semana seguinte.

"Considero muito difícil começar algo novo nas tardes de sexta-feira, mas estou disposta a pensar sobre o que a Eu do Futuro deveria estar fazendo", explica Vanderkam. *"Tirar alguns minutos para planejar transforma o que seria tempo desperdiçado em alguns dos minutos mais produtivos da minha semana."*

Vanderkam avalia a semana seguinte e faz uma pequena lista de prioridades de três categorias: Carreira, Relacionamentos e Eu. Forçar-se a usar as três categorias a ajuda a evitar cair na armadilha de ficar muito focada no trabalho — uma armadilha na qual muitos grandes empreendedores e personalidades Tipo A caem. E se a ideia de estabelecer prioridades para si mesmo lhe parece absurda, esse é um indício de que você é Tipo A, assim como eu.

"Às vezes eu já tenho coisas na minha agenda que gostaria de cumprir nessas listas. Às vezes eu preciso, ativamente, agendá-las. Em qualquer um dos casos, eu faço uma lista e descubro, aproximadamente, quando elas poderão entrar no meu calendário."

Em seguida, Vanderkam organiza qualquer logística e faz uma triagem da sua agenda, retirando tudo que não deveria estar ali. Quando chega segunda-feira de manhã, começar a semana se torna algo fácil. Nada de moleza na segunda de manhã para Vanderkam.

Em um nível micro, quando termina o dia de trabalho ela tira alguns minutos para escrever a lista de afazeres do dia seguinte, baseada no que está na agenda e na sua lista de prioridades da semana. Ela mantém a lista curta — contendo até cinco itens. *"Eu nunca faria uma lista longa de, digamos, 25 itens. Não faz sentido colocar algo numa lista de afazeres e não o fazer, não é? É simplesmente um 'não feito', como se não tivesse entrado na lista. Só que, agora, eu me sinto mal por não o ter feito."* Porém, se você se sente bem com longas listas de afazeres, mire em manter uma separada para a sua lista diária, que contém apenas suas tarefas mais importantes.

MÃOS À OBRA

1. Agende uma reunião de 20 minutos consigo mesmo todas as sextas-feiras à tarde. Às 15h ou 16h costuma funcionar para muitas pessoas, visto que esse é, essencialmente, um período ocioso. (Não conheço ninguém que trabalha no seu melhor no fim do dia na sexta-feira.)

2. Faça três colunas em uma folha de papel com os seguintes títulos: Carreira (qualquer coisa que tenha a ver com o trabalho), Relacionamentos (qualquer coisa que envolva se conectar com as pessoas mais importantes da sua vida) e Eu (tudo o que envolva cuidar de si mesmo).

3. Para cada categoria, escreva, pelo menos, uma coisa importante que você quer conquistar na semana seguinte. Para Carreira, pode ser algum projeto importante no qual você quer progredir. Para Relacionamentos, você pode tentar organizar um encontro com um amigo que não vê há algum tempo, ou planejar algo especial para fazer com a família. E para o Eu, você pode separar um tempo para ler alguns capítulos de um bom livro, receber uma massagem, ou fazer algumas sessões na academia. (Nota: para tornar este processo ainda mais fácil, você poderia fazer uma referência à sua lista Fechada, se seguir as estratégias de priorização de Oliver Burkeman, abordada no item "**Quando você precisa colocar um limite na sua lista de tarefas**").

4. Abra sua agenda e separe um bloco de tempo (isto é, agende um encontro consigo mesmo, também conhecido como gerencia-

mento de tempo) quando for realizar essas atividades. Se tiver dificuldades de encontrar tempo, veja o que pode ser removido ou reagendado para a próxima semana.

5. Tire alguns minutos no fim de todas as semanas para revisar sua lista de prioridades semanais e criar uma pequena lista de tarefas (idealmente, com até cinco itens) para aquilo que você quer fazer no dia seguinte.

Um ritual diário para ajudá-lo a ver o panorama geral

Por mais de uma década, Gary Mehigan foi um dos três juízes que agraciaram as telas das TVs australianas durante o *MasterChef*, fazendo avaliações sobre pratos deliciosos que pessoas como eu tinham pouquíssimas chances de replicar em casa. Porém, muito antes de Mehigan se tornar um nome conhecido, ele estava no ramo de gerenciamento de restaurantes.

No seu primeiro ano gerenciando um restaurante, ele quase perdeu tudo. Ele não poderia ter trabalhado mais horas — mas, ainda assim, tantas horas loucas de trabalho não estavam se transformando em mais dinheiro. Ele estava resolvendo problemas o dia todo e tinha perdido a visão do panorama geral.

"A melhor coisa que o coach fez foi me dar uma simples página para preencher no fim de cada dia", relembra Mehigan. *"Era um pouco parecido com uma autoanálise e um rápido recomeço para o dia seguinte. Significava que, ao fim da noite, eu iria para casa, tomaria uma xícara de chá e organizaria meus pensamentos."*

As primeiras poucas perguntas exigiam que Mehigan refletisse sobre seu dia. Como foi? Que impressão ele deixou nos outros funcionários? Teve algo ao qual ele reagiu muito bem ou muito mal? *"As primeiras poucas perguntas eram bem rápidas de responder, e parecia que eu estava escrevendo em um diário"*, explicou Mehigan.

A próxima pergunta — "o que precisa ser alcançado amanhã?" — mudava sua mente para o dia seguinte e o fazia considerar o que tinha feito e como fazer uma diferença. *"Eu tentava pensar sobre o que eu poderia fazer, além do que eu fazia todos os dias, que faria a diferença."*

As perguntas finais pediam que ele refletisse sobre os funcionários e considerasse com quem ele poderia passar mais tempo e a quem ele poderia ensinar. Essas perguntas o forçaram a pensar sobre quem ele negligenciou nos negócios, ou com quem ele não passou muito tempo nas semanas recentes.

Na manhã seguinte, Mehigan lia rapidamente seu resumo de uma página e começava o seu dia com um direcionamento.

Ele descobriu que a coisa mais difícil de completar, religiosamente, aquela única página é que ela expunha suas fraquezas. Por exemplo, ele refletia com frequência que não tinha passado tempo suficiente com alguns funcionários. Quando se via escrevendo os mesmos nomes repetidas vezes, era o gatilho para falar com eles no dia seguinte.

Por exemplo, ele costumava entrar no seu restaurante todos os dias e ver Barbara, sua barista. Numa manhã, graças àquela única página, ele perguntou: "Quantos cafés você acha que venderá hoje?" Mehigan admite que essa pergunta era complicada para Barbara, visto que ela estava mais focada em fazer os cafés, em vez de vendê-los. Mas, assim que ele começou a falar com ela sobre esses objetivos, o comportamento de Barbara mudou, e seus objetivos começaram a se alinhar com os de Mehigan.

"Quando ficava com preguiça e não escrevia, eu via que minha performance e meu direcionamento eram reduzidos. E as performances e direcionamentos das outras pessoas também caíam."

Ainda que levasse apenas uns 10 minutos no fim do dia para completar aquela única página, Mehigan percebeu que era algo inestimável. Como resultado, isso se tornou uma das ferramentas que ele repassa para cada novo gerente para ajudá-los a gerenciar o tempo com sabedoria.

MÃOS À OBRA

1. Tire um tempo ao fim de todos os dias para refletir e voltar a focar. Isso deve levar apenas 10 minutos do seu tempo.
2. Pense sobre as questões que o serviriam melhor. Você pode fazer como Mehigan e considerar ter três categorias.

    A primeira pedindo para refletir sobre o seu dia:

    - Como foi o dia?
    - Que impressão causei nos outros funcionários?
    - Houve algo ao qual eu reagi muito bem ou muito mal?

    A segunda categoria foca o dia seguinte:

    - O que eu preciso alcançar amanhã?
    - Qual é a coisa que eu posso fazer amanhã — além do que eu normalmente faço — que fará a diferença?

    A terceira categoria foca as pessoas:

    - Com quem eu vou conversar/passar tempo?
    - Quem eu vou ensinar?

3. Na manhã seguinte, leia rapidamente o resumo e comece o seu dia.
4. Repita o processo diariamente.

Faça mais com uma lista de possibilidades

Por vários anos eu mantive duas listas de tarefas para o trabalho (dá para ver como eu amo isso — uma não foi o suficiente). Uma das minhas listas contém tarefas que requerem um trabalho duro e focado e exigem uma boa quantidade de tempo. A outra lista é para tarefas mais rápidas e fáceis, que não exigem muito esforço mental. Porém, o que acontece com esta lista é que, por eu evitar trabalho administrativo, ela se acumula (assim como a minha culpa por não conseguir lidar com essa lista todos os dias).

John Zeratsky, que costumava trabalhar no Google Ventures, usou listas de tarefas pela maior parte de sua carreira. Ele até mesmo elaborou dois aplicativos de lista de tarefas. Ele colocava coisas na sua lista e trabalhava diretamente com base nela — porque, se algo estivesse na lista, deveria ser importante. Com o tempo, ele percebeu que estava ficando miopemente focado nos pequenos itens da sua lista de tarefas, em vez de focar os itens importantes de uma perspectiva geral.

Então, ele pensou sobre uma nova forma de conceitualizar sua lista.

"Quando se trata das pequenas coisas que tenho que fazer, eu mantenho um controle numa lista de possibilidades", disse-me Zeratsky. *"Em vez de uma lista de tarefas, é uma lista de coisas que* talvez *eu faça. Pode parecer uma distinção boba, mas, para mim, é uma importante mudança de perspectiva, porque, quando você coloca algo numa lista de tarefas, você está, ao mesmo tempo, mantendo o controle e obrigando o seu eu do futuro a fazer aquilo."*

O fato de os itens de uma lista de possibilidades parecerem opcionais é uma das chaves para a efetividade dessa estratégia. Como seres humanos, nós preferimos atividades que escolhemos fazer, em vez de coisas que nos sentimos forçados a fazer. Em um estudo publicado pelo *Personality and Social Psychology Bulletin*, foi pedido que as pessoas se imaginassem visitando um supermercado com um amigo.

Os participantes foram pareados com um amigo e lhes foi pedido que comprassem seis produtos para outra pessoa. Eles foram informados que três objetos seriam escolhidos por eles (uma caneca, um chocolate e uma caneta) e que o amigo escolheria os outros três objetos: um pequeno boneco, um doce e uma régua (o que, na minha mente, faz com que eles se pareçam com criancinhas). Dois minutos depois, os participantes completaram a tarefa que, sutilmente, avaliava como eles se sentiam sobre esses seis objetos. Os pesquisadores descobriram que as pessoas estavam muito mais propensas a valorizar mais os objetos que escolheram do que os objetos escolhidos pelos amigos, por terem a liberdade de escolher.

O outro benefício que Zeratsky encontrou na lista de possibilidades é que ela removia a pressão diária de cuidar das coisas pequenas. Agora, ele cria blocos de tempo administrativos em alguns dias, que ele usa para trabalhar com a sua lista de possibilidades.

"De tempos em tempos, quando sinto que as coisas menores estão se acumulando, eu crio um dia de administrador", explica Zeratsky. E, em vez de temer, ele passou a aproveitar esses dias, porque isso significa que as tarefas menores, de menos impacto, que estavam se acumulando todos os dias poderiam ser vencidas todas de uma só vez.

MÃOS À OBRA

1. Crie uma lista de tarefas chamada Lista de Possibilidades.
2. Use essa lista para registrar todas as tarefas administrativas não urgentes que têm o hábito de te distrair das tarefas mais importantes. Como a lista leva o nome de Possibilidades, você pode apreciar a escolha de fazer, ou não, essas tarefas.
3. Quando perceber que os itens na sua lista de Possibilidades estão aumentando, simplesmente separe um pouco de tempo — pode ser algumas horas, ou, até mesmo, um dia todo — para resolver essas tarefas de uma vez.

Quando você precisa colocar um limite na sua lista de tarefas

Talvez você tenha organizado a sua lista de tarefas com a abordagem da lista de Possibilidades de John Zeratsky (veja em: **"Faça mais com uma lista de possibilidades"**). Se esse não foi o caso, sua lista ainda pode estar transbordando de itens. Talvez você esteja imaginando o estado atual da sua lista de tarefas e se sentindo sobrecarregado com tanta coisa. E, se planeja pausar esta leitura após se sentir culpado pela sua lista (você deveria estar trabalhando, não lendo!), pode ser difícil saber por onde começar.

O colunista do *Guardian* e escritor best-seller Oliver Burkeman experimentava frequentemente a "sobrecarga da lista de tarefas". Ele olhava para tudo que gostaria de fazer e se perguntava como conseguiria fazer tudo. Mas então ele descobriu a filosofia do Kanban Pessoal, de Jim Benson.

"Essa foi uma das ideias transformadoras que encontrei nos últimos anos", relembra Burkeman. *"A ideia básica é estabelecer um limite bem baixo para o número de tarefas que você permitirá que fiquem ativas na sua lista em determinado momento."*

Burkeman implementa isso na prática por meio de duas listas de tarefas. Uma é a sua lista Aberta, que não tem fim. *"Ela tem todas as trezentas coisas que você disse que faria, quer fazer, ou está pensando em fazer."*

O conceito de lista Aberta de Burkeman não é dessemelhante da lista de Possibilidades de Zeratsky, mas o que torna essa estratégia diferente é a adição da segunda lista: sua lista Fechada.

"Vamos apenas dizer que a lista Fechada tem cinco vagas. Você move cinco coisas da lista Aberta para a lista Fechada. E a regra é: nada mais é movido da lista Aberta para a Fechada até que haja uma vaga disponível, depois de uma tarefa ter sido completada. Então, você trabalha em uma daquelas cinco tarefas. Quando terminar, você a risca e pode adicionar um novo item à sua lista Fechada, pois ela agora só tem quatro."

Agora, vamos voltar para o estado atual da sua lista de tarefas. Se você tem um milhão de coisas, ou até mesmo dez, na sua lista, provavelmente está pulando entre elas e usando seu tempo sem planejamento. E sempre que um projeto fica um pouco desconfortável, ou intimidador, você pode pular para outro. Infelizmente, o resultado é que você nunca progride em nenhum deles. E isso vale caso você seja um CEO, um pai ou uma mãe ocupada, ou um estudante.

Burkeman percebeu que essa abordagem tem um impacto muito maior do que ele imaginou que teria. *"Isso te coloca em contato direto com sua finitude ou suas limitações, pois você só pode trabalhar em poucas coisas de cada vez. Mas o que essa abordagem faz é torná-lo consciente disso e ajudá-lo a tomar uma decisão sábia sobre quais serão essas coisas."* De fato, quando a palavra *priority* (prioridade, em português) se juntou à língua inglesa, nos anos de 1400, ela era singular — significando que poderíamos (e deveríamos) ter apenas uma prioridade por vez. Foi somente nos anos de 1900 que a forma plural começou a ser utilizada, referindo-se a *priorities* (prioridades), o que é na verdade ilógico, visto que, tecnicamente, não podemos ter múltiplas prioridades que venham todas em primeiro lugar.

MÃOS À OBRA

1. Crie duas listas de tarefas: uma Aberta e outra Fechada.
2. Mova todas as suas tarefas para a lista Aberta.
3. Decida quantas tarefas ativas você gostaria de ter na sua lista Fechada. Burkeman recomenda entre três e cinco.
4. Escolha as tarefas mais importantes da sua lista Aberta e mova-as para a lista Fechada para completar as vagas disponíveis.
5. Use a sua lista Fechada quando estiver decidindo em qual trabalho focar.
6. Quando riscar uma tarefa da sua lista Fechada, escolha um novo item da lista Aberta para mover para a Fechada.
7. Por fim, quando novas coisas surgirem, coloque-as na lista Aberta. E lembre-se de que elas só podem ser movidas para a lista Fechada quando houver uma vaga disponível.

PRIORIDADES
Um resumo

Estabeleça sistemas, não metas

Pense em algo grande que deseja alcançar. Desenvolva um sistema para chegar nesse objetivo final. Preferivelmente, você pode fazer algo todos os dias (ou ao menos com regularidade, para ajudar a criar uma rotina).

Crie heurísticas de tomadas de decisões

Reflita sobre seus valores e considere os grupos ou tipos de pessoas que você acha mais importante ajudar. Além disso, pense sobre quais tipos de solicitações você tem menos propensão a aceitar, combinadas com os tipos de pedidos que te dão mais alegria em responder. Use essa nova consciência para formar heurísticas que o ajudem a tomar decisões rápidas e efetivas sobre a quais solicitações do seu tempo você dirá "sim".

Reúna um conselho administrativo pessoal

Identifique pessoas com experiências e históricos diferentes que podem adicionar perspectivas inteligentes e úteis às grandes decisões que você tomará na vida. Esse grupo irá formar seu conselho administrativo pessoal. Consulte a sua opinião — seja formal ou informalmente — sempre que chegar a uma encruzilhada significativa e estiver diante de uma gama de opções.

Os quatro Es do quadro de tomada de decisão

Da próxima vez que tiver uma grande decisão para tomar, primeiro Enquadre a Questão. Certifique-se de ter, ao menos, duas opções concretas dentre as quais escolher. Em seguida, faça um Encontre os Fatos. Procure por dados ou informações que o ajudarão a tomar uma decisão informada. Então, convoque uma reunião consigo mesmo para Eleger a Decisão Final. Por fim, siga Em Frente com a sua decisão. Separe um tempo na sua agenda para revisar e refletir sobre a necessidade de mudar o curso da sua decisão original.

Faça perguntas baseadas em valores para tomar decisões melhores

Pense sobre os seus valores centrais — as coisas que mais importam para você quando você pensa em viver uma boa vida. Formule esses valores em forma de perguntas para guiá-lo na tomada de decisão. Por exemplo, se viver uma vida altruísta importa para você, pergunte a si mesmo, "Qual opção terá um impacto mais positivo nos outros?". Além de pensar sobre valores, sempre se questione, "Eu vou aproveitar o processo?". Evite fazer escolhas que são apenas atraentes porque pode haver uma grande recompensa no final.

Pergunte "deveríamos" e não "poderíamos"

Embora existam ocasiões em que você poderia seguir em frente com uma decisão pois estaria simplesmente seguindo as regras, resista à tentação de segui-las cegamente. Em vez disso, dê um passo para trás e pergunte a si mesmo se está fazendo o que deveria ser feito. Se a resposta for "não", considere o que deveria fazer em vez disso.

O Iceberg do Sim

Quando deparado com uma oportunidade, mapeie o tempo total e o trabalho duro que serão necessários para chegar até o animador "topo do iceberg". Após rever tudo que está abaixo da superfície, você estará em uma posição muito melhor para decidir se diz "sim" à oportunidade.

A regra da Próxima Terça-feira

Quando lhe pedirem para fazer algo que acontecerá em um futuro distante, faça a si mesmo a seguinte pergunta: "Se essa oportunidade fosse acontecer na próxima terça-feira, como eu me sentiria a respeito?" Se a resposta for qualquer coisa além de algo empolgado, diga "não".

Limpe as suas reuniões

Passeie pela sua agenda e marque todas as reuniões às quais você compareceu nas últimas duas semanas. Para cada reunião, faça a si mesmo as seguintes perguntas:

1. Ela foi necessária para o meu trabalho?
2. Ela me ajudou a me aproximar da minha vida de trabalho ideal?
3. Ela me trouxe alegria?

Elimine todas as reuniões que não correspondam a, ao menos, um dos critérios anteriores.

Faça uma revisão semanal de Amor e Ódio

No começo ou no fim de cada semana, reflita sobre a semana passada e liste todas as atividades que você amou fazer e todas as coisas que você odiou. Para as atividades da primeira categoria, planeje como você poderia fazer mais delas. Para as atividades que você odiou, reduza-as: pare de fazê-las, delegue-as, use uma força para atenuar os efeitos de ter que fazê-las, ou reformule a maneira como você vê a atividade que odeia.

A revisão semanal das Três Categorias

Agende uma reunião de 20 minutos consigo mesmo toda sexta-feira à tarde. Desenhe três colunas em uma folha de papel com os seguintes títulos: Carreira, Relacionamento e Eu. Para cada categoria, escreva, pelo menos, uma coisa importante que você quer conquistar na semana seguinte. Defina um tempo para fazer essas atividades acontecerem.

Inicie um ritual de reflexão diário

Ao fim de cada dia, tire 10 minutos para refletir. Primeiro, reflita sobre seu dia ao perguntar como ele foi e como você reagiu às coisas. Em segundo lugar, pense no dia seguinte. Pergunte a si mesmo: "O que eu posso fazer amanhã? — além do que eu normalmente faço — que fará a diferença?" Em terceiro, pense nas outras pessoas. Pergunte a si mesmo com quem você passará o tempo e a quem ensinará. Na manhã seguinte, leia rapidamente o seu resumo e comece seu dia.

A lista de Possibilidades

Crie uma lista chamada lista de Possibilidades. Registre todas as tarefas administrativas sem urgência que têm o hábito de se intrometerem no seu dia e distraí-lo das suas tarefas mais importantes.

Como a lista é chamada de lista de Possibilidades, você pode apreciar a escolha de não fazer essas tarefas. Quando a lista começar a crescer, tire algum tempo para realizar esses itens de uma vez.

As listas Aberta e Fechada

Crie duas listas de tarefas: uma lista Aberta e uma lista Fechada. Mova todas as suas tarefas atuais para a lista Aberta. Estabeleça um limite (por exemplo, três) de quantas tarefas ativas você terá na sua lista Fechada. Escolha as tarefas mais importantes da sua lista Aberta e mova-as para a lista Fechada para preencher as vagas disponíveis. Quando terminar uma tarefa da lista Fechada, escolha um novo item da lista Aberta a ser movido para a Fechada.

ESTRUTURA
Defina o seu dia

É segunda de manhã e você liga o computador, sentindo-se cheio de energia. Suas prioridades estão estabelecidas e você sabe exatamente o que quer fazer na semana. Mas, infelizmente, você comete o erro de dar uma bisbilhotada no e-mail antes de começar a sua tarefa mais importante do dia. Em um instante, seu foco mudou de proativo para reativo.

Imediatamente, você se depara com várias solicitações "urgentes" de colegas de equipe e da sua chefe. Você olha para o seu calendário, procurando por lacunas onde poderá colocar esse trabalho, mas, veja só, as reuniões se espalharam como um vírus agressivo na sua agenda sem que você percebesse. Você sente seu nível de estresse subir. A fantasia que tinha de se concentrar na sua tarefa mais importante se tornou uma memória distante.

Mas não se preocupe — você não está sozinho.

Quando se trata de uma semana de trabalho padrão, a maioria de nós fica na retaguarda. Reuniões são marcadas por colegas de trabalho, os e-mails que recebemos determinam nossas prioridades ao longo do dia e tudo que as pessoas querem de nós parece urgente. Os dias parecem um contínuo jogo de caça à toupeira — mas não é do tipo que vemos nos parques de diversão.

É hora de assumir o controle e partir para o ataque.

Esta seção irá ajudá-lo a estruturar suas semanas e seus dias proativamente, para que você possa otimizar como gasta o seu tempo. Você aprenderá a descoberta mais recente sobre quando agendar tipos específicos de atividades. Aprenderá sobre o porquê de precisar marcar pausas no seu calendário, em vez de apenas cruzar os dedos e torcer para ter tempo para uma. E receberá conselhos sobre como terminar cada dia de trabalho animado (sem precisar de drogas).

Por que você precisa deixar seu cronotipo estruturar seu dia?

A maioria dos conselhos de produtividade esquecem de considerar um fator crítico que subjaz sua eficácia: o cronotipo. O cronotipo é o ciclo natural de 24 horas entre os estados de sono e vigília que influencia os picos e as quedas da sua energia ao longo do dia.

Uma a cada dez pessoas são o que os pesquisadores de cronotipo chamam de cotovias. As cotovias são estereotipadas como "pessoas matinais". Elas pulam da cama alegremente antes do sol nascer sem ter programado um despertador. É possível reconhecer as cotovias como os presunçosos membros do clube das 5 horas, aqueles que você vê postando nas redes sociais sobre o quanto eles já fizeram antes que todos os demais tivessem levantado seus corpos preguiçosos para tomar o primeiro café do dia. (Neste momento, eu deveria confessar que sou uma cotovia. Prometo que não vou me gabar sobre o fato de que estou escrevendo desde as 6 horas da manhã de hoje. Mas, já que você perguntou, estou.)

As cotovias irritam profundamente as corujas (e, sejamos sinceros, qualquer um que não seja uma cotovia). Corujas estão na outra ponta da sequência do cronotipo. Elas representam cerca de 20% da população. Como o nome sugere, elas ganham vida à noite.

Todos os demais são aves médias: elas não ficam ativas nem abanam as caudas pela manhã, nem acendem velas noite adentro. Aves médias tendem a seguir o ritmo das cotovias, apesar de atrasadas por umas 2 horas.

As cotovias e as aves médias experimentam o pico do alerta cognitivo 2 horas após estarem totalmente acordadas. Elas têm uma queda de energia após o almoço e, então, experimentam outro pico no fim da tarde. O dia das corujas segue o padrão inverso.

Agora, você deve estar pensando, "Essa distinção de pessoas matinais e pessoas noturnas não é só uma desculpa para as corujas justificarem ficarem acordadas até tarde, maratonando na Netflix? Ou para as cotovias serem os membros hipócritas do clube das 5 horas da manhã?". Não mesmo. Acontece que entender o nosso cronotipo e estruturar nosso trabalho com base nele nos torna muito mais felizes (sem mencionar muito mais produtivos) no trabalho. Por exemplo, uma pesquisa feita no Irã com 210 trabalhadores do serviço de saúde descobriu que as cotovias desfrutam mais do trabalho se trabalharem em turnos da manhã. Semelhantemente, as corujas apreciam mais o trabalho se forem alocadas para turnos da noite.

Quando estava escrevendo seu livro best-seller do *New York Times*, *Quando: Os Segredos Científicos do Timing Perfeito*, o autor Daniel Pink começou a se aprofundar nesse estudo. Ao descobrir que ele era uma ave média, ele reestruturou completamente seu dia de trabalho.

"Eu mudei minha rotina para que, nos dias que fosse escrever, eu programasse uma quantidade de palavras para atingir, e pela manhã eu digo 'Tudo bem, hoje eu tenho que escrever setecentas palavras', e eu não levo o meu telefone comigo para o escritório, não abro meu e-mail, não faço nada até chegar nas setecentas palavras, e então estarei livre para fazer outras coisas", explica Pink.

"Normalmente, eu uso do começo para o meio da tarde para responder e-mails, arquivar e analisar as coisas – o tipo de coisa que não requer trabalho pesado", diz Pink. *"E, quando eu termino, por volta das 3 ou 4 horas da tarde, costumo fazer entrevistas ou coisas que não exigem que eu fique focado e vigilante, apenas aberto para possibilidades, ideias e um pouco mais descontraído mentalmente."*

Como resultado de se manter fiel a essa rotina, *Quando* foi o único livro que Pink entregou para a editora dentro do prazo.

MÃOS À OBRA

1. Comece o processo de reestrutura do seu dia ao completar o Questionário Matutino/Noturno em: amantha.com/timewise (conteúdo em inglês).

2. Planeje seu dia de trabalho com base no seu cronotipo. Use a pontuação do questionário Matutino/Noturno para ajudá-lo a decidir quando você deveria estar mais focado no trabalho e quando deveria estar fazendo coisas que exigem menos foco cognitivo.

3. Use o guia a seguir para ajudar a estruturar o seu dia:

   Para cotovias (definitivamente matutino):
   Foco no trabalho: 7h – 10h/11h
   Trabalho leve: 11h – 14h
   Recarga (para mais foco no trabalho): 14h – 16h

   Para aves médias (moderadamente matutino/noturno e intermediário):
   Foco no trabalho: 9h – 12h
   Trabalho leve: 12h – 14h/15h
   Recarga (para mais foco no trabalho): 15h – 17h

   Para corujas (definitivamente noturno):
   Foco no trabalho: a partir das 16h
   Trabalho leve: 13h – 16h
   Recarga (para mais foco no trabalho): 10h – 13h

Como o registro de mudanças o ajudará a dominar seu tempo

Você já chegou ao fim de um dia de trabalho e pensou, "O que eu, de fato, fiz hoje?". E, como resposta, não conseguiu listar uma única coisa?

Se você trabalha no padrão de 40 horas semanais, são 2400 minutos para alocar tarefas. Com tantos minutos, pode ser fácil ser descuidado sobre como destinar seu tempo no trabalho. Também é fácil superestimar as coisas nas quais você gastou tempo, assim como as coisas nas quais você não gastou. E foi exatamente assim que Rahul Vohra, fundador e CEO do software de e-mails Superhuman, chegou à ideia de usar registros de mudança.

"Muitas pessoas pensam que sabem como gastam seu tempo, mas não sabem", explica Vohra. *"Claro, você tem um calendário, mas calendários são uma representação fraca da realidade. Tarefas urgentes exigem nossa atenção. O trabalho importante que precisamos fazer pode nem mesmo estar nos nossos calendários. E, como diz o ditado, você muda o que medir."*

O questionamento de Vohra para si mesmo mudou de "Como estou gastando meu tempo?" para "Como estou medindo meu tempo?"

A solução está nos registros de mudança. Vohra descreve esse registro como aparentemente simples, mas surpreendentemente eficaz. *"Número um: registre quando começar uma tarefa. Número dois: registre quando mudar de tarefa. E, número três: registre quando fizer uma pausa. E essa é a parte louca: após aplicar essas regras, faça o que você quiser. Siga sua intuição e faça o que parecer importante."*

Vohra usa um canal na plataforma Slack para registrar seu tempo. Toda vez que começa uma tarefa, ele manda uma mensagem curta para si mesmo no Slack: MT (para Mudança de Tarefa), dois pontos e o nome da tarefa. Por exemplo, "MT: Revisão do design de agenda". Quando muda de tarefa, ele faz a mesma coisa. E outra vez, quando faz uma pausa. No fim do dia, ele analisa como utilizou seu tempo.

"A análise em si é relativamente simples. Você pega todas as tarefas e as separa em categorias. Minhas categorias incluem: design de produto, recrutamento, relações públicas, gerenciamento, liderança, e-mail e meditação. Então, você simplesmente mapeia o tempo gasto em cada categoria."

Vohra me deu um exemplo de uma semana no começo do ano, em que, ao analisar seus registros, ele percebeu que tinha passado apenas 4% do seu tempo com recrutamento e incríveis 22% com trabalho de relações públicas. *"Eu sei que como CEO de uma empresa de série B apoiada por capital de risco eu deveria estar gastando, basicamente, 30% do meu tempo em recrutamento. Meus próprios esforços pessoais em fazer trabalho de relações públicas é, provavelmente, menos importante do que contratar alguém que pode fazê-lo melhor do que eu. Então, imediatamente, eu encontrei uma informação útil."*

MÃOS À OBRA

1. Selecione o software que usará para registrar suas mudanças de tarefas. Você pode fazer como Vohra e usar o Slack, ou pode usar o Microsoft Excel, ou o Google Planilhas. Pode, até mesmo, fazer à moda antiga e usar papel e caneta.

2. Quando começar uma nova tarefa, registre "MT: NOME DA TAREFA".

3. Quando mudar para uma tarefa diferente, repita o processo.

4. Continue a fazer isso toda vez que mudar de tarefa ou fizer uma pausa.

5. Caso se esqueça de registrar uma mudança de tarefa, geralmente levará 5 ou 10 minutos para perceber que está fazendo uma tarefa diferente da que registrou. Simplesmente abra seu registro, edite a tarefa e continue a trabalhar.

6. Não se preocupe em atualizar sua agenda para que reflita seu registro de mudanças — não importa se eles não forem correspondentes.

7. Tire um tempo no fim do dia para analisar seus dados. Faça isso ao agrupar suas tarefas em categorias e adicione quanto tempo você gastou em cada uma delas. Pergunte a si mesmo

se isso reflete seus valores e suas prioridades. Se a resposta for sim, ótimo! Se for não, pense no que pode ser mudado em seu comportamento nas semanas seguintes para garantir um alinhamento melhor.

8. Se estiver pensando consigo mesmo (como eu pensei quando ouvi Vohra descrever essa estratégia pela primeira vez), "Isso se encaixa na minha ideia de inferno" — sim, existe um setor do inferno reservado, especialmente, para essa estratégia. E, falando como alguém que a utilizou, é horrível. Mas, eu juro, vale a pena o sofrimento pelas informações que você consegue no final.

Escolha um destaque satisfatório para cada dia

Um nerd da produtividade confesso e autor best-seller dos livros *Sprint e Faça Tempo*, Jake Knapp sentia que sua lista de tarefas estava controlando sua vida. Seus dias no Google, onde ele trabalhou por mais de uma década, eram regrados por ela. Sua vida passou a girar em torno de terminar a lista. Mas essa é a parte infeliz: listas de tarefas nunca terminam. Há sempre mais para fazer.

Então, Knapp começou a pensar de forma diferente sobre seu dia. Em vez de ficar obcecado com todas as coisas pequenas que ele queria fazer, começou a ignorar completamente sua lista de tarefas. No lugar dela, ele focou algo totalmente diferente.

"Todos os dias de manhã, eu pergunto a mim mesmo, 'Se o dia tivesse terminado agora, o que eu gostaria de dizer que foi o destaque de hoje? O que me deixaria satisfeito ou alegre? O que seria?' Então eu penso em uma coisa, não simplesmente uma tarefa pequena, mas algo mais ambicioso, que pode me tomar de 60 a 90 minutos, e escrevo. Eu só escrevo essa única coisa."

Isso não quer dizer que Knapp não fará mais nada. Ele ainda confere seus e-mails e tem uma lista de tarefas menores. Porém, em vez de permitir que as coisas pequenas controlem seu dia, o destaque se torna sua prioridade.

"Em vez de pensar 'Eu vou fazer mil coisas hoje', se eu fizer uma coisa que é realmente importante, isso é o suficiente para me satisfazer."

Depois que Knapp decide seu destaque, ele separa um tempo na agenda para ele. Essa ação ajuda a garantir que esse destaque seja uma prioridade acima de tudo mais que ele poderia estar fazendo.

Psicólogos descobriram que o simples ato de planejar ou imaginar um destaque no seu dia o torna mais apto a atingir seu objetivo e ser mais resiliente aos desafios que pode enfrentar durante o dia.

Em um estudo liderado pela professora de psicologia Gabriele Oettingen foi pedido que um grupo de participantes imaginasse um possível destaque para o dia — neste caso, uma tarefa criativa. Também foi pedido que eles pensassem sobre como eles se sentiriam se tivessem sucesso ao fazê-la, assim como possíveis obstáculos que poderiam enfrentar. A um segundo grupo de pessoas foi pedido que imaginassem o destaque, mas sem os obstáculos, enquanto a um terceiro grupo foi pedido que considerassem apenas os obstáculos.

Verificou-se que vislumbrar um destaque — mas também pensar sobre possíveis obstáculos que possam surgir — levou à melhor performance da tarefa. Quando as pessoas pensaram sobre ambos, o destaque e os desafios, elas conectaram as emoções positivas do destaque com os obstáculos que poderiam encontrar. Portanto, quando os desafios chegaram, elas foram capazes de se sentir animadas ao superá-los.

Agora, tendo uma personalidade Tipo A, eu não pude resistir e perguntei a Knapp: por que não planejar dois destaques? Obviamente, dois é melhor do que um!

Knapp, educadamente, deixou implícito que eu não tinha entendido. *"Acredito que existe uma cultura de comprometimento que rodeia a maioria de nós o tempo todo, no trabalho e até fora dele. Quando falo com outros pais e vejo como eles são ocupados, está em todo lugar. Somos pessoas ocupadas. Então, a expectativa é sempre fazer mais e mais e fazer mais depressa. E parte da ideia de um destaque é dizer, 'Ei, tudo bem ter um ponto de foco e fazer menos, mas aplicar mais energia a isso'."*

Obrigada, Jake — a perfeccionista em mim precisava ouvir isso.

MÃOS À OBRA

1. No começo do seu dia de trabalho, pergunte a si mesmo: "O que eu gostaria que tivesse sido o destaque desse dia? Isso me deixaria satisfeito e alegre?"

2. Preferivelmente, escolha algo que levará por volta de 60 a 90 minutos para terminar.

3. Separe esse tempo na sua agenda, de preferência quando estiver no seu pico de energia (o que, para a maioria de nós, é durante a manhã).

4. Priorize concluir seu destaque acima de tudo mais que você tenha que fazer durante o dia.

Como fazer mais tarefas de 10 mil dólares a hora e menos tarefas de 10 dólares a hora

Se você for como a maioria, provavelmente já dividiu seu salário em preço por hora. Se for dono de um negócio ou freelancer, talvez tenha dividido seu ganho pelo número de horas que trabalha para fazer um cálculo similar. Mas você já pensou em dividir o dia entre suas tarefas mais valiosas e menos valiosas?

O renomado estrategista de negócios Perry Marshall passou um bom tempo pensando sobre valores por hora. Para ele, existe uma maneira completamente diferente de olhar para essa equação (e não tem nada a ver com a sua habilidade de calcular álgebra complexa).

Marshall dá o exemplo de uma recepcionista, Helen, que trabalha em um escritório de dentista, recebendo 15 dólares a hora. *"A maior parte do que Helen faz vale quase 0 dólares por hora"*, explica Marshall. *"Porém, algumas coisas que ela faz valem alguns milhares de dólares a hora."*

"Por exemplo, imagine que alguém precisa de 5 mil dólares em restaurações e tratamento dentário. Essa pessoa pesquisa no Google e descobre a clínica onde Helen trabalha. Helen atende à ligação, mas pede que a pessoa aguarde, pois ela está ocupada com outro cliente. Dois minutos depois, ela pega o telefone de volta e pergunta como poderia ajudar. Mas a pessoa desligou. A pessoa gastaria 5 mil dólares em 2 minutos, mas a música de espera a fez desistir, e ela não vai voltar. Levou 2 minutos para perder 5 mil dólares."

O dia de trabalho de todo mundo está cheio de atividades de alto valor, assim como atividades menos valorosas. Marshall diz que devemos melhorar nossa forma de identificar quais são as atividades de mil dólares ou de 10 mil dólares por hora na nossa vida profissional, e adicionar mais delas na forma como estruturamos nossos dias.

Porém, simplesmente saber quais são as atividades de menor valor não é o suficiente. Uma vez que identificamos essas tarefas, Marshall diz que precisamos encontrar uma forma de reduzi-las ou parar de fazê-las por completo. Isso pode envolver delegá-las a um assistente, por exemplo, ou terceirizá-las e se ver livre para poder gastar mais tempo em atividades mais valiosas.

Nem todo o tempo é criado de forma igual. E se pudermos ser mais conscientes de como usamos nosso tempo, poderemos gastá-lo com mais sabedoria.

MÃOS À OBRA

1. Faça uma lista de todas as atividades que fazem parte da sua função, desde pequenas responsabilidades administrativas até atividades mais especializadas.

2. Divida essas tarefas em duas colunas:

    a. Tarefas de 10 dólares a hora (por exemplo, recados, enviar uma fatura para o departamento de contabilidade, combinar agendas para uma reunião).

    b. Tarefas de 100 dólares a hora (ajudar um cliente a resolver um problema pontual).

    c. Tarefas de mil dólares a hora (planejar e priorizar sua semana, por exemplo).

    d. Tarefas de 10 mil dólares a hora (conduzir reuniões de vendas, resolver um problema recorrente de um cliente).

3. Veja se você pode delegar as tarefas de 10 dólares a hora. Por exemplo, contrate um assistente virtual, que tipicamente custa entre 5 e 10 dólares a hora. Se puder delegar 4 horas de tarefas de 10 dólares a hora e pagar a alguém 40 dólares para fazê-las, imagine o quanto mais você poderia extrair do seu tempo se preenchesse aquelas 4 horas com tarefas de mil a hora? Você não precisa de um doutorado em métodos estatísticos avançados para saber que isso resulta em algo muito maior.

4. Aplique o mesmo pensamento fora do trabalho, terceirizando tarefas de baixo valor que você pode substituir por atividades valorosas. Eu conheci alguém no Airtasker — uma plataforma onde é possível contratar pessoas para terceirizar suas tarefas — que monta móveis do IKEA, assim eu tenho mais tempo para uma atividade mais valorosa, que é montar o Lego do Harry Potter com minha filha de 7 anos. (Ou seria essa apenas a minha ideia de um incrível tempo valoroso?)

É hora de podar as besteiras da sua agenda

Dê uma olhada na sua agenda para esta semana. Você foi convidado para alguma reunião cujo propósito você desconhece ou que não tem certeza do papel que deve desempenhar? Talvez você tenha eventos em particular que acha que não gostará e não tem certeza se eles terão um efeito direto na sua carreira. Ou pode ser que tenha separado um tempo para escrever um relatório que você tem a ligeira impressão de que, Deus o livre, ninguém lerá de verdade?

Se a sua resposta for "sim" para qualquer uma dessas perguntas, são altas as chances de que a sua agenda poderia ser podada.

Ashutosh Priyadarshy, fundador da empresa de softwares de planejamentos de agendas Sunsama, diz que é fácil preencher seu dia de trabalho com coisas que são apenas tangencialmente relevantes, ou pior, que não têm nenhuma conexão óbvia para te ajudar a alcançar seus objetivos. Para otimizar como gasta seus dias, Priyadarshy remove com frequência da sua agenda o que ele chama de "besteiras".

"Eu olho para tudo que planejo fazer num determinado dia e pergunto a mim mesmo, 'Isso está óbvia e diretamente relacionado com os resultados que eu desejo alcançar?' Se estiver a dois ou três passos daquilo que eu quero me focar, tal como aquisição de clientes, é um bom indicador de que, provavelmente, é uma besteira."

Um exemplo disso na vida de Priyadarshy são os eventos de networking. Apesar de poder encontrar em tais eventos pessoas que poderiam ajudar a promover reconhecimento e, consequentemente, levar a uma maior aquisição de clientes para a Sunsama, isso está longe de ser algo garantido. *"Eu tento fazer apenas as coisas que parecem tão óbvias e urgentes e importantes, e esqueço do resto."*

Quando converso com meus amigos que trabalham em grandes corporações e os ouço descrever seus dias de trabalho, eu geralmente me surpreendo com o quanto do dia deles poderia ser classificado como a besteira que Priyadarshy descreve. Muito do "trabalho" produzido não tem impacto nos objetivos da empresa, e muitas reuniões poderiam ter menos pessoas, ou poderiam ter sido mais curtas e produzido melhores resultados.

Para Priyadarshy, entrar no hábito diário de planejar seu dia na noite anterior foi o que o tornou mais consciente das besteiras em forma de tarefas, reuniões e eventos da sua agenda. *"Acho que uma das coisas realmente interessantes que acontecem quando você planeja o seu dia com regularidade é que você cria essas checagens de segurança, e isso dificulta que aceite besteiras no seu dia."* E quem não quer ter menos besteiras com as quais lidar todos os dias?

MÃOS À OBRA

1. Separe um tempo, de preferência diariamente, para revisar sua agenda.

2. Para cada reunião, evento e atividade de tempo determinado, pergunte a si mesmo, "Isso fará com que eu me aproxime do meu objetivo?". Se a resposta for "não", remova essa tarefa da sua agenda. Se for "sim", deixe-a lá. Porém, se a resposta for "talvez" ou "indiretamente", remova-a. Apesar de parecer desconfortável a princípio, se você for capaz de completar esse novo tempo livre na sua agenda com atividades que te levam diretamente para os seus objetivos, você começará a fazer um progresso significativo em direção às coisas que importam.

Como impedir que as pessoas invadam seu calendário

John Zeratsky é obcecado com a forma com que utiliza seu tempo. Por quase 15 anos, Zeratsky trabalhou como designer para empresas de tecnologia como o Google e o YouTube. Depois ele migrou para o Google Ventures, onde trabalhou com Jack Knapp no aperfeiçoamento do Design Sprint — uma metodologia de restrição de tempo para ajudar empresas a criar e testar novas ideias. Zeratsky também é um "bobo do tempo" confesso, que escreveu um livro com seu antigo parceiro do Google, Jake Knapp, chamado *Faça Tempo*, sobre como usar o tempo com mais eficiência.

Algo em que Zeratsky pensa muito é a estrutura da sua agenda. (Todos nós, não é mesmo? Tudo bem, talvez seja apenas John e eu.) Não importa para que tipo de empresa você trabalhe, existe a chance de seus colegas de trabalho enfiarem reuniões na sua agenda a qualquer momento do dia, porque ela está visível para todos na empresa. Basicamente, qualquer um pode invadir o seu dia. Que divertido!

Diferente do resto de nós, Zeratsky enxerga sua agenda como uma oportunidade de pensar proativamente, em vez de reativamente. Ele sabe que um bom dia para ele tem vários elementos. Tem tempo para focar o trabalho pelas manhãs, refeições e intervalos para energizá-lo, um momento administrativo para conferir os e-mails e outras tarefas, um momento para os exercícios e tempo para sua esposa ou amigos.

A solução de incorporar proativamente todos esses ingredientes surgiu para Zeratsky na forma de um modelo de agenda.

"Na verdade, eu uso um modelo dentro do Google Agenda", explicou ele. *"Não é a minha agenda principal, é uma separada, que é o modelo do meu dia ideal. Tem todos os elementos essenciais — desde o horário que eu faço minhas*

refeições até quando fico mais focado no trabalho pela manhã, quando me exercito – todas essas coisas."

O dia de Zeratsky começa por volta das 6h30 com um café, mas sem tecnologia. *"É importante tomar um café e ter alguns minutos para olhar para fora da janela antes de pegar o meu telefone ou abrir o meu computador. Minha esposa e eu criamos um armário de carga, onde os nossos dispositivos ficam à noite. Isso cria uma barreira bem legal entre nós e a tecnologia. Eu tenho que tomar uma decisão intencional e dizer, 'Ok, agora estou pronto para começar a parte do meu dia que é focada em tecnologia'."*

Após o café, Zeratsky trabalha na sua tarefa mais importante do dia, geralmente algo que requer um pensamento focado. Ele também se certifica de programar um tempo para as pausas e refeições. *"Descobri que quando não faço isso eu tenho a tendência de ficar muito concentrado quando estou focado no trabalho e, então, espero muito tempo e fico desgastado. Mas se programar minhas pausas, isso me mantém equilibrado."*

Tarefas administrativas e reuniões acontecem na parte da tarde. Zeratsky usa o Calendly, um software de planejamento automatizado, e programa sua disponibilidade para reuniões para o período da tarde, geralmente entre 14 horas e 17 horas. Seu momento de exercícios vem em seguida, às 17 horas. Então chega o período de socialização, que acontece no início da noite.

"Eu não fico na defensiva. Eu parto para o ataque", resume Zeratsky.

MÃOS À OBRA

1. Pense sobre todos os ingredientes para o seu dia ideal. Isso pode incluir tempo para a família, exercício, focar o trabalho, reuniões, conferir e-mails, tempo de socialização com os colegas de trabalho ou amigos, refeições e intervalos, e por aí vai.
2. Reflita sobre qual momento do dia é melhor para cada atividade.
3. Mapeie o seu dia ideal. Você pode apenas focar as horas trabalhadas ou juntar o dia todo, como Zeratsky faz.
4. Quando se trata de colocar isso na sua agenda, existem duas opções. A primeira é seguindo o direcionamento de Zeratsky e usar o Google Agenda para criar uma agenda, chamada Modelo. Ela só pode ser visualizada por você, que poderá ativar e desativar a visualização — essencialmente, usando-a como um molde para planejar o seu dia. Como alternativa, você pode usar sua própria agenda e bloquear todas as atividades para que as outras pessoas não possam marcar nada nela. Eu descobri que, se escrevo as coisas em letras maiúsculas, meus colegas de trabalho levam os itens na minha agenda mais a sério, especialmente quando eu utilizo mensagens nada ambíguas, do tipo "FAVOR, NÃO AGENDAR NADA".
5. Sempre que possível, tente planejar o seu dia de acordo com o seu modelo.

Como tornar todas as horas produtivas

Uma ótima maneira de começar o dia envolve um café da manhã cheio de proteína e fazer a sua tarefa mais importante primeiro, certo? Bem, de acordo com a professora de economia da Brown University Emily Oster, isso não é sempre verdade (a coisa da tarefa, não o café da manhã).

Quando Oster considera como usará as horas em seu dia, ela aplica um princípio da economia chamado "otimização da margem". Antes que você perca o foco com a menção de termos econômicos (ou talvez esse seja o destaque do livro para você?), deixe-me explicar o que isso significa. A margem representa o nível atual de atividade. Dessa forma, para otimizar a margem, nós temos que considerar como melhor utilizar a próxima hora, em vez de escolher atividades baseadas no quão importante elas são.

"Eu tento tornar cada hora o mais produtiva possível", descreve Oster. *"E isso significa pensar sobre qual é a melhor utilidade daquela hora em particular, tendo em vista onde eu estou com relação a todo o resto, em vez de dizer que todo o meu tempo deveria ser gasto nesse único grande projeto."*

Por exemplo, Oster pode ter um projeto de trabalho que é muito mais importante do que outro. Mas, quando ela pensa em otimizar a hora seguinte, ela seria mais bem utilizada em um projeto menor, pois seu cérebro está um pouco cansado e ela não trabalharia tanto no projeto mais importante, porém mais exigente.

Quando entrevistei Oster, eu estava no meio do processo de escrita deste livro, então, naturalmente, pedi um conselho sobre como eu poderia aplicar essa teoria de otimização da margem. Ela me aconselhou a pensar sobre o valor marginal descendente de tempo que eu gastava escrevendo meu livro a cada dia. Ela presumiu, corretamente, que as minhas primeiras duas horas de escrita pela manhã eram muito produtivas, mas que é ladeira abaixo depois disso, em termos de escrita valorosa produzida. Infelizmente, isso é verdade.

"Existe uma tentação de pensar, 'Ok, por isso ser tão importante, eu preciso insistir', mas, na verdade, essas horas adicionais não são tão produtivas." Oster sugeriu que em determinado momento eu mudasse de atividade, ou até mesmo fizesse algo administrativo, pois essa seria a melhor forma de utilizar a hora seguinte, em vez de insistir em uma terceira hora de trabalho e ter a qualidade e quantidade do meu resultado diminuídas consideravelmente.

Em outras palavras, é melhor eu fazer uma tarefa completamente diferente na hora seguinte do que insistir na escrita do meu livro, tendo em vista que uma hora adicional de escrita pode ser pouco produtiva por eu ter chegado ao meu limite naquela tarefa. E, ao dedicar a hora seguinte a uma tarefa de menor valor (por exemplo, algo administrativo), em vez de ter uma performance medíocre em uma tarefa importante, na verdade a decisão leva a cada hora sendo gasta com mais sabedoria.

MÃOS À OBRA

1. Resista à vontade de adotar conselhos de produtividade que sugerem que você deveria priorizar seus projetos mais importantes acima de tudo. Embora possa começar o dia passando algumas horas em seu projeto mais crítico, confira como está se sentindo e seja consciente de quando atingiu um ponto de rendimentos decrescentes.

2. Nesse ponto, troque deliberadamente de tarefa para algo mais fácil (e provavelmente menos "importante") para utilizar melhor a hora seguinte. É melhor trabalhar com tarefas administrativas menos importantes, por exemplo, do que insistir na sua tarefa mais importante, mas o resultado ser prejudicado pelo seu decréscimo de energia.

Pare de pensar em pausas como algo adiável

Sua agenda, provavelmente, está cheia de reuniões. E, neste ponto do livro, você provavelmente está separando um tempo para fazer um trabalho árduo também (a não ser que você tenha acabado de abrir aleatoriamente o livro nesta página enquanto o folheia em uma livraria, neste caso, por favor, volte ao ponto de partida).

Mas você também marca intervalos na sua agenda? Se for como a maioria das pessoas, é possível que a resposta seja "não". Intervalos geralmente são coisas que não consideramos importantes — e algo para fazer se, ou quando, tivermos um tempo livre ao longo do dia.

Cal Newport, professor e autor best-seller dos livros *Trabalho Focado* e *Um Mundo sem E-mail*, não só cronograma os horários para todo o seu dia, mas se certifica de agendar intervalos durante o trabalho.

"Uma das razões pelas quais as pessoas que cronogramam o tempo têm um aumento de produtividade é que elas separam um período para intervalos", explica Newport. *"É uma coisa psicológica sutil, mas se você não planeja quando os intervalos acontecerão, então qualquer momento se torna um período em que você poderia fazer uma pausa. Assim, o que acontece ao longo do dia é que você tem essa discussão consigo mesmo: 'Eu deveria fazer uma pausa agora? Eu deveria conferir os e-mails agora? Eu deveria conferir minhas redes sociais?' E se não tiver planejado quando fará tais intervalos com antecedência, você ficará constantemente tendo essa discussão."*

Ele diz que essa é uma discussão que as pessoas perderão mais do que vencerão, e, como resultado, você acaba fragmentando ainda mais a sua atenção. Ao programar pausas na sua agenda, você não perde tempo discutindo consigo mesmo sobre quando passar um tempo longe do trabalho.

A esta altura, você pode estar pensando: "Isso funciona bem para o Cal, mas a minha agenda é uma loucura! Eu não tenho tempo para pausas!" Bem, a boa notícia é que os intervalos não precisam ser longos. Uma pesquisa da

Universidade do Colorado revelou que existe uma quantidade ideal de tempo para intervalos. Os pesquisadores descobriram que, em contraste com uma pausa para caminhar de 30 minutos, seis pausas para caminhar de 5 minutos aumentavam a energia, melhoravam o foco e o humor e reduziam os sentimentos de fadiga durante a tarde de forma mais eficiente. Certamente você pode encontrar alguns espaços de 5 minutos entre todas as suas reuniões?

Caso esses benefícios não sejam convincentes o suficiente, uma pequena pausa também pode melhorar a sua memória. Em um estudo, após ouvir uma história, um grupo de pessoas descansou por 10 minutos, enquanto outro grupo completou uma tarefa que precisava de concentração intensa. O estudo revelou que aqueles que descansaram estavam mais propensos a lembrar dos detalhes da história. Esse efeito durou por mais de uma semana — tudo por causa do simples ato de fazer uma pequena pausa.

MÃOS À OBRA

1. Comece ao agendar o seu intervalo mais importante: o almoço. Para evitar fazer isso manualmente todos os dias, agende, ao menos, 30 minutos para o almoço como uma reunião consigo mesmo, assim ninguém pode marcar nada nesse horário (ou, se marcarem, você lembrará de ir para o almoço quando não estiver em reunião). Você pode mudar os horários o quanto quiser, mas, pelo menos, saberá que tem 30 minutos para si no meio de todos os dias.

2. Agende intervalos curtos ao longo do dia. Eles não precisam ter mais do que 5 minutos — o que importa é que sejam regulares.

3. Como alternativa, use a ferramenta de reuniões rápidas no Google Agenda, o que padroniza a duração das reuniões para 25 a 50 minutos, em vez de 30 minutos e 1 hora. Assim, você terá uma desculpa para fazer aqueles intervalos de 5 minutos ao longo do dia, mesmo quando tiver uma reunião atrás da outra.

Como evitar ter um dia extremamente ocupado

Você provavelmente já ouviu colegas de trabalho reclamarem sobre o dia "extremamente ocupado" deles. Provavelmente te contaram que têm uma reunião após a outra e não têm tempo nem mesmo para almoçar. Até brincaram dizendo que desejam poder consumir alimentos por sonda, para não ter que perder tempo comendo (ou fui só eu que já pensei nisso?).

Quando você ouve tais reclamações, é fácil presumir erroneamente que devemos estar conversando com alguém VIP (sigla no inglês para Pessoa Muito Importante), visto que eles parecem ser convidados para tantas reuniões. Em seguida, nos questionamos se deveríamos estar tentando preencher nossa própria agenda com reuniões para inflar nosso senso de importância, pois é natural presumir que as pessoas mais bem-sucedidas têm agendas lotadas durante 100% do dia.

Na verdade, as pessoas mais bem-sucedidas do mundo fazem o oposto quando se trata de estruturar seus dias.

Darren Murph é diretor de trabalho remoto (sim, isso é um cargo) na empresa de desenvolvimento de software GitLab, a maior empresa totalmente remota do mundo. A GitLab tem mais de 1,3 mil membros na sua equipe, espalhados por mais de setenta países, sem nenhum escritório de propriedade da empresa. Murph acredita que ter uma agenda 100% ocupada é um grande risco.

"Se o seu dia inteiro já estiver ocupado com reuniões, isso não deixa nenhum espaço para a vida real acontecer", explica Murph. Por exemplo, você pode receber uma ligação da escola dos seus filhos dizendo que precisa buscá-los, pois eles estão doentes. Pode receber um pedido urgente de um cliente que precisa ser resolvido imediatamente. Ou uma tarefa que planejou terminar naquele dia pode tomar muito mais tempo do que o esperado.

ESTRUTURA

Todos esses cenários poderiam, facilmente, tomar 1 hora ou mais, o que impacta não somente os seus níveis de estresse, mas também interfere na programação de muitas outras pessoas, especialmente se você for do tipo que sai de uma reunião para outra.

Murph aponta que estar ocupado o dia inteiro também pode ter um impacto nocivo na inovação. *"Se você extrapolar isso para toda uma empresa, onde todos estão completamente ocupados, onde haverá espaço para a engenhosidade? Estar ocupado 100% do tempo é uma garantia de que sua empresa não terá nenhuma inovação e nenhuma conversa fortuita, pois não haverá tempo para isso."*

Então, da próxima vez que encontrar alguém reclamando por estar extremamente ocupado, tendo reuniões o dia todo, e comparar essa situação com sua agenda menos frenética e menos ocupada, você pode presunçosamente pensar consigo mesmo que é, provavelmente, o mais bem-sucedido.

MÃOS À OBRA

1. Em vez de sentir uma falsa sensação de produtividade se a sua agenda estiver cheia, programe, intencionalmente, tempo para não fazer nada. Use esses momentos como "períodos reserva" para as coisas que tomam mais tempo ou tarefas inesperadas que aparecem durante o dia. Você pode até usar esse tempo para permitir que coisas criativas e fortuitas aconteçam. Isso pode se dar de várias maneiras:

    - Programe intervalos na sua agenda (o que, com sorte, você já está fazendo, graças ao conselho de Cal Newport — veja a seção **"Pare de pensar em pausas como algo adiável"**). É importante reservar um tempo para recarregar, e esse tempo também pode ser um período reserva, caso as reuniões ou outras tarefas levem mais tempo do que o esperado.
    - Quando separar esse período, peque pelo excesso ao subestimar quanto tempo algo pode levar.
    - Programe um espaço para respirar entre as reuniões. Não precisa ser muito, mas ter 5 ou 10 minutos para fazer algo rápido e ler suas anotações para a próxima reunião fará o seu dia seguir mais facilmente e o ajudará a se sentir mais no controle.

Como parar de conferir os e-mails incessantemente

O e-mail é o tendão de Aquiles da minha produtividade. Embora eu tenha dominado o controle para não sucumbir às distrações das redes sociais ou ser sugada por alertas de mensagens, eu ainda consigo me perder na minha caixa de entrada e usá-la como uma forma quase regular de procrastinação do meu trabalho "real".

Apesar de gastar tanto tempo na minha caixa de entrada e tentar zerar os e-mails (ou deixar apenas dez), eu acho que isso é algo difícil de se conseguir. Existe tanto prazer na procrastinação de ficar vagando sem pensar entre as mensagens enquanto não faço quase nada (embora eu também me sinta culpada simplesmente *pensando* sobre meus péssimos hábitos ao lidar com os e-mails), o que, provavelmente, é o motivo de eu ter me sentido tão animada ao ouvir sobre o método de John Zeratsky para uma abordagem mais direta com a sua caixa de entrada.

Zeratsky costumava trabalhar no Google Ventures e liderou a criação do Design Sprints juntamente com Jake Knapp. Ele pensa muito sobre como usa o próprio tempo e, assim como eu, acha difícil resistir à tentação da sua caixa de entrada.

"Eu não confiro e-mails no meu celular, mas passo a maior parte do dia no computador, o que significa que a tentação e o acesso ao e-mail estão sempre à espreita", explicou ele. Para ajudar a atenuar a tentação, Zeratsky confere seus e-mails de uma só vez. Ele faz duas revisões rápidas pela manhã e uma sessão longa pela tarde. Ele até programa um tempo para isso na sua agenda.

Uma pesquisa feita por Kostadin Kushlev e Elizabeth Dunn, da University of British Columbia, descobriu que as pessoas que conferem seus e-mails três vezes por dia são, significativamente, menos estressadas do que aquelas que fazem checagens frequentes. Então, além de trabalhar de forma mais produtiva, Zeratsky está fazendo maravilhas para o seu bem-estar com esse processamento em massa dos seus e-mails.

Além de programar um tempo para os e-mails, Zeratsky se deparou com uma estratégia que o ajudou a ter muito mais foco com o tempo que gastava na sua caixa de entrada. E isso me deixou bem animada.

"Eu determino um propósito para cada sessão de e-mails. A primeira é uma estratégia que eu chamo de 'urso pescando'. Durante minhas checagens da manhã, eu me imagino como um urso pescando — parado à margem de um rio, procurando na água por algum salmão saboroso aqui e ali. Procuro por e-mails importantes e com prazos limitados. Se uma mensagem requer uma resposta rápida, eu respondo. Se ela representa um trabalho que precisa ser feito, eu faço de imediato ou coloco na minha agenda."

Durante suas sessões de pesca, Zeratsky evita tentar limpar sua caixa de entrada. Isso requer um pensamento diferente. É aí que suas sessões do período da tarde entram.

"À tarde, minha energia está mais baixa, minha criatividade está reduzida, e é um ótimo momento para o que eu chamo de 'vaca ruminando'. Como uma vaca conservando energia e ruminando a grama, eu trabalho metodicamente na minha caixa de entrada. Começando por baixo, eu leio cada mensagem e as respondo, arquivo ou excluo."

Após ficar no modo "vaca ruminando", Zeratsky conclui sua sessão vespertina com outro curto momento de "urso pescando", para lidar com qualquer coisa importante, ou que dependa de tempo, que tenha surgido durante a tarde. Ele também não busca zerar a caixa de entrada todos os dias. Em vez disso, ele prefere fazer uma limpeza geral uma vez a cada semana ou duas.

A parte final da estratégia de Zeratsky envolve reconhecer quando um e-mail não é um e-mail — quando ele é, na verdade, uma tarefa sabiamente disfarçada de e-mail (eu gosto de pensar nisso como um e-mail vestindo uma máscara de ninja). E isso requer uma mentalidade diferente.

"Às vezes encontro um e-mail importante parado no final da minha caixa de entrada. Por ele ser importante, eu quero escrever uma resposta bem pensada. Porém, isso leva tempo e concentração, e minhas sessões de e-mail não são otimizadas para esse tipo de trabalho focado. O resultado cruel disso é que as coisas mais importantes na minha caixa de entrada são as menos prováveis de receber uma resposta rápida."

Para Zeratsky, esses tipos de e-mails incluem: oferecer um feedback sobre um vídeo, rever um acordo legal ou criar uma proposta para um novo cliente. Basicamente tudo o que exige uma boa quantidade de tempo e esforço mental.

Para superar tal problema, ele tira esses e-mails da caixa de entrada e os aloca em sua agenda, para que a tarefa seja feita de fato. Vale ressaltar que ele determina um tempo para concluir essas tarefas quando está na mentalidade para focar o trabalho.

> **MÃOS À OBRA**
>
> 1. Separe um tempo dedicado a conferir seus e-mails, preferivelmente três vezes ao dia.
>
> 2. Reflita sobre os diferentes propósitos que você tem quando confere os e-mails. Você pode ser como Zeratsky e ter dois propósitos primários: conferir e responder assuntos importantes e urgentes (urso pescando), e processar e limpar sua caixa de entrada (vaca ruminando).
>
> 3. Defina um propósito para suas sessões de e-mails. Você pode pegar emprestado as nomenclaturas de Zeratsky ou inventar as suas, se não for muito fã de vacas e ursos.
>
> 4. Certifique-se de identificar tarefas que estão disfarçadas como e-mails. Mova-as para fora da sua caixa de entrada e dedique um tempo em sua agenda para fazê-las.

Por que você precisa terminar seu dia com a Técnica de Hemingway

Em alguns dias, pode ser muito difícil começar a trabalhar, especialmente quando é um trabalho que exige um pensamento focado. Enquanto escrevia este livro, eu tive vários momentos em que tinha uma meta de escrita para atingir, mas em vez disso fiquei encarando o cursor do mouse por 20 minutos antes que algo útil me viesse à mente (apesar de que "útil" pode ser um exagero em algumas manhãs). Tudo que eu queria nesses dias era entrar no ritmo e escrever, mas meu cérebro tinha outras ideias.

Rachel Botsman, uma especialista de renome mundial em confiança e tecnologia e a primeira bolsista da Saïd Business School da Universidade de Oxford, costumava amar o espaço entre 6 horas e 9 horas da manhã para escrever. Ela descobriu que conseguia trabalhar mais nessas 3 horas do que no restante do dia. Porém, quando teve filhos, esse espaço despareceu.

Enquanto tentava encontrar um novo ritmo para seu trabalho após começar uma família, ela descobriu que um dos truques para entrar no ritmo era como ela se preparava para trabalhar naquele dia. *"Como você começa é essencial para o restante do dia"*, explica Botsman.

"Um truque muito fácil que eu aprendi é: se estiver no ritmo no dia anterior, não termine aquele parágrafo. Vá até a metade do parágrafo e, então, pare. Escreva a próxima frase no dia seguinte, pois isso facilita entrar no ritmo. Os dias em que você completou algo e está começando outra vez são mais difíceis, pois você está ligando o motor do zero."

O professor Adam Grant, psicólogo organizacional da Wharton, usa uma estratégia similar. Ele refere-se a ela como estacionar em uma ladeira, dada a facilidade que esse ato traz para voltar ao ritmo no dia seguinte.

Algumas pessoas chamam essa ideia de Técnica de Hemingway. O escritor Ernest Hemingway disse uma vez, *"Quando você está indo bem, pare de escrever"*.

De fato, ele supostamente parava suas sessões de escrita de cada dia no meio de uma frase. O autor Roald Dahl usava a mesma estratégia para evitar que a terrível página em branco o confrontasse todas as manhãs.

Parar no meio de uma tarefa não nos dá apenas impulso, mas também adiciona o benefício de manter a informação em nosso cérebro. Em 1927, a psicóloga Bluma Zeigarnik conduziu um experimento famoso, no qual ela observou que garçons eram mais capazes de se lembrarem de pedidos complexos quando o pedido era interrompido ou ficava incompleto. Contudo, assim que o pedido era concluído, ele esvanecia da memória mais rapidamente. Conhecida como Efeito Zeigarnik, essa pesquisa demonstra que nosso cérebro odeia coisas incompletas, ao ponto de guardar a informação até que ela tenha uma solução.

No caso da Técnica de Hemingway, nosso cérebro continua a pensar sobre a tarefa não concluída, e, quando voltamos a ela, ele está preparado para retomar de onde parou.

MÃOS À OBRA

1. Quando estiver terminando o trabalho do dia, resista à tentação de chegar a uma conclusão natural antes de encerrar o dia. Em vez disso, termine no meio de uma frase, de um slide, de uma linha de código ou o que quer que você considere mais fácil de recomeçar no dia seguinte e tenha uma manhã muito mais proveitosa.

É hora de começar um ritual da "hora de largar"

Meu dia de trabalho costumava ter vários finais. Eu terminava o dia no escritório fechando meu notebook, colocando-o na minha bolsa e me despedindo dos meus colegas de trabalho. Mas, depois de colocar a minha filha para dormir, eu pegava meu notebook de volta e tentava trabalhar mais um pouco antes do jantar. Eu o fechava outra vez para jantar e depois voltava. Por fim, quando meu aplicativo que ajusta a tonalidade da tela de acordo com o horário do dia me informava que eu precisava sair de todos os dispositivos e me preparar para dormir, eu terminava meu dia de trabalho outra vez.

Sem nenhuma surpresa, eu nunca tinha uma sensação de encerramento nos meus dias de trabalho. Eles simplesmente se misturavam. Eu me sentia como o ator Bill Murray no filme *Feitiço do tempo*.

As coisas só pioraram quando comecei a trabalhar de casa com mais frequência. Era tão fácil continuar trabalhando noite adentro.

Deliberar sobre como terminamos nosso dia de trabalho pode ter um impacto altamente positivo em como nos sentimos a respeito dele — e como nos sentimos sobre o dia seguinte. Sim, eu sei que, quando se trata de trabalho, não estou sozinha nessa de viver a experiência do *Feitiço do tempo*, e em perder a oportunidade de melhorar tanto o engajamento quanto a produtividade.

Para ajudar a terminar os seus dias, a escritora best-seller Gretchen Rubin tem um ritual que ela chama da "hora de largar". *"Eu digo para mim mesma, 'Em 10 minutos é hora de largar', e eu uso esses dez minutos para organizar meu escritório"*, explica Rubin.

"Portanto, se eu tiver papéis espalhados, eu os coloco de volta no arquivo ou os coloco num mural de cortiça. Jogo fora meu lixo e coloco as canetas de volta no porta-treco." Para Rubin, não se trata de uma limpeza profunda, apenas de arrumar e colocar as coisas de volta no lugar.

Para ela, esses "10 minutos de encerramento", como ela os chama, limpam a mente e são como uma transição entre trabalho e vida familiar. E quando ela volta para o seu home office pela manhã é mais fácil se sentar e começar a trabalhar. *"Eu não estarei cercada de pilhas de papel ou livros dos quais fiz anotações ou artigos que li, ou simplesmente coisas que acumulam."*

"Eu gosto desse ritual porque, para a maioria das pessoas, e definitivamente para mim, a organização externa contribui para a calmaria interna."

Psicólogos descobriram que um dos maiores benefícios de rituais como esse é que eles incutem um senso de significado na vida. Em um estudo, foi pedido que pessoas escrevessem um diário sobre como estavam se sentindo e as atividades que fizeram durante o dia. Nos dias em que participavam de rituais regulares e rotinas, elas experimentavam uma sensação maior de propósito, o que, em troca, aumenta a resiliência e a determinação. Nos dias em que as pessoas não participavam de rituais ou rotinas, elas relatavam que suas vidas pareciam mais erráticas ou incoerentes. Não por acaso, elas falhavam em experimentar o mesmo nível de significado e propósito.

Quando se trata de um ritual específico de arrumar e organizar as coisas, uma pesquisa publicada pelo *Psychological Science* sugere que esse é um ritual muito benéfico de se adotar. Durante um estudo, participantes tiveram que escrever sobre um evento negativo, tal como uma decisão da qual eles se arrependiam, em uma folha de papel. Aqueles que, em seguida, dobraram os papéis e os colocaram em um envelope sentiram suas emoções melhorarem. Ao invés de ansiosos, sentiram-se aliviados e experimentaram uma sensação de conclusão.

Assim como os que escreveram as cartas, o simples fato de guardar as coisas no seu escritório ao fim do dia — especialmente em um dia desafiador — deve fornecer um impulso emocional e um senso de conclusão para o seu dia de trabalho. E isso também significa que você não terá que enfrentar uma floresta de papéis bagunçados para chegar até seu computador pela manhã.

MÃOS À OBRA

1. Ao fim do seu dia de trabalho, tire de 5 a 10 minutos para arrumar sua área de trabalho, seja no seu escritório ou em casa.

2. Comece com uma limpeza física. Guarde seus materiais de escritório, arquivos, copos de café e outros itens que se acumulam ao longo do dia. (No meu caso, eu adicionaria bonecos de Lego, Hatchimals e coisas do jardim, já que minha filha está com um hábito de trazer algumas coisas bem aleatórias para o meu escritório.)

3. Em seguida, faça uma limpeza digital. Feche os aplicativos que já terminou de usar ou os documentos que deixou abertos durante o dia, mas que agora pode fechar. E certifique-se de ter fechado sua caixa de entrada, para não ser tentado a começar seu dia por ela.

ESTRUTURA
Um resumo

Trabalhe com o seu cronotipo

Verifique seu cronotipo: descubra se você é uma cotovia, uma ave média ou uma coruja. Use o ritmo natural do seu cronotipo para ajudá-lo a decidir quando deveria estar focado no trabalho e quando deveria estar fazendo um trabalho que demanda menos da sua cognição.

O registro de mudança

Registre suas mudanças de tarefas. Quando começar uma nova tarefa, registre "MT: NOME DA TAREFA". Quando mudar para uma tarefa diferente, repita o processo. Continue a fazer isso todas as vezes que mudar suas tarefas ou fizer uma pausa. Analise seus dados ao fim da semana e pergunte a si mesmo se a forma com que usou o seu tempo reflete as suas prioridades. Se houver uma incompatibilidade, pense sobre o que você pode mudar no seu comportamento para garantir um alinhamento melhor.

Programe um destaque

No começo do seu dia de trabalho, pergunte a si mesmo: "Ao fim desse dia, o que eu gostaria que tivesse sido o destaque do meu dia?" Preferivelmente, escolha algo que levará entre 60 e 90 minutos para ser concluído. Separe esse tempo na sua agenda, de preferência para quando você estiver no seu pico de energia. Priorize concluir o destaque acima de tudo o mais que você tem para fazer durante o dia.

Faça mais tarefas de 10 mil dólares a hora

Faça uma lista de todas as atividades que você realiza como parte da sua ocupação, desde pequenas obrigações administrativas até tarefas mais especializadas. Divida-as em quatro colunas: tarefas de 10 dólares a hora, de 100 dólares a hora, de mil dólares a hora e de 10 mil dólares a hora. Pense sobre como você poderia delegar as tarefas de 10 dólares a hora, para liberar mais tempo para tarefas mais valorosas.

Remova as besteiras da sua agenda

Separe um tempo, de preferência diariamente, para rever sua agenda. Para cada reunião, evento e atividade de horário definido, pergunte-se: "Isso me deixará mais perto de alcançar meus objetivos?" Se a resposta for "não", remova a tarefa da sua agenda. É, provavelmente, uma besteira.

Crie um modelo de agenda

Pense sobre todos os ingredientes (de trabalho ou não) que formam o seu dia ideal. Reflita sobre o momento do dia que é melhor para cada atividade. Mapeie um dia ideal ao criar um modelo de agenda no Google Agenda e colocar em blocos todas as atividades nesse modelo. Essa é uma agenda que só você pode visualizar. Use-a como um modelo para planejar seu dia.

Otimização da margem

Embora você possa começar o dia trabalhando por algumas horas no seu projeto mais importante, confira como está se sentindo e fique atento para quando alcançar o ponto de rendimento decrescente. Nesse momento, mude deliberadamente de tarefa para algo mais fácil (e provavelmente menos "importante"), para fazer um melhor uso daquela hora. É melhor trabalhar em tarefas administrativas menos importantes, por exemplo, do que insistir na sua tarefa mais importante, mas ter o rendimento reduzido por causa da sua queda de energia.

Programe pausas pequenas e longas no seu dia

Na sua agenda, programe o almoço (pelo menos 30 minutos) e várias outras pausas pequenas (de 5 a 10 minutos) ao longo do dia. Ao programar pausas, você irá parar de gastar energia mental decidindo quando fazer um intervalo.

Não preencha 100% da sua agenda

Em vez de sentir um falso senso de produtividade porque sua agenda parece lotada, programe um tempo para não fazer nada.

Você pode usar esse período como uma "reserva" para as coisas que podem tomar mais tempo que o previsto, ou para tarefas inesperadas que surgem durante o dia. Ou pode até usá-lo para permitir que coisas criativas e fortuitas aconteçam.

Atribua um propósito para suas checagens de e-mails

Separe um tempo para checar os e-mails. Reflita sobre diferentes propósitos que você tem quando os confere, tais como identificar e responder a assuntos importantes (o urso pescando) e processar e limpar a caixa de entrada (a vaca ruminando). Estabeleça um propósito para suas sessões de e-mails. Também se certifique de identificar as tarefas disfarçadas de e-mails. Mova-as para fora da sua caixa de entrada e aloque um tempo para fazê-las na sua agenda.

A Técnica de Hemingway

Quando estiver terminando o dia de trabalho, pare, propositalmente, no meio de uma sentença, um slide, uma linha de códigos, ou o que quer que seja o trabalho que estiver desempenhando. Ao parar no meio do caminho, você verá que é mais fácil recomeçar no dia seguinte.

Crie um ritual da "hora de largar"

Ao fim do seu dia de trabalho, tire de 5 a 10 minutos para arrumar sua área de trabalho, seja ela no seu escritório ou em casa. Comece com uma limpeza física, tal como guardar seus itens de escritório, arquivos e copos de café. Em seguida, faça uma limpeza digital e feche as janelas dos aplicativos que tiver terminado de usar ou os documentos que deixou abertos durante o dia. Por fim, certifique-se de fechar sua caixa de entrada, para não ser tentado a começar seu dia por ela.

EFICIÊNCIA
Trabalhe mais rápido e com mais inteligência

Você já chegou ao fim do dia pensando "Nossa! Estou com umas horas sobrando e não faço ideia de como gastá-las!"? Claro que não! Nunca existem horas o suficiente no dia, não é mesmo? Errado. A próxima parte deste livro ajudará a lhe devolver o tempo precioso do seu dia.

Entraremos no mundo dos zumbis, dos ratos e dos robôs. Não, esta seção não é sobre o apocalipse iminente. É sobre eficiência. É sobre como tirar o máximo do tempo que você tem e encontrar alguns atalhos no caminho.

Uma das melhores formas de ser mais eficiente é matando as coisas. Não estou falando de assassinato de verdade. Mataremos, especificamente, alguns zumbis. Então, você aprenderá a turbinar a velocidade com a qual faz as coisas utilizando o poder da automação.

Reuniões são as maiores desmancha-prazeres da eficiência que existem, sendo assim, essa seção fornecerá várias estratégias diferentes para manter suas reuniões enxutas, eficientes e impactantes, incluindo saber quando as marcar, o que fazer durante elas e a quem convidar (ou não).

Em seguida, limparemos sua caixa de entrada e a deixaremos em ordem, e veremos o poder das restrições quando se trata de ser inteligente com o seu tempo. Por fim, você aprenderá o que os ratos têm a ver com produtividade.

Por que você precisa ir à caça aos zumbis

Você tem zumbis no seu local de trabalho? Corpos revividos que cheiram como carne podre no seu escritório?

Tudo bem, então talvez o *The Walking Dead* não tenha começado de verdade no seu trabalho, mas, metaforicamente, pode ser que tenha.

Scott D. Anthony, Líder Global de Inovação e Sócio Sênior da empresa de estratégia de crescimento Innosight, pensa muito sobre zumbis. Mais especificamente, ele pensa muito sobre projetos zumbis.

"Um projeto zumbi é como um morto-vivo", explica Anthony. *"É aquele projeto arrastado e prolongado que, se for honesto, nunca terá um impacto significativo. Mas é a coisa que está sugando toda a vida criativa de uma empresa. É o que está matando sua habilidade de fazer coisas novas, pois você está trabalhando em vários empreendimentos zumbis que estão tomando todo o seu tempo e sua energia."*

Então, por que existem tantos projetos zumbis? Sem surpreender ninguém, uma pesquisa descobriu que as pessoas não gostam de acreditar que suas escolhas passadas foram equivocadas. Queremos presumir que fomos, de fato, espertos ao selecionar os projetos que ocupam nosso tempo. Então, quando descobrimos que um projeto no qual estamos trabalhando não é particularmente valioso, nos convencemos de que simplesmente precisamos dedicar ainda mais tempo a essa tarefa ou objetivo — pois certamente isso melhorará as coisas! Psicólogos chamam isso de escalada de comprometimento.

Anthony descobriu que a questão dos zumbis realmente faz sentido dentro de grandes empresas, pois existe um estigma sobre levantar a mão e dizer, "Sabe aquela ideia na qual gastamos 12 meses e milhões de dólares? Bem, na verdade, ela não está produzindo valor algum e, provavelmente, deveríamos abandoná-la".

Mas livrar os zumbis da sua miséria é mais fácil dito do que feito.

Da mesma forma com que ajuda clientes a identificarem e matarem zumbis, Anthony já matou muitos deles em sua vida profissional. Há muitos anos, ele teve a oportunidade perfeita de fazê-lo quando fez a transição de sócio-gerente da Innosight e repassou o cargo para um dos seus colegas dos Estados Unidos.

"Foi um grande momento, porque ele me permitiu dar um passo para trás, observar a minha agenda e me perguntar, 'Quais das reuniões regulares que eu tenho com meus colegas de trabalho são realmente um ótimo investimento do meu tempo, tanto para mim quanto para a outra pessoa? Quais delas se tornaram apenas uma rotina que fizemos porque a agenda nos disse que deveríamos nos encontrar a cada X semanas?'."

Ao fazer essas perguntas, Anthony foi capaz de remover de 50% a 70% das reuniões zumbis da sua agenda. E tem mais: ninguém percebeu, pois as reuniões adicionavam pouquíssimo valor aos seus trabalhos.

Uma reunião que ele foi capaz de eliminar foi a de operações recorrente com uma colega com quem ele trabalhou por mais de uma década. *"Nós fazíamos ligações de atualização permanentes e tentávamos sempre encontrar itens de pauta para abordar, mas acontece que Jeanne e eu poderíamos lidar muito bem com aqueles itens por e-mail. Então, paramos de fazer as ligações e começamos a fazer atualizações por e-mail. Isso nos permitiu salvar tempo e não prejudicou a eficiência de nenhum dos dois."*

MÃOS À OBRA

1. Dê uma olhada na sua agenda e nas suas atividades de trabalho para a próxima quinzena. Como alternativa, você pode refletir sobre a quinzena passada.

2. Pergunte a si mesmo: Quais são os projetos nos quais estou trabalhando e as reuniões de rotina que tenho que não têm mais propósito ou não somam valor? Para reuniões periódicas, pergunte-se: "Faz sentido que tenhamos essas reuniões com frequência?" ou "Essa reunião pode ser feita por meio de atualizações assíncronas (ou seja, comunicação que não seja em tempo real, tal como e-mail e mensagem instantânea)?".

3. Mate os zumbis ao eliminar esses projetos, atividades e reuniões.

4. Para mais dicas de como matar zumbis ou ajudar a lançar uma campanha de caça aos zumbis na sua equipe ou empresa, acesse amantha.com/timewise (conteúdo em inglês).

Pare de gastar tempo com tarefas repetitivas

Existem alguns aspectos do meu trabalho que eu acho incrivelmente tediosos. Uma dessas atividades é subir os episódios do podcast para a plataforma do software que distribui o *How I Work* para todos os aplicativos. É uma tarefa semanal e, apesar de levar apenas 15 minutos por semana, era algo que eu sempre adiava até o último minuto.

Um dia, quando estava fazendo essa tarefa administrativa, eu tive uma ideia brilhante: eu poderia dar essa tarefa para outra pessoa! E é exatamente isso que Cal Newport recomendaria que eu fizesse.

"Existe uma ideia padrão na terceirização de que se você fará algo por mais de trinta vezes ao ano, então vale a pena automatizar ou terceirizar", disse-me Newport. *"É chamado de regra das trinta vezes. Se você fará uma tarefa tantas vezes, então a sobrecarga de descobrir como terceirizá-la ou automatizá-la provavelmente irá gerar um retorno positivo."*

Para o processo do meu podcast, eu decidi terceirizar essa tarefa para a assistente virtual da Inventium, Elaine. Isso significou um investimento de, em média, 1 hora, na qual escrevi o processo em um documento. Elaine agora me alivia dessa tarefa toda semana e, por isso, eu sou muito grata e tenho 15 minutos a mais na minha semana.

Apesar de não ser capaz de escrever códigos, eu também sou uma grande fã de automação. Na minha caixa de entrada, tenho um processo automático que direciona certos boletins eletrônicos que eu amo ler, mas leio de uma vez, para uma caixa de entrada específica chamada "Leia depois". Aprender a automatizar esse processo e configurá-lo me levou meia hora, mas com o passar de um ano isso provavelmente me salvou horas que gastaria movendo manualmente ou arquivando centenas de e-mails que chegam na minha caixa de entrada.

Outra área da minha vida profissional na qual eu investi tempo em automatização é na resposta aos e-mails que recebo. Por exemplo, eu recebo entre duas a dez solicitações de pessoas querendo ser entrevistadas no *How I Work* todos os dias. Aceito em média um entre cinquenta desses pedidos. Assim sendo, eu me via escrevendo incontáveis e-mails rejeitando as solicitações, até que me ocorreu que eu poderia automatizar essa tarefa. Então, criei um modelo de e-mail (que o Gmail chama de "resposta automática") que oferece uma rejeição educada. Posso enviá-lo ao clicar em dois atalhos no meu teclado, em vez de gastar alguns minutos escrevendo várias frases para cada indivíduo.

MÃOS À OBRA

1. Ao longo de uma semana (ou duas), tome nota de todas as atividades que você faz no trabalho que são repetitivas. Você pode usar a regra das trinta vezes para guiá-lo, assim, se você faz a tarefa ou atividade mais do que trinta vezes no ano, pode classificá-la como repetitiva.

2. Pense se a atividade é melhor adequada para ser terceirizada ou automatizada. Atividades que são melhores automatizadas são aquelas que exigem muito copiar e colar (tal como criar relatórios), separar coisas em categorias (fazer uma triagem da sua caixa de entrada), agendar reuniões, fazer pagamentos — basicamente qualquer coisa que é (ou pode ser) baseada em regras. Por outro lado, qualquer processo que é repetitivo, mas nem sempre segue as mesmas regras exatas, ou que precisa de um toque humano, é melhor ser terceirizado.

3. Para automatizar atividades, talvez você queira pesquisar algum software que possa ajudar. Enquanto escrevia esse livro, eu descobri que o Zapier pode ser útil para automatizar processos que exigem dois aplicativos diferentes. E o Keyboard Maestro é um excelente software de automatização para usuários do Mac.

4. Para terceirizar tarefas, deve haver alguém na sua empresa para quem você possa dar essas tarefas. Como alternativa, na Inventium, nós descobrimos que ter uma assistente virtual pode ser uma solução econômica para terceirizar muito do trabalho administrativo e repetitivo.

Por que você precisa dizer "não" às reuniões em cafés

Carolyn Creswell, fundadora da Carman's Kitchen (também conhecida como a fabricante da barra de cereais favorita da minha filha), é muito convidada para cafezinhos. Muitos aspirantes a empreendedores estão interessados em absorver informações e receber conselhos de Creswell, que é uma das empreendedoras femininas de maior sucesso na Austrália.

"Quando comecei o negócio, estava trabalhando loucamente", relembra Creswell. *"Eu trabalhava até tarde da noite e sempre tinha algo para fazer nos fins de semana. O que percebi depois de algum tempo é que, se alguém se aproxima de você na rua e diz, 'Você poderia me dar 20 dólares?', você diz 'não'. Porém, se alguém diz, 'Você pode me dar 20 minutos ou posso tomar um café com você?', você sente como se tivesse que dizer 'sim'."*

Dizer "sim" quando pedem um pouco do seu tempo é algo fácil de fazer. E por se tratar de tempo, não dinheiro, parece que não custa nada. Mas, presumindo que o café tem relação com o trabalho, e se você fosse considerar sua tarifa por hora, isso lhe *custará*. Além disso, se você gasta tempo se encontrando com alguém para um café, significa que talvez você tenha que encontrar tempo para fazer o seu trabalho de verdade depois do horário.

Creswell tem um interesse genuíno em ajudar — contudo, não à custa de prejudicar o equilíbrio entre vida e trabalho e priorizar o tempo com sua família quando ela não está no escritório. Para ela, dizer "sim" para um cafezinho pode significar a diferença entre chegar às 17h30 sentindo que tudo está sob controle e poder sair a tempo de jantar com a família, ou não.

"Eu ajudo com prazer, tanto é que no caminho para o trabalho ou para casa eu faço ligações de mentoria. Mas quando alguém entra em contato para perguntar se poderíamos tomar um café, eu começo dizendo, 'Podemos fazer apenas uma ligação?' Eu a agendo, e então a pessoa sabe que às 9 horas da manhã da terça-feira do dia 19,

eu ligarei. Mas eu só marco ligações para o período em que estou ociosa, quando estou dirigindo para ou de volta do trabalho."

Sabendo que Creswell geralmente não se encontra com as pessoas externamente, preenchendo o que em outro caso seria tempo improdutivo, enquanto está no carro, significa que ela é capaz de passar esse tempo ajudando os outros. *"Essa é minha forma de conciliar isso, para que eu não sinta como se estivesse dando tudo a todos e não conseguindo fazer meu trabalho."*

Como alguém que recebe muitos e-mails de pessoas querendo me encontrar para um café e "absorver informações de mim", eu adotei o conselho de Creswell assim que ouvi a respeito. Se eu acabar dizendo "sim" (e na maioria das vezes digo "não"), irei sempre agendar o encontro para um momento em que estou no carro ou em uma das minhas caminhadas diárias.

MÃOS À OBRA

1. Da próxima vez em que receber um pedido para tomar um cafezinho, reflita se realmente quer dizer "sim". Claro, podem existir pessoas que você genuinamente queira encontrar, mas há outros momentos em que você diz "sim" apenas por obrigação.

2. Se quiser genuinamente ajudar a outra pessoa, agende uma ligação para um momento ocioso do dia, tal como o seu deslocamento para o trabalho ou sua caminhada diária.

Como reduzir dramaticamente a carga das suas reuniões

Há dois anos, como parte de uma revisão de performance trimestral consigo mesmo, Dom Price estava refletindo sobre a forma com que estava trabalhando. Price, que comanda o setor de Pesquisa e Desenvolvimento e é o futurista residente da Atlassian, comparece a muitas reuniões, e estava pensando sobre o quanto odiava frequentá-las (como todo ser humano no planeta).

"Eu estava me afogando em reuniões, fóruns, comitês, conversas, conselhos, grupos, equipes, tribos", relembra Price. *"Eu sentia como se todos quisessem um pedaço de mim."*

Ao mesmo tempo, Price tentava descobrir como liberar mais tempo para fazer o que ama — coaching e mentoria para os outros. Porém, seu prato estava cheio. Então, ele tentou algo bem extremo: deletou todas as reuniões da sua agenda, acompanhado de uma nota para cada organizador da reunião oferecendo três opções.

A opção 1 pedia que o organizador respondesse informando o propósito da reunião, o papel que Price desempenharia nela e sua responsabilidade na reunião e o que especificamente esperava que Price adicionasse a ela.

A opção 2 pedia ao organizador que defendesse o propósito da reunião e sugerisse quem do time de Price poderia assumir seu lugar.

A opção 3 sugeria que Price ou um membro da sua equipe não precisaria comparecer à reunião, ou, até mesmo, que a reunião nem precisaria acontecer. *"Essas são as reuniões que, provavelmente, não deveriam existir, mas simplesmente existem. E, com essa abordagem, mais de um terço das reuniões jamais voltou para a minha agenda. Elas só existiam porque também existiam no ano passado. Porque você nunca mata uma reunião, você apenas adiciona mais à lista."*

Essa estratégia não somente liberou boa parte da agenda de Price, mas, assim, ele foi capaz de comparecer às reuniões que permaneceram na agenda sabendo exatamente o seu papel e suas responsabilidades nelas. Price relata que simplesmente pedir ao organizador das reuniões para esclarecer o seu papel levou a uma grande redução da sua carga cognitiva (sem mencionar ter tornado o tempo gasto em reuniões muito mais eficiente e efetivo). Agora, ele sabia se estava lá para desafiar, contribuir, ser um provocador ou algo completamente diferente.

"Se você não articular qual papel devo desempenhar, eu terei que adivinhar, porque estou lá, e provavelmente vou adivinhar errado. E eu estava errado, estava no piloto automático porque tinha muitas reuniões. Então, agora que tenho menos, e as que tenho são focadas em algo específico, eu também acredito que minha contribuição aumentou. Então eu consegui mais tempo livre para fazer o que eu amo, que é coaching e mentoria."

MÃOS À OBRA

1. Elimine todas as reuniões da sua agenda e acompanhe a exclusão com uma nota para o organizador, oferecendo três opções:

    - Opção 1 é que eles reenviem o convite para a reunião, mas especifiquem o propósito dela e o papel que desejam que você desempenhe nela.
    - Opção 2 é que outra pessoa possa substituí-lo e você não tenha que comparecer.
    - Opção 3 é que você não precisa mais comparecer à reunião, ou, ainda melhor, a reunião nem mesmo precisa existir.

Pare de desperdiçar o tempo de todo mundo — incluindo o seu

Em 2018, a empresa de planejamento imobiliário de Andrew Barnes, a Perpetual Guardian, virou manchete ao redor do mundo ao introduzir, permanentemente, a Semana de 4 Dias. O conceito dessa semana pode ser resumido em receber 100% do valor por 80% do tempo de trabalho, na condição de que 100% da produtividade combinada seja alcançada. Em poucas palavras, os funcionários trabalham 4 dias normais de 8 horas, contanto que alcancem o que fariam em uma semana normal de 5 dias. E são pagos o salário de tempo integral. É como a utopia do trabalho. Mas é de fato real.

Quando Barnes fez a mudança para a Semana de 4 Dias, ele sabia que as coisas teriam que mudar. *"Não é apenas responsabilidade pessoal sobre como você usa o seu tempo"*, explicou Barnes. *"Você também tem que pensar sobre como desperdiça o tempo de outras pessoas, porque se eu desperdiçar o tempo de um monte de gente da minha equipe ao convidá-las para uma reunião a que elas não precisam comparecer e, como consequência, nós não alcançarmos nossa meta de produtividade, isso coloca a Semana de 4 Dias de todos nós em risco, como um time. Então é uma via de mão dupla: eu não desperdiço o seu tempo e você não desperdiça o meu."*

Implementar regras sobre reuniões foi uma forma de ajudar as pessoas a pensarem duas vezes sobre como elas poderiam usar o próprio tempo e o tempo de outras pessoas de forma mais eficiente. Como um exemplo, todas as reuniões na Perpetual Guardian tipicamente tinham 1 hora de duração. Barnes admitiu que não havia outra explicação para as reuniões terem esse padrão, além do fato de que agendas online têm essa duração como o seu tempo padrão.

Para ajudar a proteger o tempo das pessoas, os funcionários introduziram a regra de que as reuniões não poderiam passar de 30 minutos.

"Isso significa que muitas coisas têm que mudar em como reuniões são conduzidas. Você precisa ter um propósito. Precisa estar focado. Não pode apenas fazer por fazer."

Além disso, por causa do foco na produtividade e nos resultados, os funcionários receberam uma permissão explícita para escolher a quais reuniões compareceriam. *"Se não for relevante, não compareça. Essa regra impede as reuniões em massa, onde todos aparecem, ninguém diz nada e ninguém tira proveito disso."*

A Semana de 4 Dias forçou os funcionários a pensarem com cuidado e de forma deliberada sobre como gastam seu tempo. Se você comparecer a todas as reuniões para as quais for convocado, provavelmente não fará seu trabalho em quatro dias. Pode ser que tenha que trabalhar durante cinco. Então, essa restrição desafiou todos a pensarem no quão importante cada reunião era para entregarem suas metas.

As regras de Barnes sobre as reuniões e sobre respeitar o tempo das pessoas foram repetidas no Japão, onde a Microsoft apresentou uma tentativa da Semana de 4 Dias. Eles tinham três regras. Primeiro, era necessário usar o Microsoft Teams para as reuniões. Segundo, nenhuma reunião poderia ser mais longa do que meia hora. Terceiro, o máximo de pessoas por reunião era cinco. A produtividade aumentou em 39,9% apenas com essas três regras. Eu suspeito que a alegria também foi às alturas.

MÃOS À OBRA

1. Antes de agendar uma reunião e convidar outras pessoas, pergunte a si mesmo: "Todas essas pessoas precisam mesmo comparecer à reunião?"

2. Pense sobre limitar o comprimento das reuniões e o número de pessoas permitidas.

3. Por fim, deixe que o comparecimento à reunião seja de decisão do convidado. Permita que as pessoas neguem se elas sentirem que não podem contribuir ou se comparecer à reunião não irá contribuir para os objetivos delas.

É hora de substituir as reuniões por vídeos

A quantas reuniões você compareceu no último mês que consistiam em alguém dando notícias sobre o próprio trabalho? Se você for como a maioria das pessoas, provavelmente foram algumas. E há grandes chances de que você também gastou um tempo valoroso em reuniões nas quais você estava apenas recebendo informações, em vez de ser um participante ativo. Reuniões como essas não só consomem um tempo valoroso de trabalho, mas também interrompem o fluxo e a eficiência dos nossos dias. Elas também são bem chatas (a não ser que alguém leve donuts; nesse casso elas são um pouco melhores).

Job van der Voort é o cofundador e CEO da Remote.com, uma companhia que ajuda outras empresas a empregar talentos globais de forma fácil e legal. Provavelmente, não será uma surpresa saber que a Remote.com é uma organização de prioridade remota, o que significa que não se espera que ninguém trabalhe em um escritório físico em uma localização central.

Van der Voort pensou bastante sobre reuniões e em como melhorá-las, o que é de extrema importância em negócios como esse, em que os funcionários trabalham ao redor do mundo em diferentes fusos horários. Na Remote.com, a comunicação padrão é assíncrona — o que significa que ela não ocorre em tempo real. O e-mail é um exemplo. E, embora algumas reuniões ainda aconteçam, incluindo uma reunião regular com toda a equipe, os funcionários da Remote.com tentam evitar agendar reuniões longas e frequentes.

A reunião regular com todos os funcionários da Remote.com dura apenas 30 minutos. Mas o que a torna particularmente única é que em vez de líderes e times dando atualizações ao vivo, tudo é gravado em vídeo previamente.

"As pessoas postam suas atualizações em um servidor central, o que pode ser um vídeo, ou uma curta atualização por escrito. As pessoas tendem a demorar até 5 mi-

nutos, então são atualizações bem curtas que permitem saber rapidamente o que está acontecendo na organização", explica van der Voort. As atualizações são categorizadas por departamento, então, se você começou na Remote.com dois dias atrás e quer ver o que está acontecendo no departamento de vendas, pode simplesmente fazer o *login* na intranet e assistir àquele vídeo em particular.

Van der Voort admite que levou um tempo para encorajar todos a começarem a gravar suas atualizações. *"Agora que as pessoas o fazem consistentemente, é uma incrível fonte de informação, pois se distancia da obrigação de ter que fazer uma pesquisa extensa em documentações só para ter uma ideia do status atual das coisas. Em vez disso, você pode apenas assistir um vídeo ou até mesmo ler a transcrição e, ainda assim, isso dá um certo toque pessoal, pois dá um rosto a um departamento ou a uma tarefa em particular."*

Além de ser uma forma efetiva de compartilhar informações, especialmente para aqueles trabalhando em fusos horários diferentes, criar gravações de vídeo geralmente substitui a necessidade de reuniões na Remote.com. *"Um novo colega de trabalho começou a trabalhar comigo ontem"*, explicou van der Voort. *"Em vez de marcar uma reunião de uma hora, eu simplesmente gravei um monte de vídeos."*

MÃOS À OBRA

1. Antes de agendar uma reunião, pense se ela poderia ser substituída pela gravação de um vídeo ou por uma atualização via e-mail (boa parte do tempo as chances são de que ela poderia). Como alternativa, você pode fazer uma combinação dos dois: prepare um vídeo que as pessoas podem assistir no seu próprio tempo e então relembre qualquer coisa que justifique uma discussão durante a reunião.

2. Escolha um programa que permita que você grave um vídeo facilmente. No momento em que escrevo este livro, o Loom é o software usado pelos funcionários da Remote.com. Com o Loom, você pode gravar um vídeo da sua tela, de si mesmo, ou capturar uma combinação dos dois, onde você vê uma janela do seu computador e uma pequena imagem sua.

3. Compartilhe todos os vídeos em um servidor central, tal como a intranet da sua empresa. Isso permite que todos tenham uma atualização no melhor momento para cada um.

Recupere tempo agrupando reuniões

É terça-feira à tarde e você tem uma reunião em 40 minutos. Está afundado em trabalho, mas não pode decidir como melhor utilizar seu tempo antes de ela começar. Você considera começar a trabalhar na grande apresentação de vendas que tem para o dia seguinte, mas prefere não fazer isso, pois não quer entrar no ritmo só para ser interrompido pela reunião. Você pensa sobre algumas outras tarefas substanciais que precisa completar, mas diz a si mesmo que não vale a pena começá-las agora, pois precisa de, ao menos, uma hora para realmente ter o foco nelas.

Você, por acaso, abre sua caixa de entrada, fazendo um pouco de progresso nas tarefas que são basicamente sem importância, mas parecem certas no momento. Você deleta um monte de boletins informativos aleatórios para os quais nem sabia que tinha se inscrito, olha alguns e-mails que nem precisavam ter sido encaminhados a você (e que agora gastou um tempo precioso lendo) e avalia alguns e-mails antigos que pretendia responder, mas não respondeu porque ficou sem tempo.

Você olha no relógio — é hora da sua reunião! E, veja só, você acabou de conseguir desperdiçar 40 minutos do seu dia.

Agrupar a conferência de e-mails — em que você só confere os e-mails duas ou três vezes ao dia — se tornou uma dica de produtividade comum. Agrupar reuniões pode ter um impacto similar na sua eficiência.

Uma pesquisa da Ohio State University mostrou que quando as pessoas têm uma reunião dentro de uma hora, elas fazem 22% menos trabalho em comparação a quando não têm reuniões. É difícil entrar no ritmo quando você sabe que tem uma grande interrupção a caminho.

Acontece que esse estudo é um dos favoritos de Adam Grant. Ele descobriu que o estudo retifica a maneira com que ele estrutura deliberadamente os seus dias na universidade. *"Num dia de aula, eu faço todo o meu trabalho no escritório (reuniões com estudantes) em sequência. Aprendi que preciso de um pouco de tempo reserva, então pode haver uns 5 minutos entre cada reunião, só para eu conferir um e-mail ou para o caso de uma reunião demorar mais do que o esperado."* Grant então contrasta seus dias de trabalho no escritório com os dias em que não tem reuniões marcadas, quando ele pode realmente focar e ser produtivo na sua pesquisa e escrita.

> **MÃOS À OBRA**
>
> 1. Considere criar regras para si mesmo para quando não agendar ou aceitar reuniões. Por exemplo, se for mais ativo cognitivamente pelas manhãs, implemente uma regra de "sem reuniões" por várias manhãs na semana. Você poderia fazer isso ao agrupar suas reuniões à tarde.
>
> 2. Se tiver pouco controle sobre sua agenda, fale com seu chefe e outras pessoas que agendam suas reuniões sobre os ganhos de produtividade que podem vir ao agrupar reuniões. Em vez de implementar blocos "sem reuniões" na sua agenda, tente o inverso: crie blocos de tempo durante a semana a serem dedicados às reuniões. Por exemplo, entre 13 horas e 15 horas, quando nossos cérebros tendem a ficar embaçados, é um ótimo período para reuniões que exigem menos da nossa cognição, tal como reuniões sobre trabalhos em progresso ou atualizações diárias.

Uma fórmula para reuniões mais eficientes

Rahul Vohra, fundador e CEO da empresa de software de e-mails Superhuman, acredita que a maioria das equipes faz reuniões ineficientes. Ele diz que os planos geralmente não existem ou são muito flexíveis. Determinados tópicos são discutidos levando à exclusão de outros. Muito tempo é gasto falando de assuntos sem importância, à medida que outros problemas mais importantes carecem de atenção e podem persistir por semanas, sem que ninguém preste atenção neles.

Vohra diz que existem três ingredientes para as reuniões na Superhuman serem mais eficientes e impactantes quanto possível. A primeira regra é que se alguém quiser trazer à tona um tópico para discussão em uma reunião de equipe, ele deve escrever com antecedência e compartilhar com a equipe até as 18 horas do dia anterior.

"Devemos evitar falar sobre coisas que não foram escritas, pois podemos ler muito mais rápido do que podemos falar", explica Vohra. *"Se você gastar suas reuniões de equipe apenas comunicando ideias, isso é claramente ineficiente, pois poderia ter escrito, e todos poderiam ter lido com antecedência."* Além da velocidade, oradores talentosos irão, inadvertidamente (ou talvez deliberadamente), convencer pessoas das suas ideias, criando, assim, uma desvantagem para aqueles que não têm o dom da oratória.

A segunda regra de Vohra é que, se alguém deseja contribuir durante uma reunião de equipe, essa pessoa deve ter lido e comentado no documento com antecedência. Ele vê essa estratégia não só como tempo bem aproveitado, mas também como algo respeitoso.

"Deveríamos evitar comentar sobre coisas em que não investimos tempo para estudar, pois isso desperdiça o tempo daqueles que o fizeram. Não é suficiente alguém simplesmente escrever um documento dizendo 'Esse é o problema. Essa é a solução', e

apenas metade da equipe ter lido aquilo. Se esse for o caso, e às vezes é, pois algumas semanas são mais ocupadas que outras, então aqueles que não leram não fazem parte da discussão. Como resultado, as coisas andam mais rápido."

De acordo com um estudo, essa parte da estratégia de Vohra deve levar a uma melhor tomada de decisão. Enquanto muitas pessoas acreditam que os nossos instintos tendem a ser certeiros, na verdade funcionamos melhor se tivermos mais tempo para refletir.

Em um estudo liderado pelo professor Justin Kreuger, da Stern School of Business da Universidade de Nova York, os pesquisadores estavam curiosos para saber se a resposta inicial dos estudantes em testes de múltipla escolha era mais certeira do que a daqueles que mudaram de ideia. Eles detectaram ocorrências nas quais os estudantes apagaram suas respostas iniciais.

Kruger e seus colegas descobriram que quando os estudantes retornavam para suas respostas originais, elas tinham mais chances de estarem erradas — isso é conhecido como a Falácia do Primeiro Instinto —, enquanto, se não tivessem retornado para a resposta original, teriam mais chances de acertar. Esses dados levantam duas questões. Em primeiro lugar, como Vohra faz, dar mais tempo para as pessoas contemplarem suas decisões antes de uma reunião levará a melhores decisões e evitará que elas sejam vítimas da Falácia do Primeiro Instinto (quando se pede que as pessoas tomem uma decisão imediata). Em segundo lugar, como eu não fiquei sabendo desse estudo quando estava passando pela tortura de fazer provas de múltipla escolha nos meus dias de faculdade?

A regra final para reuniões bem-sucedidas e eficientes é que, se algo for discutido durante os encontros da equipe, deve ser discutido por no máximo 5 minutos. Se não chegarem a um consenso dentro desse tempo, então a conversa é interrompida e um decisor é identificado.

Vohra classifica as decisões em duas categorias, reversíveis e irreversíveis. Decisões reversíveis têm consequências menores. Se uma decisão ruim for tomada, é fácil mudar a direção e seguir outro caminho. Decisões irreversíveis tem maiores consequências e podem sair caro para uma empresa se a errada for tomada.

Como CEO, Vohra toma todas as decisões irreversíveis. Todas as decisões reversíveis são delegadas para um membro da sua equipe, uma ótima forma de empoderar seus funcionários, o que, presumidamente, tem efeito no fluxo da satisfação com o trabalho. *"Após a reunião, o decisor reunirá todas as informações necessárias e tomará a decisão antes da próxima reunião de equipe."* Isso previne a tendência que as pessoas têm de evitar tomar decisões, principalmente as difíceis.

EFICIÊNCIA

"Descobrimos que, ao aplicar essas táticas, todos estão sempre a par da situação. Cada item leva no máximo 5 minutos, e em 1 hora você pode abordar dez itens com muito espaço extra para diversão e brincadeiras durante o processo."

MÃOS À OBRA

1. Para as reuniões de equipe, peça aos membros para adicionarem qualquer coisa que queiram discutir a um planejamento escrito em um documento compartilhado com, pelo menos, um dia de antecedência. Peça às pessoas que especifiquem sobre o que elas desejam falar e adicionem qualquer material de leitura necessário, assim a equipe pode se inteirar do assunto. Embora você possa começar parecendo o Mussolini das Reuniões, os membros da sua equipe o agradecerão por isso quando perceberem que você está criando reuniões eficientes.

2. Peça a todos os membros da equipe que leiam o planejamento e qualquer material necessário associado aos diferentes tópicos para a discussão.

3. Durante a reunião, permita que apenas as pessoas que leram os documentos façam comentários.

4. Se a decisão não for tomada após 5 minutos de discussão, o líder deve assumir a responsabilidade de tomar qualquer decisão que não seja reversível. Decisões reversíveis devem ser delegadas a alguém da equipe. Todas as decisões devem ser tomadas antes da próxima reunião de equipe.

5. Para a próxima reunião, adicione itens ao planejamento indicando onde uma decisão precisa ser feita para garantir que esse processo não se arraste.

Por que você precisa de uma lista de coisas "a discutir"?

Se for familiarizado com a metodologia ágil, você provavelmente conhece bem os quadros Kanban. Fazendo uma recapitulação rápida, um quadro Kanban é um simples quadro para ajudá-lo a visualizar o fluxo de trabalho de um projeto. Basicamente, um quadro Kanban tem três colunas: Pendentes, Em Execução, Feito. Todas as tarefas associadas a um projeto começam na coluna Pendentes e gradualmente transitam até a coluna do Feito.

O professor da Georgiatown University Cal Newport é um grande fã do quadro Kanban. Ele tem vários quadros para diferentes situações de sua vida. Ele tem um quadro para a sua escrita, sua pesquisa sobre ciência da computação, seu trabalho administrativo na faculdade e para o seu cargo de Diretor de Estudos de Pós-graduação. Eu também gosto de imaginar secretamente que ele usa um quadro para manter o controle das tarefas domésticas com seus filhos (apesar de que, se eu fosse aplicar isso na minha própria vida doméstica com minha filha, suspeito que "arrumar o quarto" raramente entraria na coluna do Feito).

Embora a utilização de quadros Kanban para o gerenciamento de projetos individuais não seja uma novidade (pesquise "Kanban pessoal" no Google para inspirações), o que eu achei mais interessante foram as categorizações de tarefas que Newport utiliza.

Para o seu cargo de Diretor de Estudos de Pós-graduação, que envolve coordenar e conversar com muitas pessoas diferentes, ele tem uma coluna chamada A Discutir. *"Eu percebi que poderia salvar muita comunicação via e-mail ao ter uma coluna de coisas a discutir"*, explicou-me Newport no *How I Work*. Toda vez que Newport tinha algo que precisava pedir ao chefe de departamento ou administrador do programa, ou a qualquer um com quem trabalhasse, ele resistia à urgência de simplesmente enviar um e-mail naquele momento. Em vez disso, ele listava o tópico para discussão em seu quadro.

"Enquanto enviar um e-mail naquele momento poderia ter me dado um pouco mais de alívio, cada uma daquelas novas mensagens não agendadas que estão por aí geram uma nova resposta não agendada. Isso, potencialmente, levará a uma longa rodada de mensagens imprevistas, o que eu aprendi, ao fazer a pesquisa para o meu livro Um Mundo sem E-mail, *que se trata um veneno para a produtividade."*

Newport acabou criando uma coluna A Discutir para várias pessoas com quem ele precisa falar frequentemente sobre assuntos importantes. Então, sempre que ele voltava a se encontrar com essas pessoas, ele era capaz de abordar os tópicos para discussão rapidamente e resolvê-los instantaneamente — uma utilização do tempo muito mais sábia e eficiente. *"Isso provavelmente me economizou dezenas de e-mails não programados por semana, simplesmente por esperar até que tivesse aquela próxima reunião. Então esse foi um grande economizador de produtividade para aquele intuito em particular."*

Agora, você pode estar lendo isso e pensando, "mas é tão mais conveniente simplesmente mandar um e-mail", especialmente se o assunto for urgente. Porém, Newport argumenta que nós superestimamos o que realmente significa urgência.

"Geralmente, quando as pessoas pensam que precisam de uma resposta imediata, é porque elas não querem monitorar aquilo. 'Eu quero uma resposta agora porque não sei se você vai responder ou não, e não sou organizado o suficiente para saber se tive uma resposta do Cal sobre isso. Então te enviarei esse e-mail e terei uma resposta logo em seguida, para que eu possa eliminar isso das coisas com as quais preciso me preocupar.'"

Utilizar a coluna de coisas A Discutir o ajudará a manter controle do que você precisa perguntar às pessoas e remover o impulso de enviar e-mails que parecem urgentes, mas, na verdade, criam mais trabalho e não te aproximam da solução dos problemas.

> **MÃOS À OBRA**
> 1. Crie uma seção na sua lista de tarefas, chamada A Discutir. Como alternativa, se você for um fã de quadros Kanban, adicione uma coluna A Discutir ao lado das colunas Pendentes, Em Execução e Feito. Você pode até fazer várias listas diferentes de coisas A Discutir com base em todas as pessoas com as quais você se comunica com frequência.
> 2. Leve sua lista de coisas A Discutir quando for se encontrar com a pessoa e resolva tudo na lista. Se não tiver uma reunião marcada, aguarde até que tenha alguns itens na sua lista antes de marcar uma.

Trate seu e-mail como a sua roupa suja

Quando Laura Mae Martin entrou no Google há mais de uma década, ela começou a trabalhar no Projeto 20%, no qual os funcionários do Google podem passar um dia da semana em um projeto autodefinido. Martin usou esse tempo para desenvolver um programa de treinamento interno sobre como gerenciar a sua caixa de entrada com eficiência (olá, emprego dos sonhos!). Ela acabou apresentando esse programa para milhares de Googlers, termo usado para nomear os funcionários da empresa. Martin apostou nesse projeto pessoal no cargo integral de Conselheira Executiva de Produtividade (ok, esse sim é meu emprego dos sonhos), em que ela trabalha diretamente com os executivos do Google para ajudá-los a trabalhar de forma mais produtiva.

Martin compara e-mails com o ato de lavar roupa. *"Finja que sua secadora é a sua caixa de entrada. Imagine como a maioria das pessoas usa o e-mail agora: elas entram, pegam uma camisa, dobram, andam até o guarda-roupa e então voltam."*

"Então, talvez elas encontrem um par de calças que ainda estão molhadas e pensem, 'Ah, eu vou simplesmente jogá-la de volta com todas as minhas roupas secas'. Na sua caixa de entrada, isso pode ser marcado como 'não lido', pois você não quer lidar com aquilo no momento. Então encontra uma meia, mas não sabe onde está o par, mas você a guarda de qualquer forma, sabendo que terá que voltar. E, ao final de tudo, você pensa, 'Eu vou ligar a secadora amanhã outra vez'."

Martin explica que a razão para o e-mail ser a fonte de tanto estresse é que as pessoas abordam suas caixas de entrada dessa maneira. Elas ficam escolhendo. Em vez disso, Martin diz que as pessoas precisam lidar com o e-mail como fazem com a secadora: decidir que é hora de esvaziar a secadora, tirar tudo, colocar as coisas em pilhas, dobrar e então colocá-las de lado.

Para Martin, acessar a caixa de entrada é uma escolha deliberada, e não algo pelo qual ela navega sem rumo durante o dia. E para se tornar mais produtiva, ela tem um ritmo de trabalho bem específico que utiliza quando está conferindo seus e-mails.

A primeira coisa que ela faz é processar todos os e-mails recebidos, que então separa em uma de três pilhas (ou, no caso do Gmail, abas ou múltiplas caixas de entrada). A primeira lista é Pendentes — coisas que ela precisa fazer pessoalmente e que não precisam da contribuição de mais ninguém. A segunda pilha é Pendentes — Aguardando, que são coisas que ela tem que fazer, mas precisa esperar pela contribuição ou resposta de alguém antes que possa fazer sua parte. A última pilha são os e-mails que ela tem que Ler.

Martin começa o dia abrindo a caixa de entrada e começando do zero, separando e-mails em ordem cronológica. *"Eu uso algo chamado avançar automaticamente. Isso me força a seguir para o próximo e-mail em vez de voltar para a secadora e escolher o que quer que eu deseje e que pareça chamativo."* Cada e-mail é então separado em uma das três pilhas ou é arquivado.

Quando trabalha nas suas três pilhas, Martin combina sua energia com a tarefa. *"Se eu tenho duas horas de tempo ininterrupto, sei que posso fazer um pouco da pilha Pendentes, então eu abro apenas aquela pasta e não olho para o restante da minha caixa de entrada. Eu só olho para as roupas que preciso dobrar e vou uma por uma, dobrando, dobrando e dobrando."* Como uma deusa da tarefa doméstica, mas para e-mails.

Pela tarde, quando sua energia está um pouco baixa, Martin usa o tempo para acessar sua pasta de coisas para Ler. E, ao fim do dia, ela acessa a pasta Pendentes — Aguardando, e confere se existe algo impedindo seu progresso que poderia ser resolvido imediatamente, ou alguma coisa que tenha uma data limite que precisa ser cumprida.

Martin diz que ela tem apenas duas regras quando se trata de e-mails. *"Trate-o como sua roupa suja e feche-o uma ou duas vezes ao dia. Eu não recomendo que você acesse seu e-mail uma única vez, pois, para muitas pessoas, isso não é algo realista. Você não verá algo para a próxima reunião, por exemplo. Então ele pode ser acessado, mas feche-o se estiver no horário de trabalhar."*

MÃOS À OBRA

1. Crie múltiplas caixas de entrada no seu e-mail, chamadas Pendentes, Pendentes — Aguardando e Ler.

2. Quando acessar sua caixa de entrada pela primeira vez no dia — ou você pode fazer isso bem ao fim do seu dia —, separe todos os seus e-mails naquelas três pastas.

3. Escolha um período do dia quando estiver se sentindo com energia para acessar a pasta Pendentes.

4. Quando estiver se sentindo com menos energia, acesse sua pasta de coisas para Ler.

5. Uma vez a cada um ou dois dias, acesse sua pasta de Pendentes — Aguardando e veja se precisa ir atrás de algo.

6. Procure fechar a sua caixa de entrada pelo menos uma vez ao dia quando precisar ter algum momento ininterrupto para se focar e trabalhar duro.

Uma estratégia simples para reduzir o desperdício de tempo

De acordo com a Lei de Parkinson, uma tarefa irá se expandir para preencher o tempo disponível para sua conclusão. Então, se você tem um relatório para escrever e separou a metade de um dia para escrevê-lo, as chances de você usar metade do dia são altas.

Ashutosh Priyadarshy é o fundador do Sunsama, um software que ajuda os usuários a planejarem seus dias. Ele refletiu muito a respeito da Lei de Parkinson e a produtividade. *"Penso que uma das aplicações mais interessantes que vi para a Lei de Parkinson é escolher períodos de tempo quase insanamente pequenos para certas coisas e tentar forçar a solução do seu problema dentro daquele tempo"*, explica ele.

No início da criação do Sunsama, a equipe de Priyadarshy fazia frequentemente maratonas de duas semanas para construir novos recursos. Na manhã de segunda-feira Priyadarshy anunciava o que ele gostaria de construir, e na tarde de terça-feira a equipe estaria pronta para subir os novos recursos e colocá-los no ar no site. A equipe, então, repetia o processo na quarta e na quinta-feira.

"Para ser capaz de fazer isso, tivemos que descobrir formas de pegar aquilo que pensávamos ser problemas bem difíceis e fragmentá-los em coisas que poderiam ser feitas em dois dias."

Talvez de forma surpreendente, nos forçar a trabalhar e pensar rápido pode melhorar nosso ânimo. Em um estudo, alunos universitários tiveram que transcrever algumas recomendações sobre como a universidade poderia melhorar o curso. Essas recomendações eram apresentadas aos participantes em uma velocidade que era ou muito rápida ou consideravelmente mais lenta que a velocidade normal de leitura. Os alunos que estavam na apresentação mais rápida foram forçados a ler, pensar e trabalhar mais rápido — e

EFICIÊNCIA

como resultado eles relataram um sentimento significativamente mais feliz do que o segundo grupo, mais lento.

Na minha própria vida, eu experimentei utilizar espaços de tempo bem curtos para me forçar a ser ultraprodutiva. Por exemplo, escrevo regularmente para várias publicações, tais como *Harvard Business Review*, *Yahoo Finance* e *Australian Financial Review*. Eu poderia, facilmente, gastar várias horas escrevendo e polindo um artigo, mas, ao invés disso, separo apenas uma hora na minha agenda para me forçar a produzir um rascunho inicial nesse período. Eu também tenho um relógio físico na minha mesa, marcando os minutos.

Descobri que usar um restritor de tempo artificial me faz focar mais: é como se eu estivesse competindo contra o relógio, e sou determinada a vencer. E, se você já jogou jogos de tabuleiro comigo, sabe que sou bem competitiva.

Um estudo incomum liderado por Echo Wen Wan, da Universidade de Hong Kong, sugere que a minha estratégia de "competir contra o relógio" tem base científica. Wan descobriu que quando um relógio está visível e por perto, as pessoas tendem a manter seus níveis de energia ao longo do dia. De certa forma, ver o relógio incute um senso de urgência, e esse senso de urgência nos ajuda a manter a motivação.

Priyadarshy explica que sem a restrição de tempo é fácil se mover entre as tarefas passivamente e desperdiçar muito tempo. *"Mas, quando você se compromete consigo mesmo, está se desafiando. E eu acredito que o comportamento de eficiência e produtividade vem de estabelecer o que é, basicamente, um objetivo a se buscar."*

Seria de se presumir que, para alcançar a produtividade extrema em períodos tão curtos, Priyadarshy teria que bloquear todas as distrações digitais. Contudo, sua abordagem tem sido de, simplesmente, ignorá-las. *"Em vez de focar a minha energia no que eu não quero fazer, tal como não conferir o Twitter ou o Slack, eu apenas tento colocar toda a minha energia e meu foco naquilo que eu quero fazer."*

Priyadarshy também compartilha com seus colegas o que ele planeja fazer durante o dia para criar um senso de responsabilidade. E a combinação de restrição de tempo e responsabilidade naturalmente leva Priyadarshy a focar mais tempo, energia e atenção nas tarefas que ele quer de fato fazer.

"Eu sou motivado a fazer o que eu disse que faria. Então, não é como se eu não conferisse as redes sociais ou o Slack de forma alguma, porque eu faço isso, mas sou capaz de simplesmente deixá-los de lado e voltar para o que eu quero fazer, pois tenho aquele objetivo e comprometimento tanto comigo mesmo quanto com as pessoas com quem trabalho."

MÃOS À OBRA

1. Escolha uma tarefa que você tem que fazer hoje, preferivelmente algo que normalmente demoraria umas 2 horas para fazer.

2. Desafie a si mesmo a fazer a tarefa na metade do tempo que ela geralmente leva.

3. Separe esse período na sua agenda ao restringir o período da tarefa.

4. Se isso ajudar, compartilhe seu objetivo com outras pessoas, para ter um senso de responsabilidade extra.

Abra caminho para um comportamento melhor

Minha filha está com o hábito de levar uns 356 brinquedos de pelúcia consigo para a cama. (Obviamente estou exagerando — está mais para vinte: totalmente gerenciável.) Estou tentando fazê-la mudar esse comportamento para levar apenas um. Mas mudar um comportamento pode ser um trabalho difícil. E não necessariamente porque a mudança de comportamento é difícil, mas porque, geralmente, nós a fazemos da forma errada.

É fácil presumir que mudar por completo comportamentos enraizados requer que façamos grandes mudanças ou utilizemos nossa força de vontade. Porém, de acordo com a Teoria de Nudge, mudar pequenas coisas no nosso ambiente pode nos ajudar a fazer grandes mudanças quase sem esforço algum.

O cofundador do WordPress e do Automattic, Matt Mullenweg, geralmente pensa sobre pequenos truques comportamentais que pode usar na sua vida e que levarão a grandes resultados. *"Se o que estiver próximo a mim na cama quando eu me levante for o Kindle e não o telefone, é mais provável que eu leia"*, diz Mullenweg. *"Porém, se o celular estiver em cima do Kindle, as chances de eu pegar o celular são maiores. Se eu puder inverter essa ordem, é um pouco melhor. E eu acho que é bom olhar para cada aspecto da sua vida e dizer, 'Tudo bem, onde há algo em que eu posso tornar mais fácil fazer aquilo que quero fazer?'."*

O inverso também é verdade na vida de Mullenweg. Se ele está tentando trabalhar de forma focada e eliminar distrações digitais, ele desliga o wi-fi. Fazer isso torna a vontade de se distrair online menos tentadora, pois ele teria que se levantar, caminhar até o modem, ligá-lo e esperar 1 ou 2 minutos para reconectar a internet.

Uma pesquisa liderada por Paul Rozin, da Universidade da Pensilvânia, descobriu uma base sólida para a estratégia de Mullenweg, que pequenas mudanças em onde você coloca objetos podem levar a grandes mudanças de comportamento. Em um estudo, Rozin e seus colegas variaram a localização de alimentos e talheres em um buffet de saladas. Eles descobriram que, se uma comida fosse colocada 25 centímetros mais distante do lugar onde os clientes estão, as pessoas estariam de 10% a 15% menos inclinadas a escolher esse alimento. De maneira similar, se apenas uma colher, em vez de pegadores, estivesse disponível, as pessoas estariam menos inclinadas a escolher comidas que são mais fáceis de se manusear com o pegador.

Em seu livro *Um Novo Jeito de Trabalhar*, o ex-vice-presidente sênior de Operação de Pessoal do Google, Laszlo Bock, descreveu um experimento no qual ele estava tentando influenciar os funcionários da empresa a fazerem escolhas alimentares mais saudáveis. Em um cenário, lanches saudáveis foram colocados ao nível dos olhos em recipientes transparentes nas estações de lanche da empresa. Lanches não saudáveis foram colocados perto do chão em recipientes opacos. Essa simples mudança levou a uma redução de 30% no número de calorias consumidas, e o consumo de doces e gordura caiu 40%.

Considere quais hábitos você pretende mudar e reflita sobre as mudanças que você pode fazer no seu ambiente para utilizar seu tempo com mais sabedoria. Olhe para todos os aspectos da sua vida e pergunte a si mesmo, "O que eu poderia mudar para facilitar que eu faça as coisas que desejo, ou dificultar a coisa que não quero fazer?".

Obviamente, eu vou pedir à minha filha para ler este capítulo e criar uma estratégia de restrição de bichinhos de pelúcia como parte do dever do segundo ano.

MÃOS À OBRA

1. Pense sobre um comportamento que quer mudar. Pode ser algo que você quer fazer mais, ou algo que quer fazer menos.

2. Se for algo que deseja fazer mais, considere como você pode reformular o seu espaço para facilitar um pouco mais engatar nesse comportamento — tal como Mullenweg fez ao deixar o Kindle em cima do celular.

3. Se for um comportamento que você está tentando reduzir, tente descobrir o que você pode mudar no seu ambiente para dificultar um pouco mais que você tenha esse comportamento — assim como o Google fez quando colocou alimentos não saudáveis em recipientes opacos e perto do chão.

Como parar de esquecer o que você leu

A maioria das pessoas tem que ler no trabalho, algumas mais que outras. Quando se trata de ler não ficção e materiais relacionados ao trabalho, eu tenho a tendência de ser uma leitora compulsiva. Em um mês leio seis livros ou mais, e um monte de artigos periódicos, então no mês seguinte costuma ser só um livro de ficção. Porém, durante meus meses de leitura compulsiva, eu tenho dificuldade de reter tudo o que desejo me lembrar dos livros e artigos que li.

Scott Young, autor best-seller do livro *Ultra-aprendizado*, é obcecado com o processo de ler e otimizar o que leu para que aquilo funcione para ele. Um dos aspectos mais importantes do aprendizado eficiente é a obtenção. Esse é o processo do seu cérebro para encontrar a informação que aprendeu. A ironia é que o lugar onde somos introduzidos à importância de reter informação — a escola — não nos ensina, de fato, como tirar o melhor disso: a acumulação é priorizada acima da obtenção, e nos programa para uma vida em que não somos capazes de fazer o melhor com o que aprendemos. Claramente isso é muito ineficiente.

Um dos estudos favoritos de Young sobre a memória foi conduzido por Jeffrey Karpicke e Janell Blunt, da Universidade de Purdue. Os pesquisadores dividiram os participantes em grupos e pediram que utilizassem métodos diferentes para estudar um texto, sabendo que teriam que responder perguntas sobre ele depois.

A um grupo foi pedido que os participantes fizessem repetidas revisões, nas quais leriam o material várias vezes até que sentissem que o aprenderam. Ao outro grupo foi pedido que fizessem uma recordação livre, na qual leriam o texto uma vez, fechariam o livro e então tentariam puxar da memória tudo o que era abordado.

Porém, como em muitos dos grandes estudos psicológicos, e nos romances de Gillian Flynn, houve uma reviravolta (talvez não tão chocante quanto aquela em *Garota exemplar*, mas ainda assim é uma reviravolta). Antes de fazerem o teste, foi perguntado aos participantes o quão bem eles achavam que haviam aprendido a informação. As pessoas que fizeram várias revisões deram a si mesmas notas altas, enquanto aquelas que fizeram a recordação livre deram a si mesmas notas baixas. Afinal, tentar lembrar de informações após ler um texto uma única vez é bem difícil, não é?

Contudo, o resultado do teste revelou o oposto. Os que praticaram a recordação livre tiveram melhores resultados do que os que fizeram repetidas revisões. Portanto, se você está tentando melhorar sua habilidade de se lembrar das coisas, precisa praticar se lembrar delas, ao invés de meramente olhar para elas.

Para Young, essa pesquisa mudou a forma com que ele abordava a leitura. Como muitos de nós, ele lia passivamente. Claro que ele marcava e sublinhava passagens enquanto lia artigos para pesquisar para o seu livro *Ultra-aprendizado*, e se sentia produtivo com sua leitura, mas ele tinha dificuldade de se lembrar de coisas específicas que lia.

"*Eu percebi que, se quisesse ser capaz de praticar o que pregava, eu deveria fazer uma prática de obtenção*", explicou Young. "*Então comecei com o hábito de colocar algumas páginas de papel soltas no fichário onde estava guardando os periódicos. Quando terminava de ler, eu tentava resumir. Tentava me lembrar do que estava no artigo, quais foram as descobertas, quais eram as coisas que eu poderia usar no livro.*"

Para Young, isso fez uma grande diferença no quão bem ele começou a se lembrar das coisas que lia. Ele também descobriu que abordava a tarefa da leitura de maneira mais ativa, sabendo que tinha um desafio de recordação livre pela frente.

MÃOS À OBRA

1. Da próxima vez que for ler um artigo ou livro diga a si mesmo que, quando terminar, terá que escrever tudo de que puder se lembrar.

2. Em seguida, quando terminar a leitura, abra um documento em branco, ou pegue uma folha de papel e uma caneta, e escreva um resumo do que aprendeu.

3. Se sentir que faltam elementos no seu resumo, sinta-se livre para retornar ao texto. Você pode escrevê-los diretamente no seu resumo, ou fazer um segundo teste de recordação livre no qual inclui os detalhes adicionais da sua segunda leitura.

Como um mouse pode lhe dar superpoderes de produtividade

Se você passa a maior parte do dia sentado em frente ao computador, o seu mouse ("rato", em inglês) faz bastante exercício. Você pode usá-lo para mudar entre janelas ou de software, para destacar um texto, copiar e colar, ou, talvez, rolar a página para baixo. Mas o que você pode não ter considerado é como esse despretensioso e pequeno dispositivo está te atrasando.

Rahul Vohra é CEO do Superhuman, um software de e-mails que afirma entregar a experiência de e-mail mais rápida do mundo (e, como cliente leal, eu posso definitivamente atestar essa afirmação). Vohra é um designer e empreendedor que gasta muito do seu dia no computador. Ele pensa muito a respeito da produtividade, tanto para si quanto para o Superhuman. Uma das maneiras com que ele desenvolveu o Superhuman para ser uma forma tão rápida de passar pelos e-mails tem a ver com o mouse.

"Quando eu uso o Superhuman, quase nunca toco no mouse", disse-me Vohra. *"Nós desenvolvemos o Superhuman para que você pudesse fazer tudo pelo teclado. Você pode passear pela sua caixa de entrada simplesmente teclando. E essa é uma regra que eu respeito para quase todo tipo de software que uso. Eu vou além para me certificar de que estou aprendendo todos aqueles atalhos de teclado e, como resultado, me tornando mais eficiente e mais produtivo."*

Ele explicou que quando dependemos muito do mouse, nossa navegação no computador fica mais lenta. Nosso cérebro tem que se envolver no trabalho mecânico de mover cotovelo, pulso e dedos. E nós fazemos isso inconscientemente. Ainda assim, a maioria de nós não pensaria duas vezes sobre o quanto usamos o mouse diariamente (eu certamente não pensava, antes de conversar com Vohra).

Vohra descreve ser capaz de "tocar" o Superhuman da mesma forma que toca piano — simplesmente usando os dedos. *"E isso cria muita eficiência."*

A chave para reduzir o tempo gasto com o seu mouse, ou seja, o seu rato, não é dar menos queijo para ele, mas investir tempo aprendendo os atalhos do teclado. Isso é algo pelo qual Vohra é obcecado. E se passar uma noite de sábado aprendendo novos atalhos de teclado não é a sua ideia de diversão, a boa notícia é que a maioria dos softwares compartilha o mesmo conjunto de atalhos.

"Uma vez que começa a desenvolver a memória muscular, você pode intuitivamente aprender os atalhos em qualquer aplicativo que usar", alega Vohra. Por exemplo, você provavelmente sabe que Command ou Ctrl C e Command ou Ctrl V permitem que você copie e cole textos ou imagens. E Command ou Ctrl B/I/U permitem que você coloque em negrito, itálico ou sublinhe um texto. Esses comandos funcionam em quase todos os softwares que você usa. E, felizmente, os atalhos de teclado que você investe tempo em aprender também funcionarão na maioria dos softwares, o que é ótimo para ganhar produtividade em qualquer programa em que esteja trabalhando.

MÃOS À OBRA

1. Quando estiver trabalhando no seu computador hoje, comece a perceber as ações para as quais você mais depende do mouse. Por exemplo, pode ser para clicar no botão para escrever um novo e-mail, ou rolar para cima e para baixo em uma página online, ou abrir e fechar uma nova janela do Windows.

2. Faça uma lista dessas ações comuns e pesquise os atalhos para cada uma.

3. Durante duas semanas, busque aprender um novo atalho no teclado por dia. A repetição irá ajudar a tornar essa ação automática, mas se não estiver funcionando e se tornando um hábito (por exemplo, você ainda usa o mouse às vezes para completar a ação), não passe para o próximo atalho até que o que estiver aprendendo esteja firmado na sua memória muscular.

EFICIÊNCIA
Um resumo

Mate seus zumbis

Pergunte a si mesmo: "Quais são os projetos em que estou trabalhando e as minhas reuniões de rotina que não estão agregando valor?" Para reuniões recorrentes, pergunte-se: "Faz sentido que façamos reuniões com tanta frequência? Ou elas poderiam ser feitas apenas via e-mail ou atualizações assíncronas?"

Mate os zumbis ao eliminar esses projetos, atividades e reuniões.

A regra das trinta vezes

Liste todas as atividades que você faz mais de trinta vezes no ano e busque terceirizar ou automatizá-las. Atividades que são (ou podem ser) com base em regras são as melhores para a automatização. Processos que são repetitivos, mas nem sempre seguem as mesmas regras, são melhores se forem terceirizados.

Para a automatização, pesquise softwares que podem te ajudar com isso. Para a terceirização, deve haver alguém na sua empresa — ou, como alternativa, um assistente virtual — para quem você possa repassar as tarefas.

Use o padrão de ligações, não de cafezinhos

Da próxima vez que for convidado para conversar durante um café, reflita se quer realmente dizer "sim". Se quiser genuinamente ajudar ou se encontrar com a outra pessoa, agende uma ligação para um período em que estaria ocioso, tal como o seu percurso para a casa e o trabalho ou uma caminhada diária.

Delete todas as suas reuniões

Delete todas as reuniões de sua agenda e acompanhe esse ato com uma nota para o organizador, oferecendo três opções. Opção 1, que ele reenvie o convite, mas especifique o propósito da reunião e o papel que deseja que você desempenhe nela. Opção 2, que outra pessoa compareça no seu lugar e você não tenha que ir. Opção 3, que você não precise mais ir à reunião, ou melhor, a reunião nem precisa existir.

Desencoraje o comparecimento a reuniões

Antes de marcar uma reunião e convidar outras pessoas, pergunte a si mesmo: "Todos precisam realmente comparecer?" Permita que a escolha de comparecer seja do convidado. Dê às pessoas a permissão de negar reuniões se elas sentirem que não podem contribuir ou se comparecer à reunião não contribuir com os objetivos delas.

Use vídeos no lugar de reuniões

Antes de marcar uma reunião, pense se ela poderia ser substituída por um vídeo (ou e-mail) de atualização. Como alternativa, pense sobre os benefícios de combinar ambos: prepare um vídeo a que as pessoas possam assistir no seu próprio tempo e, então, discuta-o durante a reunião.

Agrupe suas reuniões

Crie regras para si mesmo de quando não agendar ou aceitar reuniões. Por exemplo, se você for mais ativo cognitivamente pelas manhãs, implemente uma regra de "sem reuniões" por várias manhãs na semana.

Se tiver controle mínimo da sua agenda, converse com a pessoa que faz os agendamentos sobre os ganhos de produtividade que podem surgir ao agrupar reuniões. Ao invés de ter blocos de tempo "sem reuniões" na sua agenda, tente o inverso: tenha blocos de tempo durante a semana que são dedicados às reuniões.

Ordene leituras prévias sobre as reuniões e tome decisões pontuais

Peça aos membros da equipe que adicionem itens que eles desejam discutir em um planejamento escrito em um documento compartilhado no dia anterior à reunião. Todos os membros da equipe devem ler esse documento com antecedência, e permita que apenas os que leram comentem na reunião. Se as decisões não forem tomadas após 5 minutos de discussão, o líder deve assumir a responsabilidade de tomar quaisquer decisões irreversíveis. Decisões reversíveis devem ser delegadas a alguém da equipe. Todas as decisões devem ser tomadas antes da próxima reunião de equipe.

A lista de coisas A Discutir

Crie uma lista chamada "A Discutir". Você pode até mesmo criar várias listas dessa com base em todas as pessoas com quem se comunica frequentemente.

Leve a sua lista de coisas A Discutir quando tiver uma reunião com a pessoa e trabalhe em todos os itens listados. Se não tiver uma reunião marcada, espere até que tenha alguns itens listados antes de agendar uma.

A solução das três categorias da caixa de entrada

Crie várias caixas de entrada para o seu e-mail, chamadas Pendentes, Pendentes — Aguardando e Ler. Quando abrir sua caixa de entrada pela primeira vez a cada dia, separe todos os seus e-mails nessas três pastas (ou pilhas).

Escolha um momento do dia em que estiver se sentindo energizado para conferir a pasta de Pendentes. Quando estiver com menos energia, confira a pasta Ler. Uma vez a cada dia ou dois, confira a pasta Pendentes — Aguardando e veja se precisa ir atrás de algo.

Prazos estimados ao extremo

Escolha uma tarefa para completar no dia, preferivelmente algo que normalmente levaria, ao menos, 2 horas. Desafie a si mesmo a completar a tarefa na metade do tempo que ela geralmente requer. Separe esse tempo na sua agenda estimando um prazo.

Mude a força

Pense sobre um comportamento que deseja mudar. Se for algo que deseja fazer mais, pense sobre como você poderia redefinir o seu ambiente para tornar um pouco mais fácil se engajar nesse comportamento. Se for um comportamento que deseja reduzir, pense sobre o que você pode mudar no seu espaço para dificultar seu engajamento em tal comportamento.

A estratégia da recordação livre

Da próxima vez que terminar de ler um artigo ou um livro, desafie-se a escrever tudo o que puder se lembrar sobre ele. Se houver alguma informação que você sente que está faltando no resumo, sinta-se livre para revisitar o texto. Você pode escrever diretamente no seu resumo anterior ou fazer um novo teste de recordação livre no qual inclui detalhes adicionais da segunda leitura.

Domine os atalhos de teclado

Quando estiver trabalhando no computador, perceba as ações para as quais você mais precisa do mouse. Faça uma lista das mais comuns e pesquise os atalhos do teclado para executar cada uma dessas ações. Por duas semanas, busque aprender um novo atalho por dia.

FOCO
Entre no ritmo

Eu costumava ser viciada no meu celular. Ele era a minha muleta para todas as situações em que eu me sentia entediada. Eu pegava meu smartphone enquanto esperava na fila do café. Quando estava jantando com um amigo e a pessoa deixava a mesa por alguns minutos para ir ao banheiro. Era a primeira coisa que eu checava quando acordava de manhã e a última quando ia dormir à noite. Eu até conferia os e-mails ou ficava rolando o feed do Instagram enquanto escovava os dentes (em minha defesa, escovar os dentes é bem entediante).

Eu me comportei assim por anos. Milhares e milhares de horas foram desperdiçados rolando os feeds do Instagram e do Facebook. Horas que eu nunca serei capaz de recuperar.

Uma pesquisa coligida pela MidiaKix em 2016 sugere que por volta da metade do nosso período diário no telefone — quase 2 horas — é gasta nas redes sociais mais acessadas (Facebook, YouTube, Snapchat, Instagram e Twitter). Ao longo do ano, isso se traduz em impressionantes trinta dias completos. Isso é um mês inteiro gasto assistindo, lendo, rolando a tela e clicando em coisas que, provavelmente, não estão significativamente melhorando a sua vida. Na verdade, elas podem ter o efeito contrário. Uma análise de estudos sobre o vício em celulares sugere que o seu uso excessivo está associado a uma tonelada de resultados infelizes, tais como o descontentamento com a autoimagem, a baixa autoestima e o neuroticismo, sem mencionar os níveis mais elevados de ansiedade e estresse e a falta de sono.

O vício em celulares é o arqui-inimigo do foco. Nesta seção, iremos nos aprofundar em como as pessoas mais bem-sucedidas do mundo conseguiram se livrar dos seus vícios digitais e como elas entram em um ritmo e permanecem nele.

Você também aprenderá por que é importante trabalhar os sentimentos de desconforto que vêm quando chegamos em um ponto em que ficamos travados. E terminaremos ajudando a reformular a maneira com que você pensa sobre a procrastinação.

Utilize a arquitetura comportamental para transformar o seu relacionamento com o celular

Adam Alter passou muito tempo ponderando sobre o seu uso de celular. Na verdade, em 2017, ele escreveu um livro a respeito, chamado *Irresistível*, que explora o motivo de tantas pessoas serem viciadas em dispositivos digitais. Alter também é professor de Marketing na Stern School of Business da Universidade de Nova York.

Como alguém que trabalha estudando o comportamento, Alter pensou que tinha o próprio relacionamento com o celular sob controle. *"Eu achava que usava o meu celular 1 hora por dia. Na verdade, eu estava usando-o de 3 a 4 horas"*, disse-me ele.

Após descobrir quanto tempo estava gastando no celular a cada dia, Alter refletiu sobre o porquê de o usar tanto, e as ocasiões nas quais o fazia. Ele percebeu que não havia um período durante o dia em que ele não poderia pegar o celular sem se levantar.

"Mesmo quando eu estava dormindo, o telefone estava ao lado da cama. E, durante o dia, está ou no meu bolso ou na mesa. Estava sempre absolutamente acessível o tempo todo. E eu percebi que havia muitos momentos em que eu pegava o telefone automaticamente e, então, perdia 10 minutos."

Aqueles 10 minutos se somam ao longo do dia. Você só precisa fazer isso seis vezes e bingo — perdeu 1 hora sem nem tentar.

Então, Alter começou a usar a arquitetura comportamental para redefinir seu relacionamento com o telefone. *"É a ideia de que, assim como um arquiteto desenha um prédio ou uma cidade, você é o arquiteto do seu próprio ambiente, e isso muda como você se comporta. E as coisas que estão mais longes de você têm menos impacto do que as coisas que estão perto."*

Alter deliberadamente começou a criar distâncias físicas entre ele e seu telefone. Ele só o trazia para perto de si quando tomava a decisão proposital de fazê-lo. Em casa, Alter deixava o telefone em um quarto diferente daquele em que estava no momento. No escritório, trancava-o no seu gabinete de arquivos.

Ao fazer essas simples mudanças, o uso de celular de Alter caiu 30%.

MÃOS À OBRA

1. Faça um balanço do seu atual comportamento com o celular ao observar por quanto tempo você o usa diariamente. Por sorte, as empresas de tecnologia facilitaram isso. No iPhone, acesse "Configurações" e selecione "Tempo de Tela" para descobrir os seus dados. Em um dispositivo Android, acesse "Configurações", em seguida "Bem-estar Digital" e "Controles Parentais" para revelar o seu uso do celular.

2. Reflita sobre o que está fazendo com que você use seu telefone e as situações em que você tem mais probabilidade de usá-lo. Existe um momento no dia em que o uso é alto? Existem lugares em que você o usa muito? Em que tipos de situações você está mais propenso a usar o telefone?

3. Usando arquitetura comportamental, pense sobre como você pode mudar seu espaço físico (tal como onde você pode guardar o celular durante o dia e à noite) para mudar o seu comportamento. Pense especificamente sobre como o seu celular pode ficar fisicamente mais longe de você — durante o dia e durante a noite — do que ele está atualmente.

Você precisa de um cofre inteligente para o seu celular

São 9h30 da manhã e você está trabalhando em um relatório. Porém, você ficou "travado" em algum ponto e decide aliviar a sensação de estar preso pegando o celular e conferindo o Instagram. Meia hora depois, você emerge do *looping* do Instagram e se lembra de que tem um relatório para escrever.

O vício em celular é mais comum do que pensamos. Uma pesquisa mostrou que uma pessoa comum toca no celular 2.617 vezes ao dia. São muitos arrastes, digitações, rolagens e cliques.

Muitas vezes dizemos a nós mesmos, "Eu preciso checar meu celular com menos frequência". Mas essa estratégia depende puramente da força de vontade. E, infelizmente, a força de vontade é um recurso limitado. Talvez seja a hora de usar uma estratégia extrema, que nos restringe fisicamente de usar nossos telefones, para que não tenhamos que recorrer às nossas reservas de força de vontade.

Antes de se tornar CEO da Moment, uma empresa que ajuda as pessoas a usarem seus celulares de maneiras mais saudáveis, Tim Kendall foi presidente do Pinterest. Durante esse período, ele teve muita dificuldade com o uso do telefone. Ele começou a pesquisar o que descreve como "abordagens da força bruta" e descobriu um produto chamado kSafe.

O kSafe é um cofre para cozinha com uma tranca com temporizador. Ele foi originalmente criado como um auxiliador para perda de peso, por meio do qual pessoas em dietas poderiam trancar alimentos não saudáveis.

É bem difícil sair da dieta quando seu chocolate está preso em um cofre indestrutível. Porém, nos anos recentes, o produto encontrou um segundo propósito para pessoas que sofrem com o vício em celulares, visto que tem o tamanho perfeito para trancar smartphones.

Inicialmente, Kendall experimentou trancar o telefone nas noites dos dias úteis da semana e, em seguida, por algumas horas nos fins de semana. Apesar de não usar mais o kSafe regularmente, ele acredita que a prática foi eficaz na época.

"O que funciona para mim hoje está na minha casa. Eu tenho um escritório, e quando saio do escritório antes de ir jantar com a minha família eu simplesmente deixo o celular por lá", explica ele. *"Nas melhores noites, não pego o telefone até a manhã seguinte, o que é, basicamente, a mesma coisa que o colocar no cofre de cozinha das 6 horas até as 20 horas."*

MÃOS À OBRA

1. Pesquise por kSafe no Google; você descobrirá um pote de plástico com um temporizador na tampa. Selecione o de cor opaca (o que os olhos não veem, o coração não sente!) e decida por quantas horas você quer restringir seu uso de celular. Você pode começar com pouco e trancar seu celular por 30 ou 60 minutos, uma vez ao dia. Tente aumentar para algumas horas para permitir que você fique focado por mais tempo, e gradualmente se livre do seu vício em celular.

2. Se você lidera uma equipe ou uma empresa, pode dar alguns passos a mais. O fundador da Perpetual Guardian, Andrew Barnes, pioneiro na Semana de 4 Dias, criou armários de telefone no escritório da empresa em Auckland. As pessoas que não eram disciplinadas o suficiente para ficarem longe dos seus aparelhos acharam útil a ideia de trancarem seus dispositivos em um armário durante o dia.

Como um elástico pode domar o vício digital

Todos nós sabemos que devemos checar nossos telefones com menos frequência, e, certamente, desativar todas as notificações ou deixá-los no modo "Não Perturbe" pode ajudar a reduzir o tempo que passamos os conferindo. Mas o empreendedor do Vale do Silício, Kevin Rose, descobriu uma nova maneira de domar seus hábitos em relação ao celular.

Rose foi nomeado pela revista *Time* como uma das 25 Pessoas Mais Influentes na Web, e foi um investidor-anjo para empresas como Facebook, Twitter e Square. Alguns anos atrás, ele começou a ficar cada vem mais ciente do seu comportamento com o celular, e percebeu que pegava o aparelho mais de cem vezes ao dia (apesar de que, considerando que uma pessoa comum pega o telefone mais de duzentas vezes por dia, de acordo com uma pesquisa que Rose leu, cem não parecia tão ruim).

Um método que ele experimentou foi o de sempre colocar seu celular virado para baixo na mesa, para que não visse o brilho da tela. Mas então ele descobriu algo mais útil: ele coloca um elástico em volta do aparelho.

"Quando você vê o elástico, ele te lembra de pausar por um segundo e pensar, 'Eu realmente preciso pegar meu celular agora?'. Geralmente a resposta é não", disse-me ele.

Rose posiciona o elástico para que ele fique na horizontal em volta da tela. O elástico age como uma dica visual para parar o comportamento automático de pegar o telefone. *"Subconscientemente, eu nem percebia o que estava fazendo. Porém, eu tenho que intencionalmente retirar o elástico se quiser usar o aparelho."* Afinal, o Instagram não é tão bonito quando se tem um elástico cortando todas as imagens.

Ao aplicar essa estratégia, Rose reduziu as vezes que pegava o aparelho diariamente de mais de cem vezes para, em média, trinta. Isso o forçou a ser mais consciente sobre quando conferia o telefone, pois existia, literalmente, uma barreira física que precisava ser removida. Isso se provou ser o suficiente para dissuadi-lo de conferir o telefone, ao menos que fosse realmente importante. E, sejamos sinceros — não existe emergência quando estamos falando do TikTok.

> **MÃOS À OBRA**
>
> 1. Se estiver buscando reduzir o número de vezes que pega o celular todos os dias, encontre um elástico e coloque-o em volta do seu celular de forma que ele fique horizontalmente no meio da tela.
>
> 2. Se quiser ser ultrarradical nessa estratégia, encontre um segundo elástico e o posicione verticalmente, assim você tem uma cruz de elástico no seu aparelho e terá que removê-la para usá-lo.

Tire o celular da mesa para aumentar a felicidade

Pense na última vez em que você teve uma reunião cara a cara ou tomou um café com um colega ou algum conhecido. Além de um caderno de notas ou do notebook, o que mais estava na mesa? Provavelmente seus telefones. A não ser que estivesse se encontrando com a professora Elizabeth Dunn, do departamento de Psicologia da University of British Columbia; nesse caso, o celular dela estaria guardado na bolsa. (E ela provavelmente te daria um olhar reprovador se visse o seu telefone na mesa.)

"Eu fiquei muito curiosa sobre como smartphones estavam afetando as interações sociais quando percebi que essas interações eram geralmente pontuadas por pessoas olhando para as suas telas", disse-me Dunn.

Dunn e seus colegas de trabalho organizaram um estudo experimental para manipular sutilmente a maneira com que as pessoas usavam o celular durante interações sociais para entender qual impacto isso tinha na qualidade dos encontros. Para fazer isso, Dunn ocupou uma mesa em um café local por quase oito meses. Todas as noites, ela e seus colegas convidavam um grupo de amigos para jantar. Os pesquisadores pagavam pelo jantar em troca do preenchimento dos questionários ao final da refeição (isso se parece com o tipo de estudo de que eu gostaria de ter participado nos meus dias de faculdade).

Os participantes não tinham ideia de que a pesquisa tinha a ver com tecnologia. A um grupo foi pedido que deixasse os telefones de lado durante a refeição, mas isso era colocado com outras instruções de gerenciamento. Ao segundo grupo foi dito que os participantes precisavam deixar seus aparelhos disponíveis durante a refeição, para que pudessem receber uma pesquisa rápida via mensagem em meio ao jantar. Espertinhos.

Após passarem pelo gerenciamento — com os aparelhos na mesa ou fora dela — os participantes foram capazes de aproveitar suas refeições e conversar com os amigos. Ao fim da noite, eles responderam a uma pesquisa perguntando o quanto eles aproveitaram a noite.

"O que notamos é que as pessoas aproveitaram essa experiência de jantar com os amigos significativamente menos quando os telefones estavam disponíveis, em comparação com quando eles estavam guardados", explicou Dunn.

É fácil pensar que o simples ato de ter seu telefone na mesa durante uma interação social — seja uma reunião, um café para colocar a conversa em dia ou uma refeição — não tem impacto. Mas ter uma tela bem na nossa frente é uma fonte de distração, e nos previne de estarmos completamente presentes.

Dunn tem sido uma psicóloga acadêmica bem-comportada, e aplica a descoberta dessa pesquisa na sua própria vida. *"Eu realmente tento deixar meu telefone de lado quando saio para jantar com os amigos. E em casa temos regras familiares bem restritas de não deixar o celular na mesa."*

E quando conseguimos deixar nossos celulares de lado e estamos verdadeiramente presentes com aqueles ao nosso redor, estamos definitivamente usando nosso tempo com sabedoria.

MÃOS À OBRA

1. Mantenha o seu telefone na bolsa ou fora de vista quando se encontrar com alguém, seja para trabalho ou razões sociais. Isso o ajudará a ser mais presente e, o mais importante, a interação social será muito mais agradável.

Torne o seu celular chato

Jake Knapp costumava trabalhar como desenvolvedor de produto no Gmail. Então ele não só sabe a respeito de todas as forças no seu smartphone que competem por sua atenção, mas também ajudou a criá-las. Apesar de entender a mecânica de como os aplicativos de aparelhos celulares são desenvolvidos para dominar a nossa atenção, ele se tornou uma vítima disso.

"*Seis anos atrás, eu tive um momento em que pensei, 'Eu não preciso dessas coisas no meu celular'*", disse-me Knapp. O momento de clareza veio quando ele estava brincando com seu filho. Eles estavam construindo trilhos de trenzinho. Knapp estava olhando para algo no celular e seu filho perguntou inocentemente, "Papai, por que você está olhando para o seu celular?". Seu filho não perguntou de forma crítica, ele só estava curioso. O que fez com que Knapp pensasse: *por que* ele estava olhando para o celular?

Assim como a maioria das pessoas, Knapp sentiu culpa pela quantidade de tempo que gastava no aparelho. Mas ele também começou a sentir raiva de como isso também estava dominando a sua atenção. Então ele decidiu fazer algo a respeito.

"*Eu deletei o Facebook, o Instagram, o YouTube, o Twitter e o Gmail do meu celular. Até desativei o Safari*", relembrou Knapp.

O que sobrou no telefone dele foram aplicativos de valor utilitário. "*Eu tenho podcasts, uma câmera, mapas, música, uma lanterna. Tenho todas essas coisas que na verdade são incríveis, mas é metade do que a maioria das pessoas têm em seus iPhones. E, para mim, o iPhone livre de distrações é superpoderoso. Pois, quando estou sentado na frente do computador, sou só eu com meus pensamentos. E não essa atração constante ao meu bolso.*"

Ter um celular livre de distrações teve um grande impacto na habilidade de Knapp de permanecer concentrado em grandes projetos, tais como escrever seus livros best-sellers *Sprint* e *Faça Tempo*, assim como criar o Design Sprints no Google Ventures, onde ele trabalhou por vários anos.

Então, o que Knapp faz durante o período em que a maioria de nós, instintivamente, pega o telefone, como quando espera na fila do café? Ele morre lentamente de tédio?

"Eu não faço nada. Se saio para jantar e meu amigo vai ao banheiro, eu simplesmente olho ao redor do restaurante. Eu só vou ficar entediado por 1 minuto, literalmente. E eu acho que ficar entediado é algo bem poderoso. Se você puder ter pequenos momentos de tédio no dia, isso deixa o seu cérebro descansar e, para mim, isso permite que o subconsciente crie uma solução para algo, resolva algo, ou proponha uma ideia que eu não tive antes."

MÃOS À OBRA

1. Pegue o seu telefone e delete cada aplicativo que está desviando a sua atenção de uma forma inútil ou que você acessa em momentos de tédio (redes sociais, e-mail, jogos e, até mesmo, seu navegador de internet). Se essa sugestão está fazendo a sua pressão ir às alturas, talvez comece com o aplicativo que você acha mais viciante.

2. Cheque os aplicativos deixados no seu celular e pergunte a si mesmo: eles são todos aplicativos úteis, ou seja, eles são usados unicamente para servir um propósito funcional na sua vida? Se a resposta for "sim", você criou um celular livre de distrações com sucesso.

3. Observe o seu comportamento e veja como ele muda agora que você não tem um pequeno dispositivo de distração no seu bolso. E aprecie os momentos de tédio, visto que você pode se tornar, acidentalmente, produtivo neles, quando sua mente se permitir vagar.

Uma estratégia simples para parar de rolar a tela sem pensar

Você já ficou deitado com preguiça no sofá e, inconscientemente, pegou o celular? Pois é, nem eu.

Tudo bem, falando sério, é claro que já ficou. Você começa a rolar a tela olhando os reels de destaque das pessoas e é seduzido pela variedade de propagandas sendo apresentadas. Quem sabe quantos utensílios essenciais, máscaras faciais e barras de proteína vitaminadas com zero calorias (apesar de darem água na boca) você precisa na vida? Eu certamente não sei.

Supostamente, você finalmente parou de rolar a tela. Mas o que o fez parar? Foi interrompido por um parceiro ou parceira? Sentiu fome ou sede? Foi sugado de volta para a maratona da Netflix? Uma coisa que eu posso garantir é que você não parou porque chegou ao fim do Instagram. Esse ciclo sem fim das redes sociais é uma das razões pelas quais é tão difícil se afastar de tecnologias como essa.

Uma forma de não cair nesse buraco negro das redes sociais são as sugestões de pausa. Adam Alter, professor de marketing da Stern School of Business da Universidade de Nova York e autor best-seller de livros sobre vício digital, diz que sugestões de pausa são umas das melhores maneiras de sermos mais conscientes do nosso comportamento digital. "*É a ideia de que os seres humanos são como objetos físicos – continuamos fazendo a mesma coisa até que alguma força age sobre nós para nos mover para a próxima coisa. E, no século XX, se você pensar na forma como consumíamos a mídia, existiam muitas dessas sugestões.*"

Alter dá o exemplo de assistir a um programa de TV. Antes da era do streaming, você assistia a um episódio por semana, que geralmente durava de 30 a 60 minutos. Ao final do episódio, você era forçado a parar e esperar uma semana pelo próximo. Eu sei — também mal me lembro desse sentimento.

Quando lia uma cópia impressa de jornal, você chegava ao final e parava. Se quisesse continuar lendo, teria que esperar pelo jornal do dia seguinte. Da mesma forma, chegar ao final do capítulo de um livro sinalizaria para você parar de ler. E, por causa dessas sugestões de pausa intrínsecas, os humanos eram muito bons em mudar de uma atividade para a próxima.

Infelizmente, tudo isso mudou no século XXI, com a introdução da tecnologia da tela. Muitas das empresas que construíram a tecnologia pensaram que seria uma boa ideia remover as sugestões de pausa.

"A versão original do Facebook tinha, na verdade, um botão para clicar e ver mais conteúdo, e era necessário continuar clicando. Parece uma coisa trivial, mas a cada vez que você clicava no botão, estava tomando a decisão de continuar. Porém, agora existe um ciclo infinito em basicamente todo feed de qualquer rede social. Isso também vale para o e-mail. O e-mail não tem fim."

Contudo, Alter diz que existe uma solução simples para enfrentar a falta de sugestões de pausa — criar a sua própria. Por exemplo, você pode selecionar um período específico do dia como um sinal de que é hora de desligar o telefone.

Para Alter, jantar com a família é uma sugestão de pausa. No momento que é hora de jantar, ele coloca o celular em modo avião ou o deixa em outro cômodo. Da mesma forma, ele tem determinadas horas no fim de semana em que seu aparelho entra automaticamente em modo avião.

Na minha vida, uma das sugestões de pausa é 90 minutos antes de eu ir dormir. Eu coloco automaticamente meu telefone no carregador no meu escritório, desligo as luzes do cômodo e não volto até de manhã.

MÃOS À OBRA

1. Pense sobre introduzir uma ou duas sugestões de pausa a fim de reduzir o uso inconsciente do seu aparelho celular (e outros dispositivos que você considere problemáticos). Considere alguns dos rituais diários que você tem na vida, preferivelmente aqueles que seriam mais agradáveis se você não tivesse seu telefone. Pode ser horários de refeição, diminuir o ritmo antes de ir dormir ou períodos em que você está trabalhando focado.

2. Crie regras para si mesmo para deixar claro quando parar de usar o celular. E siga as regras!

Como parar de conferir o e-mail no feriado

Brian Scudamore, fundador e CEO da 1-800-GOT-JUNK, é fã de "se esconder nas trevas" durante o feriado. Isso não significa se vestir como um vilão malvado da Marvel, como eu primeiramente o imaginei quando ouvi essa frase. Para Scudamore, se esconder nas trevas significa se desconectar do e-mail e ser capaz de estar completamente presente para sua família, especialmente as três crianças pequenas.

Apesar de se esconder nas trevas parecer bom na teoria, a força de vontade, ou a falta dela, pode ser um problema. *"É tão fácil ficar entediado enquanto está em uma fila em algum lugar e dizer 'Ah, eu tenho que dar uma olhadinha no meu e-mail para ver como as coisas estão andando'"*, admite Scudamore. Então, em vez disso, ele coloca em prática uma medida extrema para evitar a necessidade de usar a força de vontade para ficar longe do e-mail.

"Eu me lembro quando minha assistente começou a mudar a minha senha. Ela dizia, 'E se o escritório pegar fogo?'; eu respondia, 'Ligue para emergência. Chame os bombeiros'. Como posso ajudar se estiver de férias com meus filhos?"

Ninguém nunca tentou entrar em contato com Scudamore durante suas férias. *"Eles acreditam que eu confio neles para fazer o trabalho enquanto estou ausente. Então eu não entro nas redes sociais, não confiro nada, e meu cérebro fica totalmente livre dos negócios. E eu posso aproveitar o tempo com a minha família e sozinho. Pode ser um feriadão de quatro dias. Pode ser um período de três semanas. Acho que o tempo mais longo que passei completamente desconectado da empresa foram seis semanas."*

Scudamore prefere estar 100% focado em seus negócios ou 100% desligado. *"O ritmo é tão intenso que eu tenho que proteger a minha saúde mental e cuidar dela."*

MÃOS À OBRA

1. Pense sobre quais canais digitais de comunicação você acha mais distrativos. Pode ser o e-mail, o Slack (ou outra plataforma de mensagem), as redes sociais ou algo completamente diferente.

2. Se não tiver a sorte de ter um assistente pessoal, peça a um amigo para mudar a sua senha antes de sair de férias ou sempre que quiser "se esconder nas trevas". Certifique-se de que seu amigo escreva a nova senha em algum lugar!

3. Se isso lhe parecer muito extremo, considere usar sites — e softwares bloqueadores de aplicativos, tal como Freedom.to, com o qual você consegue programar para trancar qualquer aplicativo ou site durante os dias que especificar.

Permita-se sentir mais solidão

Pense na última vez em que você esteve sozinho, seja em uma caminhada, esperando em uma fila ou utilizando o transporte público. Para prevenir aquele horrível sentimento de tédio, você pode ter pegado o celular para consumir alguma forma de conteúdo. Talvez tenha escutado um podcast ou acessado uma rede social. Ou abriu a sua caixa de entrada.

Se você gasta a maior parte das suas horas sozinho (quando não está trabalhando) olhando para uma tela ou consumindo algum conteúdo, você está se submetendo à privação da solidão. A privação da solidão é um estado no qual você nunca está sozinho com os seus pensamentos.

O termo "privação da solidão" foi cunhado pelo professor Cal Newport, no seu aclamado livro *Minimalismo Digital*. Talvez, sem nenhuma surpresa, esse seja um estado que leva ao aumento da ansiedade e à redução dos *insights* e avanços profissionais.

Para evitar isso, Newport recomenda fazer uma ou duas atividades todos os dias sem o seu telefone. *"Pode ser algo simples, como fazer uma tarefa doméstica todos os dias em que não use fones de ouvido e nem telefone. Algo tão simples pode ter um grande impacto na sua saúde cognitiva, níveis de ansiedade e felicidade"*, explica Newport.

Quando aprendi sobre a privação da solidão, eu me identifiquei imediatamente. Quando não estava trabalhando ou passando tempo com as pessoas, eu estava constantemente consumindo algum conteúdo, normalmente em forma de podcast. Eu tinha convencido a mim mesma de que isso era bom — eu estava aprendendo algo novo, certo? E não precisamos estar constantemente "fazendo" algo com o nosso tempo para otimizar a nossa produtividade?

Após ler *Minimalismo Digital*, eu dei início a um experimento. Observei as duas principais ocasiões nas quais eu estava consumindo podcasts. A primeira era durante as 5 horas que eu gastava me exercitando toda semana (podcasts me ajudavam a bloquear a dor!), e a segunda era durante o meu trajeto para o escritório, uma jornada de 40 minutos todos os dias (em tempos pré-pandemia, claro).

Desafiei-me a reduzir o tempo de absorção de informação em 50%. Eu me permitiria ouvir podcasts ou outras formas de informação durante a metade do meu trajeto e metade do meu tempo de academia. E nos outros 50% eu não consumiria nada.

O resultado foi imediato e surpreendente. Senti a minha criatividade ir às alturas e fui bombardeada com *insights* e ideias durante o meu tempo quieta. Era como se o meu cérebro estivesse tão aliviado por ter um espaço para ponderar e produzir. Eu também fiquei surpresa pelo fato de ser, literalmente, a única pessoa no ambiente que estava participando desse experimento bizarro — o que, para ser sincera, fez eu me sentir convencida.

Newport incorpora quantidades significativas de tempo sem telefone (e, consequentemente, sem absorção de informações) no seu dia. *"Eu caminho e me exercito sem meu telefone. Quando estou em casa, ele geralmente fica na minha bolsa. Eu não aceito a premissa de que sou como um médico da sala de emergência que precisa estar acessível a todos os momentos em um dispositivo de comunicação. E uma vez que você muda a forma de pensar para 'Eu uso o meu telefone para fazer várias coisas, mas ele não é algo que levo sempre comigo', você naturalmente consegue um monte de solidão."*

Para Newport, em vez de o estímulo de consumo ser uma atividade padrão, ele se tornou, na verdade, algo programado. *"Eu pergunto a mim mesmo, 'Quando receberei uma informação? O que será essa informação?' Então se eu sei, por exemplo, que tenho muito trabalho para fazer no quintal, eu posso dizer, 'Ótimo, vou ouvir esse podcast em particular'."*

"Não é como se houvesse uma regra rígida de restrição, mas eu planejo quando receberei estímulo. Pergunto a mim mesmo, 'Eu quero o silêncio, ou essa é uma boa chance de ouvir algo?'. Se você vê o celular como uma ferramenta que usa ocasionalmente, não um companheiro constante, isso pode realmente fazer uma grande diferença em termos de conseguir mais solidão."

MÃOS À OBRA

1. Reflita sobre as ocasiões comuns em que você está sozinho e está consumindo conteúdo no celular, tal como redes sociais, podcasts, jogos, notícias ou audiolivros.

2. Defina para si mesmo um objetivo para reduzir o tempo de consumo para evitar a privação da solidão. Por exemplo, meu objetivo é reduzir pela metade o tempo que eu passo consumindo conteúdo e liberar várias horas para experimentar a solidão.

3. Coloque o seu plano em ação e facilite as coisas ao deixar o celular fora do alcance durante esses períodos. E quando a hora chegar, simplesmente fique sozinho com seus pensamentos.

Como usar o seu espaço físico para entrar no ritmo

Durante a infância de Laura Mae Martin, conselheira executiva de produtividade do Google, seu pai costumava trabalhar de casa (que pioneiro!). Ela percebeu que ele entrava no escritório para trabalhar e só saía ao fim do dia, quando tivesse terminado.

"Nós sabíamos que não tínhamos a permissão de perturbá-lo quando ele estava no escritório, e ele me disse que, originalmente, só trabalhava naquele quarto porque era onde estava a mesa do computador e a conexão com a internet. Ele não tinha um notebook quando começou a trabalhar de casa."

Martin aconselha as pessoas a fingirem que são como seu pai — ou seja, imagine que você tem um computador fixo e conexão com a internet em algum lugar na sua casa, e torne aquele o seu local de trabalho. Isso ajuda o seu cérebro com a memória estado-dependente, o que significa que toda vez que você entrar naquele lugar, a mesma visão e os mesmos sons e cheiros que associa com o trabalho estarão lá, e isso facilita entrar no ritmo. *"Se você mudar de lugar todos os dias, isso dificulta que o seu cérebro entre naquele estado de dizer, 'É aqui que eu trabalho'"*, explica Martin.

Ser deliberado a respeito de onde trabalhar é algo que o professor da universidade de Georgetown e autor do livro *Trabalho Focado*, Cal Newport, já ponderou. Ele conecta lugares diferentes com diferentes tipos de tarefas.

"Quando estou tentando resolver uma prova teórica da ciência da computação, os rituais que uso quase sempre envolvem várias rotas de caminhada pela minha cidade", explica Newport. Porém, quando ele está escrevendo, você o encontra fazendo uma abordagem completamente diferente.

"Na minha casa, eu tenho uma mesa de biblioteca customizada que possui lembranças de uma mesa da biblioteca da universidade onde eu costumava trabalhar quando era estudante, com luminárias de latão ao lado das estantes de livros de

madeira escura. E tenho um ritual para escrever no qual eu esvazio toda a mesa e deixo apenas uma luz brilhante iluminando a mesa, e então somos só eu e o meu computador."

Martin dá outro conselho sobre o ambiente para aqueles que trabalham em casa: certifique-se de ter áreas na sua casa onde você nunca trabalha. *"Isso ajuda a criar limites mentais, pois, se você está convidando o trabalho para entrar na sua casa, você vai desejar algum lugar, como seu quarto ou sua sala de estar, onde nunca tem que trabalhar."*

Martin sugere pensar no trabalho como um convidado na sua casa. *"Se recebesse um convidado que fosse ficar por um período muito longo, você não diria, 'Ei, entre no meu quarto sempre que quiser'. Você daria a ele um espaço separado e determinaria limites."*

MÃOS À OBRA

1. Pense sobre as principais categorias de trabalho que você faz. Por exemplo, sua carga de trabalho pode ser dividida entre: trabalho simples, tal como conferir e-mails; trabalho pesado, tal como pensamento estratégico ou escrever; ligações; vídeo chamadas; e por aí vai.

2. Considere quais tipos de rituais baseados em locais específicos você gostaria de conectar a cada tipo de atividade.

3. Após algumas semanas praticando esses rituais, você deve perceber que entrar no ritmo fica muito mais fácil e mais rápido, pois seu cérebro associa as indicações baseadas em lugares com determinados tipos de trabalho.

4. Por fim, pense sobre os lugares na sua casa que são zonas proibidas para o trabalho e os que são puramente para relaxamento e nenhuma atividade de trabalho.

Como um segundo computador o ajudará a manter-se em dia

Se você for como a maioria das pessoas, provavelmente só tem um computador. E é provavelmente um notebook, visto que, hoje em dia, muitas pessoas dividem o trabalho entre o escritório e suas casas. Isso torna a Dra. Catriona Wallace — fundadora da empresa de tecnologia financeira listada pela ASX, Flamingo AI, fundadora da Ethical AI Advisory e diretora do Boab AI — diferente, visto que ela tem vários computadores. Isso não é só porque ela tem um grande amor pela tecnologia e é uma das especialistas mais citadas no mundo sobre inteligência artificial e estratégia de *bots*.

Como a maioria das pessoas, Wallace começou com apenas uma máquina que ela usava para tudo: e-mail, entretenimento, pesquisa e trabalho criativo. *"Eu estava descobrindo que, fazendo todas as minhas tarefas no mesmo computador, era fácil me distrair"*, explica Wallace.

Então ela tentou um experimento. Ela adicionou mais três notebooks ao seu escritório e à sua casa, e designou para cada um deles um trabalho com base nos principais tipos de tarefa que ela fazia para o trabalho.

"Um dos meus notebooks é a minha máquina de e-mail. Outro é para o trabalho criativo, tal como criar apresentações, coisas de marketing e vídeos. A terceira máquina é para pesquisa. E outra máquina é puramente para entretenimento. Eu a utilizo quando quero fazer uma pausa e assistir à Netflix ou a alguma coisa louca que a minha família me mandou."

Wallace percebeu que essa estratégia facilita muito mais o foco. *"Da mesma forma que, se estivesse sentado com um ser humano, você estaria focado no que aquela pessoa está dizendo, eu penso que o mesmo é verdade para a minha estratégia de notebooks. Se estou usando o meu notebook de e-mail, estou 100% focada em fazer apenas aquilo, da mesma forma que estaria focada em uma tarefa se estivesse trabalhando com um ser humano real. Eu descobri que existe um apego emocional com a máquina que faz uma função em particular, assim como um apego mental. Assim, fico superprodutiva e focada, pois isso é tudo que essa máquina faz para mim."*

MÃOS À OBRA

1. A ressalva óbvia dessa estratégia é que ela requer uma grande quantidade de privilégio, já que não é todo mundo que pode comprar mais de um computador (sem chances, nem todo mundo consegue comprar até mesmo um). Porém aqui vai a forma mais econômica de aplicar essa estratégia: comece a utilizá-la para traçar linhas entre trabalho focado e trabalho leve. Trabalho leve geralmente requer apenas um software de e-mail e de mensagens, ambos precisam apenas de um computador de potência mínima. Assim sendo, o seu notebook extra pode ser mais barato, um modelo básico, que pode ser comprado por, em média, 200 dólares, ou até menos, se for de segunda mão.

2. Trate o seu notebook econômico como a sua estação de trabalho mais leve e use-o para toda a comunicação de e-mail e mensagem instantânea. Você pode até separar uma localização específica para ele em casa ou no seu escritório.

3. Use o seu computador principal para tarefas mais complicadas. Tendo em vista que este é o seu computador principal, e provavelmente uma máquina melhor, isso o ajudará a criar associações positivas com esse tipo de trabalho — sem dúvidas as partes mais importantes e de mais valor do seu trabalho com as quais você se engaja.

4. Se tiver fundos para investir em notebooks extras, você pode ampliar as delimitações dos tipos de trabalhos que você faz, assim como Wallace. Você pode ter uma terceira máquina apenas para trabalho criativo ou outras categorias de trabalho, e uma quarta só para entretenimento.

Um truque simples para destravar

O colunista do *The Guardian* e escritor Oliver Burkeman descreve a si mesmo como um perfeccionista em recuperação. *"Eu sempre me sinto mal ao dizer isso, pois existe uma coisa muito chata sobre o perfeccionismo – as pessoas utilizam isso para serem autocríticas, mas, secretamente, estão se vangloriando"*, disse ele.

Isso o lembra da maneira como as pessoas devem responder à pergunta "Quais são os seus piores defeitos?" em uma entrevista de trabalho. *"Ah, eu sou muito consciente do meu perfeccionismo"*, brinca Burkeman.

Porém, para Burkeman, suas tendências perfeccionistas dificultavam sua habilidade de trabalhar. *"Isso me ferrou por muito tempo. É constante e simplesmente torna impossível desfrutar de qualquer trabalho."*

O perfeccionismo de Burkeman o levou a ter grandes dificuldades com bloqueio criativo. Ele estava constantemente preocupado de que o que estava escrevendo não seria bom o suficiente. Outras pessoas o aconselhavam a simplesmente escrever e deixar que o seu editor interno descansasse um pouco. Mas isso não ajudava. *"Você quer mesmo que o que está escrevendo seja bom."*

Mas então Burkeman ouviu sobre uma estratégia usada por outros escritores que compartilhavam do mesmo problema. A estratégia envolve digitar um rascunho daquilo em que está trabalhando. Em seguida ele o imprime e então o digita outra vez no computador.

Esse processo meio bizarro faz Burkeman entrar em um ritmo que o coloca no modo editor. *"O que acontece quando digito de novo é que faço todos os tipos de mudanças. Mas as faço quase que inconscientemente, da mesma forma que faço em um bom dia de escrita; você quase não percebe as palavras fluindo. E não está fazendo aquela edição bem consciente."*

"Obviamente, um livro deve ter essa fase de edição, na qual você inspeciona de forma bem consciente cada palavra. Mas eu acho que esse é um excelente acordo, pois, quando você está digitando outra vez, não tem que começar a partir de uma página

em branco. Então não se preocupa em arrancar aquilo da sua alma de uma maneira terrível, melodramática e estressante."

MÃOS À OBRA

1. Se estiver passando por um bloqueio criativo — ou seja, a dificuldade de dar início ao seu trabalho, seja um relatório, um código ou uma apresentação, por exemplo — tente criar um primeiro rascunho bem bruto. Evite se censurar e apenas escreva.

2. Quando terminar o rascunho, imprima-o.

3. Digite-o outra vez no seu computador e, com sorte, experimente entrar no ritmo e reduzir a autocensura.

Como um roteiro pode te ajudar a destravar

Enquanto escrevia este livro, houve muitos momentos em que fiquei "travada" na escrita. Eu me via frequentemente trabalhando em um capítulo e sentindo que não conseguia ir além. Eu precisava de uma pausa. E o meu instinto era de me aliviar com uma distração digital, tal como conferir meu telefone ou e-mail. Ou fazer um lanche. Ou passar pano no chão. (Brincadeira, eu odeio passar pano no chão.)

O professor de marketing Adam Alter experimenta esses momentos em que fica travado com frequência. Mas em vez de imediatamente pegar o telefone, ele faz algo diferente. *"A melhor coisa que você pode fazer é ter um roteiro para seguir nesses momentos, especialmente se perceber que frequentemente chega a esses pontos em que a primeira resposta seria conferir o telefone."*

Como exemplo, Alter sugere que seu roteiro poderia ser que, toda vez que chegar a um desses momentos, você faça uma caminhada de 2 minutos. *"Eu geralmente faço isso. Caminho pelo andar do meu escritório. Em casa, eu simplesmente dou uma saída ou subo as escadas do meu escritório, que fica no porão."*

Ele também tem uma mesa com esteira no escritório para isso. Essa curta caminhada age como um mecanismo natural de reconfiguração. E, depois de caminhar um pouco, ele pode se sentar e continuar com o trabalho.

A outra maneira com que Alter supera esses momentos é refletindo sobre as coisas que ele gostaria de ter mais tempo para fazer, e então as faz quando fica travado. Por exemplo, sempre tem alguma pesquisa sendo publicada da qual Alter, como pesquisador, precisa se inteirar. Ele recebe frequentemente resumos de conteúdo para periódicos acadêmicos, mas sentia que nunca tinha tempo de lê-los propriamente. Então, outro roteiro que criou para si mesmo foi que, quando se sente travado, ele tira um tempo para ler os índices.

FOCO

"Em momentos como esse, quando estou realmente travado, eu dedico, talvez, uma hora a esses índices e a ler artigos que parecem ser realmente interessantes. Assim, eu transformo aquele período em que ficava travado em algo muito mais útil que, em outro caso, eu não teria tempo para fazer.

"Sempre que me deparo com um bloqueio na tarefa primária, como escrever um artigo, eu posso me voltar para a segunda, e isso se torna tempo bem gasto, ao invés de tempo desperdiçado."

MÃOS À OBRA

1. Para criar um roteiro, pense em duas categorias de atividades que você poderia fazer quando tiver um bloqueio. A primeira categoria deve ser de atividades rápidas, tal como uma caminhada curta que você pode fazer quando não tiver tempo para uma pausa maior na sua tarefa principal. A segunda categoria deve ser o que Alter chama de "atividades secundárias" — algo que é benéfico para o seu trabalho e requer uma boa quantidade de tempo, mas não é a tarefa primária na qual você está trabalhando. Pode ser, por exemplo, ler um artigo ou fazer networking.

2. Escreva seus roteiros e cole-os em uma nota no seu computador ou em algum lugar no seu escritório. Eles devem dizer algo do tipo "Quando ficar travado, farei uma caminhada de 2 minutos". Ou "Quando ficar travado, atualizarei minha leitura em alguma publicação da área".

3. Após seguir esses roteiros por algum tempo, eles devem começar a se tornar rotineiros. Você também pode querer tentar variar seus roteiros e experimentar com atividades diferentes. Lembre-se: você quer que essas atividades sejam agradáveis, ou então será muito tentador desviar de volta para o velho hábito de pegar o telefone.

Por que você precisa usar o Temporizador da Dificuldade

Muitos especialistas em produtividade acreditam que nossa habilidade de concentração é como um músculo que precisa de treinamento. Quanto mais fazemos um trabalho de concentração profundo, mais forte o nosso músculo se tornará e mais fácil será encontrá-lo para nos engajarmos e focarmos o trabalho. Mas Scott Young, autor criticamente aclamado de *Ultra-aprendizado*, vê as coisas de forma diferente. Ele acredita que nossa habilidade de concentração está ligada ao gerenciamento de nossas emoções.

Fazer progresso em projetos grandes e importantes é geralmente algo frustrante; envolve feedback negativo e, às vezes, questionar suas habilidades (o que, para mim, traz memórias que eu venho tentando reprimir de quando tive que escrever 80 mil palavras para a minha tese de doutorado). Esses desafios podem criar uma aversão instintiva para começar e para manter o foco.

Young tentou várias estratégias para melhorar sua capacidade de permanecer focado. Uma dessas estratégias é chamada de Temporizador da Dificuldade. Ela surgiu quando ele estava contemplando a sua abordagem para estudar e aprender um novo material. Uma das suas muitas conquistas é que ele aprendeu o currículo inteiro de ciência da computação do MIT — o que geralmente leva anos — em menos de 12 meses. E fez isso sem assistir a nenhuma aula.

Quando estava trabalhando em resolver um problema durante o curso, ele geralmente se pegava pensando: por quanto tempo deveria olhar para a resposta quando não conseguia identificar a correta? *"A abordagem que eu usei durante o desafio do MIT foi que você deveria acertar a resposta imediatamente. Assim que você ficar travado, deve olhar a resposta certa, pois um feedback imediato é importante."*

Com o passar dos anos, Young mudou o seu ponto de vista e agora acredita que, geralmente, faz sentido ter um pouco de dificuldade em problemas mais difíceis, por duas razões. Primeiro, às vezes você pode demorar um pouco mais para resolver um problema e, consequentemente, ter dificuldades por um período prolongado pode ser um benefício, pois você pode precisar desse tempo para conseguir a resposta certa. E trabalhar para conseguir a resposta certa é muito mais valioso do que simplesmente pesquisá-la.

Em segundo lugar, Young acredita que existe um benefício na dificuldade prolongada, pois ela permite que você aprecie mais conseguir a resposta certa. *"Por conta daquele estado emocional negativo, o sentimento de frustração quando você encontrar a resposta será muito mais memorável, pois trará a solução de um problema sobre o qual você estava pensando 'Ah, é assim que se resolve!', diferentemente de 'Ah, sim, acho que faz sentido'."*

Young pegou essas informações e agora, quando sente que está com dificuldades em algum problema ou tarefa, liga o Temporizador da Dificuldade por 5 ou 10 minutos. E, geralmente, esse tempo adicional pode fazer a diferença entre resolver um problema ou voltar para o ritmo — e desistir de procrastinar em outra tarefa.

MÃOS À OBRA

1. Quando sentir que chegou a um ponto da sua tarefa em que está travado, inicie um temporizador por 5 ou 10 minutos. Geralmente é esse o tempo que leva para se livrar das emoções negativas que está sentindo e superar o obstáculo que está experimentando. (Você pode até comprar uma ampulheta de 5 ou 10 minutos e chamá-la, literalmente, de Temporizador da Dificuldade, tendo em vista que nomear emoções pode diminuir sua intensidade.)

2. Se ainda estiver com dificuldades após 10 minutos, permita-se fazer uma pausa. Mas as chances são de que você entrará de volta no ritmo e as emoções negativas terão passado. E se você usar o Temporizador da Dificuldade para resolver um problema, os 5 minutos extras podem ser tempo suficiente para conseguir a resposta.

Como ficar confortável com o desconforto o tornará mais produtivo

Todos temos que fazer trabalhos que parecem simplesmente árduos. É o tipo de trabalho do qual procuramos uma desculpa para nos livrar — predominantemente vindo de distrações digitais. Quando você chega a um ponto em que está travado na preparação de uma apresentação de vendas, a coisa mais fácil a se fazer é conferir o feed do Instagram ou acessar o YouTube. Como seres humanos, nós somos muito ruins em lidar com o desconforto, então distrações digitais são uma maneira efetiva de ignorar rapidamente esses sentimentos. Mas, claro, ao longo tempo tal comportamento não nos ajuda a fazer nosso trabalho.

O especialista em design comportamental e autor dos aclamados livros *Hooked (Engajado)* e *(In)distraível*, Nir Eyal, reconheceu que isso acontecia na sua própria vida. Ele sempre achou a escrita um trabalho bem difícil. *"Nunca foi natural. Leva muito tempo e concentração. Eu sinto todo tipo de emoções negativas, como tédio, incerteza, medo e fadiga quando escrevo."*

Eyal se refere a essas emoções como gatilhos internos, que o levam a querer se distrair da tarefa que está fazendo. *"Então, no meio da escrita, eu tenho uma ideia, 'Ah, eu provavelmente deveria conferir o meu e-mail bem rapidinho'. Pois isso é produtivo, é um tipo de trabalho, não é?"*

Mas, obviamente, ele sabe que não é trabalho; é o oposto — é uma distração. Não é o que ele tinha planejado fazer com seu tempo, que era escrever.

Uma estratégia que ele usa para evitar sucumbir às distrações é chamada de surfar no impulso. Surfar no impulso envolve primeiramente perceber a sensação que está sentindo, tal como tédio ou ansiedade. Eyal então nomeia a sensação. *"Estou me sentindo ansioso agora." "Estou sentindo medo de que esse artigo não seja nada bom." "Isso é entediante."* Qualquer que seja a sensação, ele a escreve.

"É incrivelmente empoderador escrever o que você sentiu e não encarar isso com desprezo. Muitas pessoas partem para a ação de culparem a si mesmas. Elas dizem coisas do tipo 'Eu tenho uma personalidade propensa a vícios' ou 'Sou distraído', ou qualquer que seja o caso. Em vez disso, o que nós devemos fazer é explorar essa sensação com curiosidade, e não desprezo."

Como um surfista se equilibrando sobre a prancha, Eyal navega emoções como se fossem ondas. Elas sobem, atingem o ápice e diminuem. E se pudermos nos permitir ser curiosos sobre essas sensações, em vez de tentar resisti-las com abstinência (o que na verdade pode tornar o problema pior), qualquer sensação desagradável que estivermos sentindo irá eventualmente diminuir e passar por nós.

Cientistas descobriram que o simples ato de nomear nossas emoções reduz sua intensidade. Em um estudo fascinante, participantes com aracnofobia foram pedidos para ficarem parados perto de uma tarântula que estava trancada em um contêiner transparente (um dos estudos menos desejáveis de um estudante universitário participar, sem dúvidas). Foi pedido que metade dos participantes nomeasse as sensações e emoções que estavam sentindo, enquanto para a outra metade foi pedido que se distraíssem ou aplicassem outras estratégias que poderiam ajudar a reduzir a ansiedade.

Uma semana depois todos foram levados de volta ao laboratório e foi pedido que ficassem ao lado da aranha novamente. Aqueles que nomearam suas sensações e emoções ficaram significativamente menos assustados com a criatura preta e peluda, demonstrando que simplesmente dar nome às nossas emoções ajuda a fazer com que elas desapareçam.

MÃOS À OBRA

1. Quando estiver tentando fazer um trabalho árduo e focado, mas estiver sentindo uma sensação desagradável, em vez de sucumbir ao impulso de se aliviar por meio de redes sociais ou se engajando em outra forma de distração, tire um momento para nomear a sensação. Admita o que está sentindo para si mesmo e a escreva.

2. Lembre-se de que, como uma onda, a sensações são transitórias. Elas atingem um ápice e diminuem.

3. Considere estabelecer para si mesmo um objetivo e diga que continuará insistindo na sensação pelos próximos 10 minutos (você pode até usar a ideia do Temporizador da Dificuldade de Young — veja no item **"Por que você precisa usar o Temporizador da Dificuldade"**), e, se ela não diminuir, permita-se checar o TikTok. Mas o que você provavelmente descobrirá é que, após 10 minutos, a sensação terá passado e você terá evitado se distrair com sucesso.

Como usar a música para entrar no ritmo

São 9 horas da manhã e você começou o seu dia. Você tem uma pilha desafiadora de trabalho para fazer, mas o site de notícias local parece muito mais interessante do que ver os dados de uma planilha de Excel. Uma hora depois você emerge com o olhar vidrado dessa toca de coelho da internet na qual acabou se enfiando. E, surpreendentemente, os dados não se analisaram sozinhos. Dados são assim mesmo, difíceis.

Como você sabe, quando temos trabalho árduo para fazer pode ser difícil começar, quem dirá entrar no ritmo.

Kevin Kelly, cofundador da revista *Wired*, experienciou esse sentimento muitas vezes, especialmente quando se trata de escrever. *"Eu sou um editor nato, mas não um escritor"*, admite Kelly. *"Quando tenho alguma escrita mais pesada para fazer, o primeiro rascunho é terrível para mim. Eu escrevo para tentar descobrir o que eu penso, pois não sei o que penso até escrever, então, à medida que começo a escrever, percebo que não faço ideia do que estou falando."*

Kelly usa uma estratégia bem específica para conseguir escrever o primeiro rascunho. *"Tem uma música que eu deixo tocando num ciclo, com fones de ouvido, e ela simplesmente se repete e se repete. É a mesma música, e tem algo estranho sobre a experiência de ouvi-la repetidamente. É bem relaxante. Simplesmente ouvir essa música me torna produtivo. As distrações somem, e é como se eu estivesse num transe de trabalho."*

Kelly relaciona essa técnica com as pessoas que trabalham em cafés, pois o barulho de fundo as ajuda a focar. E, de fato, vários convidados do *How I Work* compartilharam essa mesma estratégia.

Matt Mullenweng, cofundador do WordPress, tem uma playlist específica para trabalhar. *"Eu gosto de playlists de músicas no estilo* deep house *para me concentrar, pois elas não têm letras ou, quando têm, são poucas, e têm uma batida legal de fundo. Mas se eu preciso realmente entrar no clima, o que eu costumo fazer é simplesmente escolher uma única música e deixá-la se repetindo. E pode ser qualquer música, contanto que seja uma de que eu goste e que seja prazerosa de ouvir. Sua mente a coloca como barulho de fundo após a primeira ou segunda vez que a escuta, e eu descobri que essa é uma técnica muito eficaz."*

De acordo com pesquisadores, ouvir uma música repetidamente pode nos ajudar a entrar no ritmo. Em um estudo publicado pelo periódico *Psychology of Sport and Exercise*, foi pedido que jogadores de *netball* selecionassem uma música que os fizessem se sentir envolvidos e cativados — em outras palavras, um estado de ritmo. Uma variedade de músicas foi escolhida pelos jogadores, desde *Unfinished Symphony*, do Massive Attack, até *Two Tribes*, uma música de Frankie Goes to Hollywood de 1984. Então foi pedido aos jogadores que tentassem marcar pontos. Quando eles ouviam suas músicas preferidas tocando de fundo, as tentativas eram mais certeiras. A música que induzia o ritmo aumentava suas performances.

MÃOS À OBRA

1. Escolha uma música ou uma playlist para ouvir. Curiosamente, músicas com menos letras (ou sem letra alguma) tendem a ser mais eficazes. (Tendo dito isso, eu passei por um estágio de ouvir *YorkTown*, do musical *Hamilton*, enquanto trabalhava, que provavelmente tem 5.697 palavras na letra.)

2. Toque a música repetidas vezes enquanto estiver fazendo um trabalho que requer ter foco e seguir um ritmo para algumas seções de trabalho.

3. Após fazer isso várias vezes, seu cérebro começará a associar a música com o ritmo, e você achará mais fácil entrar no compasso simplesmente ao ligar a sua música.

Uma maneira nada convencional de conseguir o ritmo criativo

Se você já maratonou algo na Netflix, se apaixonou por um personagem do seu programa de TV favorito, chorou ou sorriu com alguma coisa que assistiu, as chances são altas de que os conceitos que mexeram com você nasceram na sala de um roteirista.

A sala de roteiro é um lugar onde as ideias para histórias são descobertas, personagens são criados e desenvolvidos e, por fim, decisões são tomadas a respeito de qual direção um programa tomará. Nem preciso dizer que esses são lugares em que a criatividade é algo crítico.

O roteirista premiado Glenn Dolman, que criou a série de temática sobrenatural *Bloom*, dentre vários outros programas, tenta promover uma atmosfera muito específica na sala de roteiro. *"Eu tento criar um espaço onde as pessoas podem ser criativas e abertas, divertidas e livres, e até mesmo um pouco bobonas. As histórias que eu gosto de contar são emocionantes e cruas, e eu preciso que os roteiristas se sintam realmente confortáveis uns com os outros."*

Dolman relembra uma história que ouviu a respeito de Richard Curtis, creditado como roteirista de *Quatro casamentos e um funeral* e *Notting Hill*. *"Ele falou sobre o ambiente ideal para a sala de roteiristas como sendo aquele estágio no final de um banquete, quando todos já tomaram algumas bebidas e estão mais soltos. É nessa mentalidade que você tem que entrar às 8 horas da manhã quando chega para trabalhar."*

Dolman descobriu que uma das maneiras mais eficazes de entrar nessa mentalidade é compartilhar ao máximo e ser extremamente vulnerável. Embora possa parecer desconfortável, compartilhar mais de si de surpresa sacode as pessoas para fora do piloto automático e começa a abri-las para que elas equiparem suas vulnerabilidades.

Assim como o benefício óbvio da vulnerabilidade de trazer um senso de segurança entre a equipe, o fator surpresa de compartilhar mais de si produz benefícios criativos.

Um estudo publicado pela *Leadership Quarterly* examinou como líderes poderiam aumentar a criatividade dos seus times. Os pesquisadores fizeram com que os líderes comandassem uma sessão de resolução de problemas de 1 hora de duração com pequenos grupos de pessoas. Em um dos grupos foi pedido que os líderes se comportassem de maneira convencional. Porém, no grupo experimental, pediu-se que eles se comportassem de uma maneira nova e não convencional. Por exemplo, eles soletraram o próprio nome para o grupo em letras de plástico magnético colorido, passaram instruções para a tarefa escritas nas costas de camisetas que os membros do time foram instruídos a usar, e o líder ficou em pé sobre a mesa para dar o feedback para as pessoas, à medida que elas escreviam suas ideias em meias penduradas em um varal.

Os pesquisadores descobriram que o comportamento não convencional de um líder não somente aumentava a criatividade, mas também levava as pessoas a experimentarem mais apego umas com as outras. Uma experiência não convencional compartilhada aumenta o conforto e a honestidade, o que em troca aumenta a criatividade.

MÃOS À OBRA

1. Se você está montando um grupo para pensamento criativo, como para trocar ideias, pense sobre algumas abordagens não convencionais que poderia usar ao longo da sessão.

2. Considere como você pode dar início à sessão com algo surpreendente, seja compartilhando mais de si (como Dolman faz) ou oferecendo instruções sobre a sessão de maneira inovadora (nas costas de camisetas, como fizeram os líderes no experimento).

3. Pense sobre quais comportamentos não convencionais adicionais poderiam acontecer durante a sessão para continuar a aumentar a coesão e a criatividade entre o grupo. Por exemplo, você pode pedir para que as pessoas usem fantasias estranhas na metade do workshop, ou que elas deem apelidos divertidos umas às outras. (Ou você pode achar que minhas sugestões são completamente bobas e inventar algumas melhores.)

O real motivo para a sua procrastinação

Apesar de Tim Herrera ter editado a seção de Smarter Living (Estilo de Vida Mais Inteligente, em tradução livre) para o *New York Times*, que aborda maneiras de construir hábitos melhores para o trabalho e a vida, ele é um procrastinador.

"Durante toda a minha vida, eu fui um procrastinador nato. Sou notório por isso", admite. Mas depois de editar um artigo sobre procrastinação escrito por Charlotte Liberman, Herrera começou a pensar diferente.

"Acho que é fácil menosprezar a procrastinação ao dizer, 'Eu só não estava com ânimo para isso', ou 'Eu estava distraído', ou 'Eu vi um tweet que me fez entrar num buraco de minhoca da Wikipédia'. Mas, na sua origem, a procrastinação não se trata de postergar uma atividade em específico. Ela está muito mais associada com as emoções que estamos sentindo, independentemente da tarefa."

Ele aprendeu, por exemplo, que se estava evitando escrever e ao fazer isso desperdiçava tempo no Twitter, isso não acontecia por ele ser preguiçoso. Era porque estava se sentindo ansioso sobre o texto que estava escrevendo. Então, em vez de ver a procrastinação simplesmente como a postergação de uma tarefa, se trata na verdade de lutar contra as emoções que você associa com ela.

Essa percepção foi um momento eureca para Herrera. *"Essa história me ajudou a reformular a maneira com que eu via a procrastinação, e minha antiga visão estava me impedindo de fazer certas coisas. Estar ciente de todos os fatores que envolvem a procrastinação foi muito poderoso."*

Herrera percebeu que, por essência, sua procrastinação tinha a ver com gerenciar sentimentos negativos sobre a tarefa, como ansiedade, ao invés de se tratar apenas de uma má gestão de seu tempo. Ele também aprendeu que a *maneira* com que procrastinava — checando o Twitter — estava exacerbando o problema. Por meio da provisão de várias curtidas, seguidores e pedacinhos de informações interessantes, o Twitter dava a Herrera muitos picos de dopamina, dessa forma o premiando por escolher procrastinar.

Ao entender que a procrastinação é um problema de gerenciamento de emoções e não um problema de gerenciamento de tempo, Herrera começou a implementar estratégias para ajudá-lo a gerenciar seu estado emocional e, ao fazê-lo, permanecer na tarefa. Um método que funcionou para ele foi responsabilizar-se por outra pessoa, assim, se ele perdesse um prazo, isso geraria um impacto negativo naquela pessoa.

"Fazer alguém mais infeliz, em vez de terminar um artigo, é a coisa que mais me causa ansiedade. Dessa forma, em vez de pensar 'Eu vou fazer algo para postergar a escrita dessa história porque eu simplesmente não quero escrever', isso se torna uma questão de 'Eu farei de tudo para me certificar de não atrasar o dia dessa pessoa, então preciso escrever essa história'."

Herrera também tentou incorporar estruturas e hábitos no seu dia, para que em um momento ele escreva e em outro edite. *"Tentar construir hábitos ao redor dessas coisas é uma ferramenta poderosa, pois remove a ideia de autocontrole e força de vontade. Você simplesmente não está pensando a respeito, está apenas fazendo."* E tornar esse processo automático tira as emoções da jogada.

MÃOS À OBRA

1. Da próxima vez que se ver procrastinando, pare de se culpar ou de se rotular como preguiçoso ou pouco produtivo. Você é, simplesmente, humano. Uma pesquisa comandada por Michael Wohl descobriu que perdoar a si mesmo por procrastinar leva a menos ocorrências no futuro.

2. Reflita sobre os seus sentimentos sobre a tarefa que está evitando. Boa parte de superar a procrastinação é aprender a gerenciar um estado de emoções negativas, tal como se sentir ansioso sobre determinada tarefa.

3. Tente entender a razão de estar experimentando emoções negativas em relação à tarefa e considere como você poderia torná-la uma experiência mais positiva. Você poderia buscar reformular sua motivação, assim como Herrera fez. Transformar as tarefas que você geralmente posterga em um hábito também pode ajudar a tirar a emoção delas.

FOCO
Um resumo

Use a arquitetura comportamental para superar o vício digital

Fiscalize seu comportamento usando o celular para observar por quanto tempo você o usa diariamente. Reflita sobre o que faz com que você use o aparelho e quais são as situações em que está mais propenso a usá-lo. Pense sobre o período do dia, lugares e situações em que você tem mais chances de pegar seu telefone.

Ao utilizar a arquitetura comportamental, pense sobre como você pode mudar seu espaço físico (onde o seu telefone fica fisicamente) para modificar seu comportamento. Pense, especificamente, sobre como seu telefone pode ficar fisicamente mais longe de você, durante o dia e à noite, do que ele costuma.

Tranque seu telefone em um kSafe

Compre um kSafe — um pote de plástico com um temporizador na tampa. Selecione um pote opaco e decida por quantas horas você quer restringir seu uso do aparelho. Em seguida, tranque seu telefone! Se for um líder de equipe ou empresa, pode dar um passo a mais e dar aos seus funcionários a opção de trancarem seus aparelhos durante reuniões ou por parte do dia de trabalho.

Coloque um elástico em volta do seu celular

Encontre um elástico e o enrole em volta do seu aparelho de forma que ele fique horizontalmente no meio da tela. Vá além e posicione um segundo elástico verticalmente para que tenha uma cruz de elástico no seu telefone, o que significa que terá que removê-los sempre que quiser usar o aparelho.

Deixe seu telefone na bolsa

Mantenha seu celular na bolsa ou fora de vista quando se encontrar com as pessoas — seja para trabalho ou para ocasiões sociais.

Isso o ajudará a ficar mais presente, e assim você será capaz de participar mais efetivamente das conversas e, mais importante, a interação será muito mais agradável.

Crie um telefone livre de distrações

Delete todos os aplicativos do seu telefone que estão roubando sua atenção ou que você usa em momentos de tédio. Confira os aplicativos que ficaram no seu aparelho e pergunte a si mesmo: "Eles são todos aplicativos utilitários?" Se a resposta for "sim", você criou um telefone livre de distrações.

Use sugestões de pausa para parar de rolar a tela

Introduza uma ou duas sugestões de pausa para reduzir o uso desenfreado do seu telefone. Rituais diários podem ser excelentes sugestões de pausa — preferivelmente rituais que seriam mais agradáveis se você não tivesse seu aparelho. Pode ser refeições, o período antes de ir dormir ou quando você está trabalhando focado. Crie regras para si mesmo e esclareça quando deve parar de usar o telefone, tal como, "Eu paro de usar o telefone durante refeições".

Tranque-se do lado de fora do e-mail

Pense sobre qual canal digital de comunicação você acha mais distrativo. Peça a um amigo para mudar a sua senha antes de você sair de férias ou quando quiser "se esconder nas trevas". Certifique-se de que seu amigo escreveu a nova senha em algum lugar.

Supere a privação da solidão

Reflita sobre as ocasiões em que você está sozinho e consumindo conteúdo no seu celular — qualquer coisa desde redes sociais até podcasts, jogos, notícias ou música. Estabeleça um objetivo para reduzir o tempo de consumo para evitar a privação da solidão, pois todos nós precisamos de tempo sozinhos com nossos pensamentos. Coloque seu plano em ação — e facilite o processo para si mesmo ao colocar o telefone longe do seu alcance durante esses períodos. Quando a ocasião surgir, simplesmente se permita ficar sozinho com seus pensamentos.

Crie rituais baseados em locais específicos

Pense sobre as principais categorias de trabalho na sua ocupação e comece a criar rituais para elas. Considere qual tipo de ambiente físico você deseja que cada tipo de trabalho ocupe e desenvolva rituais que melhor servirão a esses locais. Após algumas semanas de prática, você deve perceber que entrar no ritmo se tornou bem mais fácil e rápido, pois o seu cérebro associa as indicações de localização com certos tipos de trabalho.

Tenha diferentes computadores para diferentes tipos de trabalho

Invista em um segundo computador. Trate o notebook mais barato como sua estação de trabalho leve e use-o para comunicação por e-mails e mensagens instantâneas. Use o seu computador principal para tarefas mais árduas.

Reescreva o seu primeiro rascunho

Se estiver batalhando contra o bloqueio criativo — ou seja, se estiver com dificuldades para começar seu trabalho, seja um relatório, um código ou uma apresentação —, crie um rascunho bem mediano. Quando terminar, imprima-o. Digite-o outra vez no computador enquanto edita o texto para, com sorte, se ver entrando no ritmo e reduzir sua autocensura.

O roteiro travado

Para criar um roteiro para os momentos em que estiver travado, pense em duas categorias de atividades que você poderia inserir nele. A primeira deve ser de atividades rápidas, tal como uma breve caminhada, que você pode fazer quando não tiver tempo para um intervalo maior. A segunda categoria são atividades secundárias — atividades que são benéficas para o seu trabalho e requerem uma quantidade decente de tempo, mas não são a tarefa principal na qual você está trabalhando.

Escreva seu roteiro e o cole em seu computador. Exemplos incluem "Quando eu me sentir travado, farei uma caminhada de 2 minutos" e "Quando eu me sentir travado, me atualizarei na leitura de algumas publicações da minha área de atuação".

Após seguir esses roteiros por um tempo, eles devem começar a se tornar hábitos.

O Temporizador da Dificuldade

Quando sentir que ficou preso em alguma tarefa, inicie um temporizador de 5 a 10 minutos. Geralmente isso é tudo o que é preciso para superar as emoções negativas que estiver sentindo e o obstáculo que está experimentando. Se ainda estiver com dificuldades após 10 minutos, dê a si mesmo a permissão de fazer uma pausa.

Surfe no Impulso

Quando estiver tentando fazer um trabalho árduo e focado, mas estiver sentindo uma sensação desagradável, ao invés de sucumbir à urgência de se livrar disso ao fazer um lanche ou recorrer a outra forma de distração, tire um momento para nomear a sensação. Admita para si mesmo como está se sentindo e escreva a respeito. Lembre-se de que, como uma onda, as sensações são transitórias e passarão.

Considere estabelecer um objetivo de insistir na sensação pelos próximos 10 minutos, ou seja, surfe no impulso, e, se ele não diminuir, você pode se permitir conferir o Instagram (ou o que quer que seja). Mas o que você provavelmente descobrirá é que após 10 minutos a sensação terá passado.

Escute uma música repetidas vezes

Escolha uma música ou playlist que você gosta de ouvir. Toque a música repetidas vezes enquanto está fazendo um trabalho que exige foco e certo ritmo. Após repeti-la várias vezes, seu cérebro começará a associar a música com um estado de ritmo, e isso facilitará que você entre no ritmo de trabalho simplesmente ao colocar a música para tocar.

Compartilhe mais de si para ser criativo

Se você estiver reunindo um grupo para pensamento criativo, tente pensar em algumas coisas inconvencionais que vocês poderiam fazer durante a sessão. Considere dar início à sessão com algo surpreendente, tal como compartilhar mais de si mesmo ou providenciar instruções sobre a sessão de forma inovadora. Pense sobre quais comportamentos ou eventos não convencionais você poderia planejar ao longo da sessão para continuar impulsionando a coesão e criatividade entre o grupo.

Reformule a procrastinação

Da próxima vez que se ver procrastinando, pare de se culpar. Perdoe a si mesmo por procrastinar — ou seja, o oposto do que você normalmente faz.

Reflita sobre os seus sentimentos com relação às tarefas que está evitando. Grande parte de superar a procrastinação é aprender a gerenciar um estado emocional negativo, tal como se sentir entediado por determinada tarefa.

Tente entender a razão pela qual você está experienciando emoções negativas em relação àquela tarefa e considere como poderia torná-la uma experiência mais positiva. Tornar as tarefas que você evita fazer um hábito também pode ajudar a tirar a emoção delas.

REFLEXÃO
Olhe para si mesmo

Quando foi a última vez que você fez um *check-up* no dentista ou no médico? Provavelmente foi no ano passado. Talvez sua visita tenha sido causada por uma dor de dente. Ou talvez você tenha se machucado durante os exercícios físicos e precisou que alguém desse uma olhada para ver se estava tudo certo.

Geralmente é óbvio quando algo está errado com o nosso corpo, pois ele nos conta. Dói, incomoda ou coça. Ele nos alerta a parar e buscar ajuda.

Se ao menos isso também funcionasse para a vida. Se nosso trabalho ou nosso relacionamento está se deteriorando progressivamente, geralmente não existe um incidente específico que nos sacode para entrarmos em ação. Nós somos como o sapo fervendo na panela. Quando percebemos que as coisas estão ficando quentes, provavelmente já gastamos vários anos das nossas vidas, enquanto ter feito uma mudança mais cedo nos teria levado a conquistas maiores.

Esta seção se inicia observando a importância de refletir sobre o panorama geral. Exploraremos por que é necessário agendar momentos consigo mesmo para fazer *check-ups* regulares da sua vida, mesmo quando nada estiver doendo ou errado.

Mergulharemos, então, no poder da insegurança, enfrentando sentimentos de inferioridade e superando medos.

Conseguir feedbacks é, obviamente, algo crítico para nos ajudar a refletir e melhorar, mas infelizmente a maioria de nós não é boa em dar feedbacks úteis. Estamos prestes a mudar tudo isso com maneiras práticas de pedir e receber feedbacks que nos ajudam a crescer.

Aprenderemos um truque simples para ajudar a transformar pensamentos inúteis em algo mais motivacional e terminaremos em alto estilo — por que precisamos nos lembrar regularmente de que iremos morrer?

Por que você precisa agendar *check-ups* regulares?

O professor da Wharton e psicólogo organizacional Adam Grant é rotineiramente contatado por ex-alunos alguns anos depois de deixarem a universidade, quando começam a questionar suas escolhas de carreira. Eles confessam a Grant que se sentem miseráveis em seus empregos e que o deveriam ter abandonado anos atrás, mas não o fizeram. E agora eles se sentem presos. Em vez de abandonar um cargo que estava fazendo com que se sentissem miseráveis, eles achavam que deveriam permanecer nele, pois já haviam gastado vários anos de suas vidas ali.

Grant se viu sugerindo para esses estudantes, "Por que você não coloca um lembrete no seu calendário, duas vezes ao ano, para fazer um *check-up* da sua vida?". Da mesma maneira que as pessoas vão ao médico uma vez ao ano para fazer um *check-up*, mesmo quando nada aparenta estar errado, ele acredita que todos deveriam fazer o mesmo com suas carreiras.

"Pergunte a si mesmo: esse ainda é o emprego que eu quero? Eu atingi um platô de aprendizado ou um platô no meu estilo de vida? Este ambiente é tóxico?", sugere ele. *"Mas não faça isso todos os dias, pois assim você ficará preso na paralisia por análise e nunca dará uma chance ao lugar que ocupa. Mas se fizer isso umas duas vezes ao ano, talvez isso o salve de ficar preso em um lugar onde não quer permanecer."*

Grant escuta o próprio conselho e agenda *check-ups* regulares de sua vida. *"Eu tenho um lembrete no meu calendário, que aparece duas vezes ao ano, para fazer um* check-up. *Um é em julho, para repensar a minha abordagem de ensino e qual conteúdo eu abordarei naquele semestre. O outro aparece em janeiro, quando penso sobre o que quero trabalhar em termos de pesquisa, escrita e podcast."*

Um dos projetos pelo qual Grant é mais conhecido é o podcast *WorkLife*, na plataforma TED, que ele apresenta. O podcast, na verdade, foi fruto de um *check-up* da sua vida. Na época, ele sentiu que estava estagnado. Tinha acabado de publicar seu terceiro livro, estava fazendo várias palestras e entrevistas e se sentia uma vitrola humana. *"Eu fazia a minha performance e não aprendia nada, pois eu estava simplesmente abordando o mesmo material da última vez."*

Ele percebeu que precisava começar a aprender outra vez, mas não queria se comprometer com algo tão grande quanto um próximo livro. *"Eu só queria explorar algo que fosse um pouco menor, interessante e importante, mas não necessariamente uma ideia grande que merecesse um livro inteiro."*

Por volta dessa época, ele começou a conversar com a equipe do TED sobre maneiras que eles poderiam colaborar em algo que fosse mais um diálogo do que um monólogo.

Para Grant, o podcast foi uma ótima maneira de sacudir o pó e explorar tópicos menores que atiçavam sua curiosidade. *WorkLife* o permitiu frequentar os locais de trabalho mais interessantes no mundo e conversar com pessoas fascinantes. *"Meu objetivo é aprender e então poder compartilhar o que aprendi nos bastidores."*

MÃOS À OBRA

1. Agende uma reunião consigo mesmo duas vezes ao ano e a nomeie "*Check-up* da Vida".

2. Quando chegar a hora, pergunte-se:

    a. Eu estou no emprego certo? (Se não, o que está faltando? O que mais você almeja?)
    b. Eu alcancei um platô? (Se sim, o que você quer aprender nos próximos doze meses?)
    c. Eu fico animado com o que faço? (Se não, quais tipos de projetos você acharia animadores?)
    d. A cultura do meu local de trabalho é uma na qual eu posso crescer? (Se não, que tipo de cultura proporcionaria crescimento e o faria se sentir apoiado?)

3. Dependendo das suas respostas, escreva uma prescrição para si mesmo (por exemplo, um plano) para abordar as áreas que podem melhorar.

4. Baixe um modelo de uma página de *check-up* da vida para o seu próximo *check-up* em amantha.com/timewise (conteúdo em inglês).

Use a insegurança como uma força, não uma fraqueza

Há pouco mais de 20 anos, recebi uma ligação dizendo que fui aceita no programa de doutorado de psicologia organizacional da Monash University. Meu primeiro pensamento ao receber essa ligação foi: *deve ter havido algum erro administrativo.*

Na verdade, não houve erro. Eu me tornei a graduada mais jovem do programa e me registrei como psicóloga organizacional. Mas acontece que eu não sou a única a experimentar a Síndrome do Impostor, que é o pensamento persistente de que não merecemos as nossas conquistas. Uma pesquisa científica descobriu que até 82% de nós experimenta essa síndrome. Os outros 18%, provavelmente, têm muito medo de admitir.

Quando entrevistei a cocriadora, corroterista e coprotagonista de *Broad City*, Abbi Jackson, no *How I Work*, meu estômago estava dando piruetas. Havia anos que eu era fã do trabalho de Jackson, e assisti todos os episódios do seu programa. Na minha pesquisa para a entrevista, li que ela sofreu de um caso severo de Síndrome do Impostor durante as primeiras temporadas de *Broad City*. Eu estava curiosa para saber se ela ainda passava por isso.

Em resumo, a resposta foi "sim". Ela me contou sobre as experiências de palestrar em um evento ou participar de um painel e como ela se sentia coberta de insegurança.

"'*O que estou fazendo aqui? Por que essas pessoas se importam com o que eu tenho a dizer sobre este assunto?' Eu fico muito nervosa antes de performances ou de coisas novas. Como se eu fosse ser exposta por não ser boa*", contou-me Jackson.

Mas a questão é a seguinte: diferentemente da maioria de nós, que encara o nervosismo e a insegurança como coisas ruins, para Abbi esses são sentimentos positivos.

"Eu fico feliz por ainda ficar bem nervosa, mesmo que talvez não devesse ficar. Se já houve um dia em que eu pensei, 'Isso mesmo, eu devia mesmo estar aqui' – eu não quero ser assim. Eu quero sempre olhar para mim mesma e questionar onde eu estou nesse exato momento na minha carreira. Quero medir o quão longe eu cheguei e saber que ainda há muito para alcançar. Mesmo que eu esteja realmente confiante no que estou fazendo agora e nos projetos nos quais estou trabalhando, eu ainda posso ser muito melhor."

A psicóloga da Universidade de Stanford Alia Crum liderou uma pesquisa que descobriu que, quando as pessoas entendem sua insegurança e nervosismo como algo que as ajuda, elas se sentem inspiradas a aprender e a crescer quando entram em contato com esses pensamentos estressantes. Por conta dessa forma de pensar, que as permite ver o estresse como algo positivo, elas acreditam que o nervosismo na verdade melhora sua performance e produtividade. Além disso, pessoas que adotam esse tipo de pensamento têm mais probabilidade de aprender com seus erros e mudar em resposta a feedbacks.

MÃOS À OBRA

1. Pause e reflita sobre seus pensamentos quando eles se apresentam como insegurança.

2. Da próxima vez que sentir insegurança, tente interpretar esses sentimentos como uma força motivacional. Deixe que eles sejam uma lembrança de que sempre existe espaço para crescer.

3. Em vez de se esconder da experiência que aciona a dúvida, aceite-a deliberadamente e lembre-se de que é apenas por meio de desafios que você irá melhorar.

Pare de tentar ser a pessoa mais inteligente na sala

Cyan Ta'eed gastou muitos anos sentindo que não era tão competente quanto muitas pessoas pensavam, independentemente de ela ser a cofundadora da Envato, uma empresa de tecnologia com sede em Melbourne, na Austrália, avaliada em 1 bilhão de dólares. Sabe como é — só um bico.

"Eu passei muito tempo sentindo como se estivesse tentando encobrir algo, sentindo como se não fosse inteligente e capaz como todos os demais pareciam pensar que eu fosse", disse-me Ta'eed. Aos 27 anos de idade, ela estava comandando uma equipe de cinquenta pessoas na Envato. Ela se sentia muito inexperiente e sabia que tinha muito a aprender.

"Passamos por um período em que tivemos muitas pessoas bem experientes entrando para a empresa, e eu pensei, 'Vou dar um passo para trás, os grandões chegaram'. E eles diziam, 'Não se preocupe, deixa com a gente, sabemos como fazer isso'."

Porém, lentamente, Ta'eed percebeu que eles não sabiam. Ela aprendeu que havia algo diferente na forma com que ela fazia as coisas que era valoroso e útil e, em alguns casos, melhor. *"Então, eu tive que descobrir o que estava acontecendo comigo. Eu senti que realmente precisava lidar com isso."*

Ta'eed, claro, sofria de um clássico caso de Síndrome do Impostor. Para tentar superá-la, ela buscou ajuda em pessoas que eram referências para ela — pessoas que transpiravam confiança sem esforço. E ela não teve que procurar muito. *"Essas duas pessoas eram minha melhor amiga, Natalie Tam, e meu marido. Eles são naturalmente confiantes e descontraídos."*

Uma das qualidades que eles tinham em comum era que nunca pareciam se preocupar em fazer perguntas que podiam fazê-los parecerem burros. *"E eu sempre me preocupei com isso"*, confessou ela.

"Eu precisava mudar meu pensamento de tentar parecer a pessoa mais inteligente da sala, para sair da sala sendo a pessoa mais inteligente. E isso significava que eu precisava fazer perguntas constantemente e não me preocupar se elas me faziam parecer idiota."

Em um nível macro, ela percebeu que sua Síndrome do Impostor fazia com que se envergonhasse das oportunidades que a assustavam. *"Por um longo tempo eu tentei evitar falhar"*, explicou Ta'eed. *"Mas então percebi que precisava começar a dizer 'sim' para as oportunidades, mesmo quando elas me assustavam de verdade."*

Com o tempo, Ta'eed forçou a si mesma a ficar confortável com o fracasso e descobrir como superá-lo. Ela descobriu que, quanto mais o fazia, menos isso se tornava algo sobre ela, e mais sobre o conceito de que ela estava tentando embarcar em novos desafios.

"Quando você tenta fazer coisas realmente difíceis que ninguém nunca fez antes, geralmente você fracassa. Eu abri umas dez start-ups e muitas delas você não ouviu a respeito e não conhece, pois não foram bem-sucedidas e eu tive que fechá-las." Então, em vez de temer o fracasso, Ta'eed o aborda ao mergulhar de cabeça e abraçar os potenciais obstáculos à sua frente.

MÃOS À OBRA

1. Reflita sobre sua própria autocensura, tal como quando você se impede de fazer perguntas por medo de parecer burro. As chances são grandes de que as outras pessoas na sala querem fazer a mesma pergunta. Lembre-se, você está fazendo um favor a todos ao fazer a sua pergunta "idiota".

2. Por mais desafiador que pareça, tente agir de forma oposta ao seu medo. Você pode fazer isso ao reformular seus pensamentos, assim como Ta'eed fez. Ao invés de tentar parecer a pessoa mais inteligente, Ta'eed planejou deixar a sala *sendo* a pessoa mais inteligente.

3. Quando estiver pensando em oportunidades nas quais se aventurar, considere se tem medo delas. Você está hesitando assumir essa oportunidade por preocupação de que possa fracassar? Se a resposta for "sim", isso é, provavelmente, um bom sinal de que você deveria aceitar o desafio, pois ele será uma ótima oportunidade de crescimento.

Lembre-se, é a sua história

Uma dificuldade constante que tenho quando entrevisto os convidados do *How I Work* é decidir o quanto de mim mesma compartilhar na entrevista. Eu oscilo entre deixar que seja tudo sobre o convidado e compartilhar partes do meu próprio estilo de trabalho quando ele se parece com o que os entrevistados dizem.

A voz na minha cabeça diz, "As pessoas estão ouvindo pelos convidados, não por você, então fique quieta", e como resultado costumo manter meus convidados como foco principal das entrevistas. Porém, ocasionalmente, eu recebo conselhos de fazer o contrário e repenso toda a minha abordagem.

Um desses conselheiros é a renomada jornalista do *New York Times* Kara Swisher, que apresenta um dos meus podcasts favoritos, *Pivot*. Ela compartilhou comigo um dos melhores conselhos de carreira que já recebeu, quando estava escrevendo o seu primeiro livro sobre a história da AOL e como ela se tornou a maior empresa online nos anos de 1990.

"Eu estava sufocada", contou-me Swisher. *"Eu era uma jovem repórter e era boa, mas ainda estava no começo da minha carreira. Estava tão fora de mim. Eu entrevistava tantas pessoas e recebia tantas informações. Tinha tanta coisa acontecendo, e eu não sabia como organizar tudo."*

Swisher ligou para um amigo que escrevia romances sobre crimes reais — a única pessoa que ela conhecia que já havia escrito um livro. Seu amigo era um colega jornalista que cobria julgamentos no tribunal e então escrevia livros a respeito dessas histórias. *"Eu disse, 'Não sei o que fazer. Estou enlouquecendo'."*

Seu amigo a acalmou e disse: *"Você não está escrevendo a história completa da AOL. É a sua história da AOL. Qual é a sua história? O que você quer contar sobre isso?"*

Após ouvir esse conselho, de repente as coisas ficaram fáceis. *"Eu pensei, 'Não é a história. É a minha história. Isso é fácil'."* E até hoje, quando ela tem dificuldades com alguma coisa, ela lembra a si mesma: é a história *dela*, não *uma* história.

Portanto, especialmente quando se trata de projetos criativos que geralmente não possuem regras e eu não sei o quanto de mim mesma colocar nele, eu me volto para o conselho de Swisher. E especialmente com o *How I Work*, quando tenho dificuldades de saber o quanto de mim devo compartilhar durante uma entrevista, eu me lembro, "Não é só uma entrevista com esse convidado, é a *minha* entrevista com esse convidado".

MÃOS À OBRA

1. Pense em um projeto no qual você está trabalhando em que está sendo guiado por padrões exteriores ou tentando se conformar a normas externas. Pode ser uma apresentação de trabalho, um projeto criativo, como um artigo ou uma postagem de blog, ou até mesmo como você está planejando abordar uma reunião importante.

2. Em vez de tentar fazer as coisas da maneira certa ao seguir quaisquer regras implantadas, lembre-se de que a mágica vem ao fazer as coisas da sua forma.

Transforme o medo em entusiasmo com uma simples pergunta

Pense em alguma vez em que tentou fazer algo que o assustou. Talvez você tenha feito uma apresentação importante na frente de um grande grupo de pessoas. Talvez tenha juntado coragem para pedir um aumento ao seu chefe. Ou tenha pulado de um avião (preferivelmente com paraquedas). Ou, então, tenha sido um dos participantes do experimento com as aranhas descrito no capítulo anterior.

Se você já falou com alguém sobre como estava se sentindo anteriormente a esse evento, são grandes as chances de que um amigo bem-intencionado lhe tenha dito: "Qual é a pior coisa que poderia acontecer?"

Michelle Poler já ouviu esse conselho centenas de vezes. Quando estava fazendo o seu mestrado em *branding*, em 2015, ela começou um projeto para superar cem medos em cem dias. Seu projeto de mestrado se transformou em um movimento global que impactou milhões de pessoas e teve cobertura do programa *Today*, do canal NBC, além dos canais Fox News, CBS e CNN, só para nomear alguns.

Quando Poler estava no meio do projeto, superando medos tal como fazer uma performance de *stand-up*, saltar de um penhasco e nadar com tubarões, as pessoas geralmente tentavam ajudar perguntando: "Qual é a pior coisa que poderia acontecer?"

Apesar de Poler admitir que talvez ela não morreria, essa questão trazia muitas possibilidades ruins a sua mente. *"Talvez eu não morra, mas envergonhe a mim mesma. Eu posso cair. Eu posso ser rejeitada. Eu posso ferir o meu ego e a minha autoestima. Existem muitas coisas que podem dar errado sempre que eu me arrisco."*

O problema principal da pergunta "Qual é a pior coisa que poderia acontecer?" é que ela serve para trazer à tona as piores possibilidades. Assim, Poler percebeu que precisava mudar a pergunta.

"Se realmente quisermos enfrentar o medo, e fazê-lo com a melhor atitude, devemos perguntar a nós mesmos 'Qual é a melhor coisa que poderia acontecer?' em vez de 'Qual é a pior?'. Quando você imagina a melhor coisa que poderia acontecer, somente as melhores possibilidades lhe virão à mente, e você lembrará do real motivo pelo qual pensou que teve uma boa ideia para começo de conversa."

Quando pensamos sobre a pior coisa que poderia acontecer, nosso cérebro se enche com pensamentos e imagens negativos. Isso serve apenas para incitar nossa preocupação ou ansiedade. Contudo, quando imaginamos a melhor coisa que poderia acontecer, o cérebro foca as possibilidades que poderiam surgir das coisas assustadoras que estamos prestes a fazer. Podemos receber um aumento; talvez causemos um impacto realmente positivo na multidão para a qual estamos prestes a falar, ou talvez sintamos uma grande sensação de orgulho, sem mencionar adrenalina, por ter a coragem de pular de um avião.

Uma pesquisa publicada pelo *Journal of Positive Psychology* apoia a atitude de perguntarmos a nós mesmos: "Qual é a melhor coisa que poderia acontecer?" Kathryn Adair Boulus, da Universidade de Duke, que liderou essa pesquisa, descobriu que quando as pessoas pensavam seis vezes, no espaço de um mês, sobre um evento positivo que esperavam acontecer no futuro, elas se sentiam mais resilientes e menos deprimidas em comparação às que não focavam eventos futuros positivos. Adair também descobriu que quando as pessoas do grupo do "evento futuro positivo" realmente experienciavam decepções, o sentimento desaparecia com mais rapidez. Portanto, quanto mais confiantes pudermos ser sobre a incerteza, não apenas nos sentiremos mais felizes no presente, mas também mais preparados para os contratempos que a vida, inevitavelmente, colocará em nosso caminho no futuro.

MÃOS À OBRA

1. Da próxima vez que estiver se sentindo nervoso ou com medo de um evento ou atividade que está prestes a fazer, pergunte a si mesmo: "Qual é a melhor coisa que poderia acontecer?"

2. Tire alguns minutos para escrever suas respostas e realmente internalizar as possibilidades que a coragem de encarar o medo poderia gerar na sua vida.

O momento ideal para buscar feedback

Você terminou de trabalhar em uma apresentação importante que tem que entregar em dois dias para a liderança da sua equipe. Passou horas escrevendo e polindo o texto, e finalmente sente que está realmente bom. Você envia a apresentação para uma colega de equipe dar uma olhada. Pede, informalmente, para que ela te dê um feedback. Inesperadamente, ela envia uma lista de críticas que mais parece uma lista de compras (ela também falhou em ler as entrelinhas e perceber que você só estava buscando elogios). Em um instante, você passa de se sentir confiante em seu trabalho para se sentir péssimo.

Um feedback recebido no momento errado pode ser extremamente desmotivador. Dan Heath, autor best-seller de livros como *Ideias que Colam*, *O Poder dos Momentos* e *Switch*, já vivenciou como um feedback fora de hora pode ser desmoralizante.

"Eu penso muito sobre escritores que cometem o erro de concluir 90% do trabalho e começam a pedir por feedback", diz Heath. *"E, nesse momento, se receber um feedback negativo, você não consegue aceitá-lo. Seu instinto será de rejeitá-lo e pensar 'Ah, bem, isso é só implicância' ou 'Não tenho como revisar isso'."*

Em vez disso, Heath diz que o melhor momento para pedir um feedback é quando o trabalho alcança a marca dos 60%. *"Pedir feedback mais cedo lhe permite o espaço mental para realmente repensar as coisas, se for necessário."*

Cientistas têm investigado o motivo disso. Eles descobriram que quando as pessoas buscam feedback de um discurso, uma palestra ou um rascunho quando estão completos, a motivação primária é buscar aprovação (afinal, são apenas humanos). Em contraste, quando pedem por feedback bem antes de terminar um projeto, a motivação principal é melhorar o trabalho. Portanto, quando pudermos adotar o pensamento de nos esforçarmos para melhorar (ao contrário de simplesmente demonstrar o quão bom somos), a pesquisa sugere que estamos mais abertos a críticas e, consequentemente, mais prováveis a aceitar o feedback.

> **MÃOS À OBRA**
> 1. Evite cair na armadilha de pedir feedback antes do momento certo ou tarde demais no seu processo. Quando chegar à metade do projeto, será a hora ideal para buscá-lo. Isso permitirá que você reflita sobre o seu trabalho de forma mais eficaz, sem perder a motivação.

Como conseguir um feedback que seja realmente útil

Enquanto estava imersa no ritmo diário de escrever este livro, eu frequentemente pensava sobre o título. Vez ou outra, eu enviava pequenas listas de potenciais títulos para o meu editor em busca de feedback. Mas, para ser honesta, eu não estava realmente em busca de uma opinião. Eu queria que meu editor dissesse: *"Esse é o título mais inteligente que já vi! Você é uma lenda de nomear livros!"*

Scott Young, autor best-seller do livro *Ultra-aprendizado*, acredita que a maioria das pessoas não quer um feedback de verdade quando pede por ele. Intuitivamente, elas sabem que o comentário é bom para elas, porém o que estão realmente procurando é aprovação. Mas quando se trata de usar o tempo com sabedoria, conseguir um feedback valioso é crítico para produzir o melhor resultado.

Quando Young estava escrevendo *Ultra-aprendizado*, ele falou com Avraham Kluger, coautor de uma meta-análise sobre o impacto do feedback na performance, juntamente com Angelo DeNisi. Por meio de uma meta-análise, Kluger descobriu que quando as pessoas pedem uma opinião, não é exatamente isso que elas querem. Em um terço das vezes, o comentário fez com que, na verdade, suas performances piorassem.

"A pessoa diz, 'Eu quero um feedback'", explica Young. *"Mas o que ela realmente está dizendo é: 'Eu quero que você diga que eu fiz um bom trabalho'. Ela não está procurando de fato melhorar.*

"O que Kluger descobriu é que, se você dá um feedback para as pessoas quando elas na verdade não o querem; quando não estão, de fato, em busca de uma opinião; isso tende a se voltar contra elas em vez de melhorar suas performances. Portanto, dar feedback para as pessoas não irá necessariamente ajudá-las se elas não quiserem realmente usar essa informação para melhorar."

Young costuma ser abordado por escritores iniciantes que entram em contato com ele em busca de opiniões. Ele adaptou a forma com que responde a essas pessoas com base na pesquisa. *"Quando as pessoas me pedem por um feedback, geralmente a minha primeira pergunta é 'Por qual tipo de feedback você está procurando?' E espero que essa pergunta as faça refletir sobre questões mais específicas que elas podem me fazer, em vez de simplesmente pedir um comentário geral."*

Young descobriu que essa abordagem força as pessoas a realmente refletirem sobre o que estão procurando, e isso também permite que ele seja mais útil se realmente tirar um tempo para oferecer feedback. Além disso, a abordagem o coloca em uma mentalidade colaborativa, em vez de crítica, pois a pessoa terá identificado algo que pensa que pode melhorar de alguma forma, e espera que ele ajude.

Dan Heath também é um grande fã de pedir opiniões específicas. Ele nunca faz perguntas gerais, como "O que você achou do livro?", pois acredita que as pessoas podem evitar críticas para poupar seus sentimentos e consequentemente não serem 100% honestas. Além disso, quando chega à metade do projeto, ele não quer um feedback sobre o ponto central do livro. *"Eu não acho que você deveria confiar em uma pessoa que passou 5 horas pensando sobre o seu livro mais do que confia em si mesmo, que passou 2 anos trabalhando nele."*

Porém, ele disse que algo em que você pode confiar é o instinto das pessoas quando se trata de aspectos específicos de um projeto. Ele faz perguntas como "O que você achou desta parte em específico?", ou "Essa parte foi interessante?", ou "Qual desses dois você preferiu?".

"Eu quero um feedback em determinado ponto no ciclo em que possa usá-lo. E quero feedbacks que sejam específicos o suficiente para eu confiar."

MÃOS À OBRA

1. Quando for pedir um feedback, seja específico sobre o tipo que você quer. Por exemplo, se estiver escrevendo uma peça, você quer que alguém revise os seus erros de digitação ou que ela comente se a peça está envolvente? Se for uma apresentação, você quer que a pessoa dê um feedback sobre o seu conteúdo, seu estilo ou se ela está divertida?

2. Quando te pedirem um feedback, pergunte à pessoa sobre o que especificamente ela quer que você comente. Isso a forçará a refletir se ela realmente deseja um feedback, e não uma reafirmação. E isso também o ajudará a usar o seu tempo de maneira mais sábia quando investir esforços para fazer um comentário, visto que estará fornecendo exatamente o que ela quer e realmente usará.

Está na hora de pagar as pessoas para te criticarem

Todos nós sabemos que o feedback nos ajuda a crescer. E receber um comentário construtivo ou negativo é o que mais contribui para isso. Mas aqui está o problema: muitas pessoas têm vergonha de dar feedback negativo. Nós nos preocupamos em ferir os sentimentos dos outros, ou talvez presumimos que aquilo que queremos comentar não é nada demais, então esquecemos e seguimos em frente.

Talvez você tenha participado de um programa de treinamento sobre como oferecer feedback de maneira mais efetiva. Eu passei por vários, nenhum deles foi útil. E, como alguém que gosta de agradar as pessoas, o treinamento não tornou mais fácil o ato de fornecer uma opinião que eu sabia que seria difícil para outra pessoa ouvir. Então qual é a solução?

Como um dos mágicos de proximidade mais famosos do mundo, feedbacks sobre performances são muito importantes para Simon Coronel. Porém, Coronel não é um artista comum. Antigamente, ele trabalhava como consultor de TI para uma firma de consultoria, a Century, e estudou psicologia na universidade. Como resultado, ele pensa muito a respeito da psicologia humana quando tenta refinar suas performances.

Um dos pontos centrais para um excelente truque de mágica é a inabilidade da plateia em descobrir como ele é possível. Quando Coronel testava uma nova ilusão, ele costumava perguntar às pessoas se elas conseguiram descobrir as mecânicas por trás dela. Porém, elas pecavam pelo excesso de educação e diziam que não faziam ideia, mesmo que suspeitassem ter a resposta certa.

Para superar essa educação, Coronel começou a perguntar: *"Se eu te oferecesse 1 milhão de dólares para adivinhar como esse truque foi feito, o que você diria?"* Ele descobriu que essa pergunta fazia os membros da plateia revelarem o que quer que estivesse em suas mentes (mesmo que eles duvidassem que

REFLEXÃO

Coronel tivesse 1 milhão de dólares para dá-los). Contudo, essa questão se mostrou ser útil para um mágico, pois, se a plateia pode pensar em uma solução, isso significa que o truque foi um pouco menos incrível. Assim, Coronel poderia trabalhar para melhorá-lo.

Em sua busca por feedback e particularmente pelo tipo negativo, ele deu um passo além. *"Na verdade, eu comecei a pegar uma pilha de moedas e colocá-las numa mesa no saguão de entrada do teatro. Eu dizia às pessoas após o show, 'Eu te darei um dólar por cada crítica que fizer sobre o show. Cada coisa ruim, o que você puder pensar de qualquer forma ou em qualquer nível'. Eu estava basicamente me dispondo a pagar por feedback negativo. É o quanto eu queria críticas construtivas."*

Coronel perguntava se alguma coisa tinha sido esquisita sobre a apresentação. Qualquer coisa que tivesse sido distrativa. E se houve algo ofensivo ou que não fez sentido.

"Uma vez eu recebi um feedback de alguém que ficou distraído porque os meus sapatos não estavam polidos. E algo desse tipo importa tanto quanto a mágica, porque tudo no show é parte do show. E é a mesma coisa em qualquer negócio, com qualquer produto. Tudo faz parte de uma experiência geral que a pessoa tem quando se engaja com o seu negócio ou serviço."

MÃOS À OBRA

1. Da próxima vez que realmente quiser um feedback construtivo, considere pagar as pessoas ou oferecê-las um presente. Por exemplo, você poderia se oferecer para pagar um café se alguém te oferecer três pontos construtivos de feedback.

2. Quando for possível, peça o feedback assim que a pessoa terminar de engajar com o que você espera que ela comente. Por exemplo, se você quer uma crítica sobre uma apresentação que acabou de fazer, peça uma opinião de imediato. E, claro, estenda o convite para as pessoas entrarem em contato novamente com qualquer feedback adicional, se algo mais as vier à mente.

O poder de assistir a si mesmo

Se você vive na Austrália, provavelmente já viu Sandra Sully apresentar as notícias. Ela faz isso há 30 anos. *"O que muitas pessoas não percebem é que existe um aspecto de performance no que eu faço"*, explica Sully. *"Disseram-me há muito tempo que cada hora que você está na TV equivale a cerca de três horas de trabalho, por conta da energia que você gasta."*

Sully descreve isso como 1 hora intensa com vários altos e baixos. Ela recebe atualizações de notícias ao longo do dia e até mesmo escreve as atualizações durante o período em que está no ar. E a adrenalina que acompanha a apresentação de uma grande notícia é enorme.

Você pode achar que mais de três décadas de experiência como apresentadora de noticiário fariam com que Sully pensasse que tinha pouco a melhorar. Mas é o contrário, Sully revisa sua performance quase todas as noites. Ela literalmente assiste a si mesma apresentando as notícias e pensa em jeitos de melhorar.

"Eu gosto do fato de podermos continuar aprendendo. Nunca penso ou sei que cheguei 'lá'. Sempre acredito que posso melhorar. Quando você aceita que existe um componente dramático para o que você faz, é muito fácil desenvolver vícios sem perceber. Pode ser fazer referência a um monitor, virar a cabeça, desenvolver uma entonação ou pausar."

Sully dá como exemplo o ato de ler a introdução de uma notícia. *"Os primeiros dois parágrafos são estruturados com base em um número de frases com palavras-chave que fazem sentido na história. A introdução é escrita por uma razão, e deve ser apresentada com as ênfases corretas no espaçamento certo."*

Sully também se atenta para o fato de que, apesar de estar na casa de alguém, os telespectadores não necessariamente a estão assistindo. Eles podem estar na cozinha preparando o jantar com a TV ligada como barulho de fundo. *"Geralmente, eles estão apenas me ouvindo, então eu preciso enfatizar as palavras-chave para dar sentido à história."*

REFLEXÃO

"Meu trabalho é me certificar de que, ao fim do dia, eu acerte mais do que erro. Tenho que me sentir confiante de que estou consistentemente sendo o padrão do qual me orgulho."

Em meu cargo na Inventium, uma das coisas mais impactantes que já fiz foi gravar minhas apresentações e assistir a mim mesma. Eu me lembro da primeira vez que fiz isso, quase 20 anos atrás. Foi parte de um programa de treinamento de habilidades de apresentação do qual eu participei, no qual tínhamos que fazer uma apresentação de 10 minutos e assistir à gravação. Foi insuportável. Imagine unhas arranhando um quadro negro e multiplique esse desconforto por 10 mil vezes. Mas também foi um uso transformador do tempo. Eu tinha tantos gestos distrativos e vícios de fala dos quais eu não fazia ideia. E ao tornar o que era inconsciente em consciente, eu fui capaz de eliminar as distrações para que pudesse me comunicar com mais impacto.

No meu papel como apresentadora de podcast, minha produtora, Kellie Riordan, e eu fazemos vários *"air-checks"*, um termo emprestado do rádio para se referir a demonstrações de áudios do apresentador. Nós geralmente pegamos uma sessão de uma entrevista de 10 a 15 minutos, e Kellie a destrói — no bom sentido — para poder realmente se aprofundar e analisar a minha técnica e entrega, identificando o que poderia ser melhorado. O processo de *air-check* melhorou as minhas habilidades como entrevistadora e apresentadora de podcast de maneira dramática (ao menos é assim que parece para mim).

MÃOS À OBRA

1. Apesar de você provavelmente não ser um âncora de noticiário, pense sobre as competências centrais que o seu trabalho envolve. As chances são grandes de que a sua comunicação é uma parte dela, seja escrita ou oral.

2. Pense sobre como você poderia assistir a si mesmo para melhorar sua performance. Se o seu trabalho depende de comunicação escrita, separe um tempo regular para rever objetivamente algumas das peças-chave que você escreveu. Se o seu trabalho envolve comunicação oral, considere gravar a si mesmo durante reuniões ou durante apresentações, e por mais horrível que possa parecer, assista à gravação e critique a si mesmo. Procure por vícios de fala ou coisas que podem estar atrapalhando a sua comunicação efetiva.

Uma simples frase para te motivar a fazer coisas que você não quer

Se você se exercita de manhã cedo, assim como eu, provavelmente começou muitos dias tendo que literalmente se arrastar da cama, relutantemente vestir sua roupa de ginástica e se forçar a sair da porta para uma corrida. Eu me exercito cinco manhãs na semana; isso se tornou um hábito. Porém, definitivamente há dias em que essa é a última coisa que eu quero fazer. Meu bicho-preguiça interno diz: *"Fique deitada na cama só mais um pouco, está tão bom e quentinho aqui! Por favor, não me faça levantar pesos na garagem congelante nessa terrível manhã de inverno! Por favor, não!"*

Mas a minha domadora de preguiças interna rebate: *"Você tem que se exercitar! Vamos! Agora! Qual é, eu disse vamos!"* E, a contragosto, eu vou. Argh!

Mas poderia existir uma maneira melhor de falar comigo mesma? Um método que realmente me faça querer levantar e me exercitar, em vez de sentir que estou recebendo ordens de uma pequena domadora de preguiças? Na verdade, existe.

Enquanto competia em uma ultramaratona de 100 quilômetros em 2011, Turia Pitt ficou presa em um incêndio florestal e sofreu queimaduras em 65% do corpo. Porém, sobreviver foi uma de suas menores conquistas. Turia se tornou uma autora best-seller, bicampeã do Ironman, uma competição de triatlo, e humanitária. E em 2017 ela deu à luz o seu primeiro filho, Hakavai.

Após se tornar mãe, ela se tornou consciente do seu próprio diálogo interno sobre o sentimento de que "tinha" que fazer determinadas coisas.

Pitt pensava, *"Eu tenho que limpar o quarto dele"*, ou *"Eu tenho que preparar a comida dele"*, ou *"Eu tenho que lavar as roupas dele"*. *"Quando você diz a si mesmo que tem que fazer essas coisas, é muito fácil se sentir ressentido com elas e torná-las uma obrigação e algo que você não quer realmente fazer."*

Após refletir sobre o impacto do seu diálogo interno, Pitt fez uma simples mudança. Ela começou a dizer "Eu posso".

"'Eu posso buscar Hakavai, eu posso brincar com Hakavai, eu posso ficar por perto e observá-lo crescer'. E, para mim, simplesmente mudar a minha linguagem de repente me lembrou de que aquilo era uma oportunidade. Era uma escolha, e era algo pelo qual eu poderia ser muito grata."

Pitt também começou a usar essa estratégia em sua vida profissional. Como parte do trabalho, ela faz muitas palestras. Geralmente se sente nervosa antes de começar e fica presa em sua própria mente, prejudicando o foco e a confiança. Ela se preocupa em conseguir se articular com clareza, ou que as pessoas pensarão que ela é idiota.

"Eu tenho que realmente parar e lembrar a mim mesma que não tenho que fazer um discurso, mas eu posso fazer um discurso. É uma oportunidade bem legal de que uma sala cheia de pessoas potencialmente quer escutar o que eu tenho a dizer."

A efetividade da estratégia do "eu posso" está no fato de que ela reformula a atividade para deixar de ser uma tarefa e se tornar um presente. Ela se torna intrínseca ao invés de extrínseca. Geralmente, quando sentimos que devemos fazer algo, é como se uma força externa estivesse nos dizendo para fazer a atividade. Nós não temos escolha. Porém, quando *podemos* fazer algo, reformulamos a atividade para algo do qual nós temos o controle e a escolha: escolhemos nos exercitar, por exemplo. Isso faz com que a nossa escolha pareça alinhada com nossos valores e desejos.

Reformular a tarefa reduz o tempo gasto procrastinando, então é uma situação de ganho mútuo: a tarefa é feita e você se sente feliz ao fazê-la.

MÃOS À OBRA

1. Pense sobre um comportamento que você sabe que é bom para si, mas sobre o qual tem diálogos internos negativos. Pode ser um hábito saudável que você está tentando criar, tal como comer mais vegetais, ou manter uma rotina de exercícios. Pode ser sobre uma tarefa no trabalho que você vem evitando ou procrastinando. Há uma boa chance de que você vem dizendo a si mesmo que deve fazer isso.

2. Reformule esse diálogo interno usando a linguagem do "eu posso fazer essa tarefa". E considere como fazer tal tarefa se alinha com o que é importante para você, tal como ficar saudável ou fazer um bom trabalho.

Lembre-se de que você vai morrer

Como cofundador da empresa de tecnologia financeira Finder.com, Fred Schebesta opta por deliberadamente deixar sua agenda visível para a sua equipe global, composta de várias centenas de pessoas. Mas se qualquer um de seus funcionários olhasse com atenção, eles perceberiam algo incomum escrito nela.

Uma vez ao mês, um lembrete aparece na agenda de Schebesta que diz *Memento Mori*, uma antiga frase do Latim que significa "lembre-se de que você irá morrer".

"*Eu lembro a mim mesmo todo mês de que vou morrer*", explica Schebesta. Não, ele não é sadomasoquista. Ao invés disso, o lembrete o leva a pensar em si mesmo e a se perguntar, por exemplo, se está passando o tempo de uma maneira que se alinha com seus valores e com o que importa para ele. Se a resposta for não, isso o instrui a mudar.

Cyan Ta'eed, cofundadora da empresa de tecnologia bilionária Envato, costumava ter um hábito similar. "*Por um tempo, eu tive um aplicativo no meu celular que me dizia que eu iria morrer, e fazia isso cinco vezes ao dia. Ele basicamente me mandava notificações que me lembravam de que eu morrerei.*"

Para Ta'eed, o lembrete servia para ajudá-la a se fazer presente e fazer cada minuto contar. Também a ajudava a parar de se preocupar com as coisas que simplesmente não importavam.

O filósofo romano Seneca, um dos adeptos do Estoicismo, escreveu sobre isso em um de seus ensaios, *Sobre a Brevidade da Vida*:

> *Não é curto o tempo que temos, mas dele muito desperdiçamos. A vida é suficientemente longa e nos foi dada com generosidade para que realizássemos as maiores coisas, se for bem empregada. Mas quando desperdiçada no luxo negligente, quando não a empregamos em nada útil, somos forçados pelo constrangimento*

final da morte a perceber que ela passou antes que pudéssemos perceber. O fato é: a nós não é dada uma vida curta, mas fazemos com que assim o seja, nem somos carentes dela, mas a desperdiçamos [...] A vida é longa se souber como usá-la."

No momento em que escrevo este livro, existem vários aplicativos que você pode baixar no seu celular para receber lembretes frequentes da morte iminente. O WeCroak envia um lembrete várias vezes ao dia e em momentos não previsíveis, e o Countdown App apresenta uma contagem regressiva de quanto tempo você tem na Terra, com base em idade, gênero, IMC, hábitos de tabagismo e onde você vive.

MÃOS À OBRA

1. Agende um lembrete regular da sua mortalidade. Você pode até marcar uma reunião consigo mesmo para tirar um tempo e refletir sobre as escolhas que está fazendo na vida, tanto em um nível micro, do dia a dia, quanto no macro.

2. Durante esse período, reflita sobre o quão presente você está sendo na sua vida e se está usando seu tempo nesse planeta ao máximo.

REFLEXÃO
Um resumo

Agende *check-ups* da vida

Agende um *check-up* da vida duas vezes ao ano. Quando chegar a hora, pergunte a si mesmo: "Estou no emprego certo? Eu já atingi o meu platô? Eu me sinto animado com o que faço? A cultura do meu local de trabalho é uma que me ajuda a crescer?"

Dependendo das suas respostas, coloque um plano em ação para abordar as áreas que precisam ser melhoradas.

Use sua insegurança como uma força

Da próxima vez que experimentar insegurança, tente interpretar esses sentimentos como uma força motivacional — deixe que eles sejam uma lembrança de que sempre existe espaço para crescer. Ao invés de fugir da experiência que está lhe causando dúvidas, aceite-a e lembre-se de que apenas por meio de desafios podemos melhorar.

Reformule seu diálogo interno

Atente-se para a autocensura quando estiver ao redor de outras pessoas. Aja contrariamente ao seu medo, reformulando seu diálogo interno. Por exemplo, em vez de tentar *parecer* a pessoa mais inteligente, tente deixar o ambiente *sendo* a pessoa mais inteligente.

Quando estiver pensando nas oportunidades que aceitará, pergunte a si mesmo se está com medo delas. Se a resposta for "sim", aceite-as, pois elas apresentarão circunstâncias para o crescimento.

Faça do seu jeito

Pense sobre um projeto no qual você está trabalhando ou no qual está sendo guiado por padrões externos, ou tentando se conformar a normas externas. Em vez de tentar fazer a coisa certa e seguir quaisquer que sejam as regras, lembre-se de que a mágica vem ao fazer as coisas do seu jeito.

Qual é a melhor coisa que poderia acontecer?

Da próxima vez que estiver se sentindo nervoso ou com medo de algo, pergunte a si mesmo: "Qual é a melhor coisa que poderia acontecer?" Tire alguns minutos para escrever a resposta e realmente internalizar as possibilidades que a coragem de enfrentar o medo poderia trazer para a sua vida.

Peça por feedback ao chegar nos 60%

Evite cair na armadilha de pedir feedback quando estiver muito avançado no processo. Em vez disso, procure-o quando estiver mais ou menos na metade da tarefa, ou um pouco mais adiante.

Seja mais específico sobre o tipo de feedback que você está pedindo e dando

Quando pedir feedback, seja específico sobre o tipo de comentário que você deseja. Por exemplo, se for algo que está escrevendo, você quer que a pessoa revise os seus erros de digitação ou que comente se é um texto engajador?

Quando as pessoas pedirem por seu feedback, pergunte sobre o que elas desejam que você comente. Isso as forçará a refletir se genuinamente querem uma opinião ou se buscam reafirmação.

Pague por críticas

Da próxima vez que quiser um feedback construtivo, considere pagar as pessoas ou oferecer um presente em troca da crítica. E se for possível, peça pelo feedback assim que elas terminarem de engajar com aquilo que você deseja que elas comentem.

Assista a si mesmo

Pense sobre como você poderia assistir a si mesmo para melhorar a sua performance. Se o seu trabalho depende de comunicação escrita, separe um tempo para revisar regularmente algumas das peças-chave que você escreveu. Se envolve comunicação oral, considere gravar a si mesmo em reuniões ou apresentações e assistir à gravação para criticar a si mesmo.

Eu posso

Pense sobre comportamentos que você sabe que são bons para você, mas sobre os quais tem diálogos internos negativos. Pode ser um hábito saudável que você está tentando criar, tal como passar mais noites sem ingerir álcool ou cortar o açúcar. É provável que você está dizendo a si mesmo que deve fazer isso.

Reformule deliberadamente o seu diálogo interno usando a linguagem do "eu posso fazer essa tarefa", e considere como fazê-la se alinha com aquilo que é importante para você, como fazer escolhas saudáveis ou um bom trabalho.

O lembrete da morte

Agende um lembrete regular da sua mortalidade. Durante esse período, reflita sobre as formas com que você se faz presente na sua vida e se está aproveitando o seu tempo ao máximo.

CONEXÃO
Construa relacionamentos melhores

No mundo pós-covid, conectar-se com as pessoas nunca foi tão importante e, em muitos casos, desafiador. Tendo em vista que muitos de nós não trabalhamos diariamente no mesmo espaço físico que os nossos colegas de equipe, é fácil se sentir tanto física quanto emocionalmente distante.

Mas, para ser feliz no trabalho e bem-sucedido na carreira, a conexão humana é algo essencial. Um tempo bem gasto na presença dos outros não apenas abre caminho para colaborações no trabalho, mas também garante uma forma de trazer alegria para a sua vida.

Esta seção se inicia com uma maneira simples de acelerar o processo de as pessoas o conhecerem. Nós então veremos como utilizar roupas (nesse caso, uma camiseta) como forma de atalho na sua comunicação, e o poder de um presente inesperado.

Eu geralmente sinto que trabalho como uma ilha, mas nós veremos por que isso não é verdade e como abraçar o poder da colaboração.

Mergulharemos, em seguida, no networking, a atividade de trabalho favorita de todo mundo! Veremos como construir relacionamentos sólidos rapidamente e os truques e técnicas para facilitar o networking e torná-lo agradável (sim, é sério), mesmo que você pense que passar um dia arrancando pequenos tufos de pelo do filtro da sua secadora seria mais divertido do que passar alguns minutos falando com estranhos e participando de conversa fiada.

Esta seção termina falando sobre o porquê de o humor ser tão importante e como você pode usá-lo a seu favor quando estiver construindo relacionamentos com os outros.

Por que você precisa de um manual de instruções de uma página

Você comprou algum dispositivo ou eletrodoméstico recentemente? Talvez tenha começado a usar uma atualização de software? Imagino que tenha vindo com um manual de instruções (não que você tenha lido, claro. Você tem coisas melhores para fazer). E quando algo der errado com o produto, como provavelmente acontecerá em algum momento no futuro, você definitivamente irá procurar pelo manual (e provavelmente não conseguirá encontrá-lo em lugar nenhum, que droga!).

Mas e os seres humanos? Somos muito mais complexos do que as máquinas, mas infelizmente não temos um manual de instrução. Ao menos, é claro, que você tenha conhecido Darren Murph.

Murph é diretor de trabalho remoto para a empresa global de software GitLab. Ele criou seu próprio manual de instruções, acessível para qualquer um com um navegador de internet. Não, Murph não é parte humano e parte máquina. Ele é um humano bem amistoso e carismático. Ele chama o manual de sua página LEIAME, uma brincadeira com o termo usado para descrever um tipo de documentação de software de computador (e quem não gosta de uma boa piada sobre programação?).

"Minha página LEIAME é um manual de instruções explicando rapidamente como é trabalhar comigo", descreve Murph. *"Ele explica como eu gosto que se comuniquem comigo, o que eu espero aprender ao trabalhar com você e o que você precisa saber sobre mim. Coisas como personalidade, meu estilo de trabalho e quando eu geralmente prefiro trabalhar."*

Ele explica que o maior benefício de ter essa página é expandir conhecimento. *"Se você estiver trabalhando comigo pela primeira vez e nunca nos encontramos pessoalmente, talvez nem saibamos qual é a aparência um do outro. Provavelmente levará algumas horas, no mínimo, para construir alguma conexão.*

E teremos que fazer e responder a muitas perguntas para chegar a um entendimento um do outro."

Ler a página LEIAME de Murph antes de trabalhar com ele leva apenas alguns minutos, mas você aprenderá mais nesses poucos minutos do que normalmente aprenderia nas 2 semanas ou mais que levaria para conhecer um colega de trabalho sobre quem você não sabe nada. Criar um manual de instruções sobre si mesmo permite que as pessoas com quem você trabalha saibam exatamente como tirar o melhor de você e quais são as suas preferências de trabalho. Elas também entenderão melhor como você reagirá uma vez que começarem a colaborar.

Murph aprendeu isso com o CEO do GitLab, Sid Sijbrandij. Sijbrandij tem o seu próprio manual de instruções online, onde ele lista os seus principais defeitos, suas qualidades, os feedbacks que recebeu dos seus subordinados diretos e as competências nas quais está trabalhando para melhorar.

Existem muitas áreas-chave que Murph recomenda que todos abordem nos seus manuais de instrução. Primeiro, descreva seus defeitos e suas qualidades e algumas características que te definem. Descrever seu estilo de trabalho também é importante. Isso pode incluir seus valores e traços de personalidade, tal como as coisas com as quais você tem implicância.

Incluir como você gosta que se comuniquem com você também é essencial. Por exemplo, Murph prefere comunicação assíncrona. *"Eu gosto muito de comunicação escrita. Se você puder falar comigo por meio de mensagens, em vez de ir diretamente para mensagens de voz ou videochamadas, eu geralmente prefiro que seja assim. Mas esse não é o caso para todos. E é por isso que é muito útil ter essas coisas escritas, para que haja o menor número de desentendimentos possível."*

MÃOS À OBRA

1. Para criar a sua página de manual de instruções, responda às perguntas a seguir:
    - Quais são os seus pontos fortes? Como alguém pode ativá-los?
    - Quais são suas fraquezas? O que tende a fazer com que elas apareçam?
    - Qual é a melhor forma para as pessoas se comunicarem com você?
    - Quais são as suas implicâncias?
    - O que as pessoas geralmente entendem mal sobre você?

2. Talvez você queira adicionar mais detalhes sobre si mesmo ou se inspirar na página LEIAME de Murph, mas essas questões

e as suas respostas já oferecem uma base sólida. Para ajudar a tornar o seu manual de instruções ainda mais rico e certeiro, de cinco a dez pessoas que trabalharam próximo a você, faça as seguintes perguntas:

- O que traz à tona o melhor de mim?
- O que traz à tona o pior de mim?
- O que você desejaria ter sabido a meu respeito quando começamos a trabalhar juntos?

Adicione essas respostas para detalhar o seu manual de instruções ainda mais.

3. Decida como você deseja compartilhar o seu manual de instruções. Você pode criar um documento de Word e compartilhá-lo com o seu time e com qualquer pessoa com quem começa a trabalhar. Ou, assim como Murph, você pode postá-lo online para que o mundo o veja (veja nas referências ao final do livro.)
4. Baixe um modelo para criar a sua própria página de manual de instruções no site amantha.com/timewise (conteúdo em inglês).

Use uma peça de roupa para transformar seu comportamento

Encontrar um canal de comunicação para acabar com a bagunça pode ser desafiador. Somos bombardeados com e-mails, ligações e reuniões todos os dias. Mas o ex-presidente do Pinterest, Tim Kendall, descobriu esse canal em seu guarda-roupa.

Antes de trabalhar no Pinterest, Kendall foi diretor de monetização do Facebook. *"Eu me lembro de quando estava no Facebook, foi em 2009, um ano importante para os negócios"*, relembrou Kendall. *"Mark Zuckerberg apareceu para trabalhar, nos dias 4 e 5 de janeiro, usando uma gravata. Como você pode imaginar, para Mark Zuckerberg isso é algo que se destaca. Ele disse, 'Usarei isso todos os dias até o fim do ano, pois esse é um ano sério'."*

Esse gesto causou um grande impacto em Kendall. *"Tudo o que ele fez foi vestir uma gravata todos os dias, porém o impacto e o simbolismo disso para as pessoas que estavam trabalhando com ele, para ele e ao redor dele foi imenso."*

A atitude de Zuckerberg de usar uma gravata teve um impacto tão significativo em Kendall que quando ele se mudou para o Pinterest e se tornou o presidente da empresa, em 2015, ele pensou em como poderia usar o próprio guarda-roupa para passar uma mensagem.

Na época em que se tornou presidente, o Pinterest tinha por volta de 15 milhões de usuários. A organização tinha o objetivo de atingir 200 milhões de usuários no período de poucos anos (sabe como é, apenas mais alguns). Para conseguir isso, era preciso foco.

Kendall se lembra de uma história sobre Jony Ive, o designer que trouxe o iMac, o iPod e o iPhone para a Apple, sobre a importância do foco. Ive era famoso por dizer que o foco é ter três coisas que em toda parte do seu corpo você sente que deve fazer, mas escolher apenas uma.

CONEXÃO

"Eu queria que todos se lembrassem que a maioria das pessoas, inclusive eu, se iludem ao pensar que estão focadas. Elas dizem para si mesmas, 'Eu tenho uma lista de vinte coisas que poderia fazer, vinte projetos que poderia fazer, vinte produtos que poderia criar'. E elas apagam metade da lista e dizem, 'Estou tão focado'. Mas na verdade o foco real seria pegar todas aquelas vinte coisas e fazer apenas uma."

Para comunicar essa mensagem à sua empresa em crescimento, Kendall programou uma reunião com todos os funcionários vestindo uma camiseta com a palavra "foco" impressa. *"Eu me coloquei na frente de toda a empresa e disse: 'Eu usarei esta camiseta até que tenhamos 200 milhões de usuários.'"*

Curiosamente, um estudo descobriu que símbolos como palavras e imagens podem, de fato, transformar comportamentos. Em um estudo incomum liderado pela professora Amanda Shantz, da Universidade de St Gallen, funcionários de uma central de atendimento para angariação de fundos receberam um pacote informativo sobre seus trabalhos. Metade dos pacotes continha uma foto de uma atleta feminina correndo de forma triunfante, enquanto a outra metade não. Os funcionários que receberam o pacote de informações com a foto da corredora arrecadaram uma quantidade maior ao longo do dia, em comparação ao grupo que não recebeu a foto. De alguma forma, a foto da corredora inconscientemente transformou seus comportamentos.

Kendall acabou usando a camiseta até deixar a empresa em janeiro de 2018, por volta de 4 anos depois. (Pensando na perspectiva de higiene pessoal, vale comentar que ele imprimiu um grande número dessas camisetas.)

"Acredito que quando você é o líder de uma empresa – e à medida que ela cresce de dezenas, para centenas, e então para milhares de pessoas –, o universo de coisas que você tem à sua disposição para se comunicar com essas pessoas e ilustrar simbolicamente aonde deseja chegar diminui, especialmente à medida que a empresa cresce."

MÃOS À OBRA

1. Se você tem uma mensagem importante para comunicar aos seus funcionários, tente evitar os meios padrões, tais como e-mail e reuniões gerais. Que sono.

2. Em vez disso, pense em um canal de comunicação inovador que corte o ruído e se conecte com a audiência. Pode ser o seu vestuário ou mudar para mais reuniões virtuais, talvez até mesmo o fundo do seu vídeo ou um adereço que você usa em todas as suas videochamadas.

O poder de presentes não solicitados

Há 2 anos, o leiloeiro e cofundador da imobiliária Gary Peer, Phillip Kingston, estava leiloando uma propriedade no centro da cidade de Melbourne, no 17º andar de um bloco de apartamentos. Ele se lembra de aquele ser um prédio charmoso que tinha por volta de cinquenta apartamentos. Estava esperando pelo elevador no saguão quando, bem em cima do botão de subir, ele percebeu um símbolo laminado posicionado diretamente acima do botão — dessa forma, você não tinha como não o ver.

"Era o símbolo de uma carinha sorrindo, com um parágrafo falando sobre como um sorriso pode mudar o mundo e que, como uma comunidade nesse prédio, deveríamos sempre nos lembrar de sorrir para as outras pessoas que encontramos no elevador", relembra Kingston. *"Tantas pessoas se esquecem de sorrir quando estão lidando com as outras no trabalho. Nada me desconcerta mais do que entrar num café e olhar para as pessoas na fila esperando por suas bebidas sem que ninguém converse com ninguém. Eles estão apenas olhando para os seus telefones."*

Kingston diz que usar o humor e fazer as pessoas sorrirem durante o leilão pode fazer uma grande diferença no processo de venda. Quando as pessoas riem, acontece uma mudança fisiológica, e elas se sentem melhores e mais abertas. *"Um sorriso ou uma risada podem mudar completamente a dinâmica de uma situação."*

Tendo frequentado muito dos leilões de Kingston em Melbourne, eu posso dizer que me senti como se estivesse em um show de comédia em vez de um leilão monótono e entediante. Vários anos atrás, eu levei minha filha, Frankie, que tinha 4 anos na época, para ver o leilão de Kingston (sim, esse é o tipo de vida cheia de extravagâncias que eu levo — ir a leilões nos fins de semana só por diversão). Ele nos viu na plateia e, no meio do leilão, foi até seu carro, pegou um presente embrulhado e o entregou para a minha filha. Frankie imediatamente o desembrulhou e descobriu que era uma caixa de chocolates. Nem preciso dizer que Kingston se tornou o herói dela, e ela retornou o favor com um enorme sorriso enquanto a multidão dava risadas.

Nos dias de leilão, Kingston reflete muito sobre como ele pode trazer humor e alegria para conseguir resultados melhores para seus clientes.

"Eu amo presentes inesperados", disse-me Kingston. *"Eu amo a surpresa de quando vou até meu carro e trago algo que foi lindamente embalado e o comprador ou alguma outra pessoa não sabe o que é; isso nos muda quimicamente."*

Minha equipe na Inventium usou essa estratégia várias vezes nos anos recentes. Uma das formas que aplicamos isso é quando perdemos muitos projetos. Em vez de ficarmos nos lamentando, fazemos o inesperado: enviamos um pequeno presente para as pessoas que nos rejeitaram e um bilhete dizendo que esperamos poder trabalhar com elas no futuro.

Outra tradição que começamos na empresa é o Feliz Janeiro. Em vez de fazer o que é previsível e dar aos clientes presentes no Natal, nós enviamos um cartão e um presente em janeiro. Sendo totalmente sincera, o ritual na verdade começou nos primeiros anos da Inventium, quando eu fiquei sem tempo de comprar presentes de Natal para os clientes (você sabe, antes do Natal). Então eu os enviei em janeiro.

Todos os anos desde então, há uma década, nós surpreendemos nossos clientes em janeiro, quando ninguém mais está distribuindo presentes. Ocasionalmente, esse ato levou clientes a entrarem em contato conosco para marcar um novo trabalho, ou foi um gatilho para que eles nos indicassem para outras pessoas. Enquanto isso foi uma boa surpresa para *nós*, também mostrou em primeira mão que um pouco de consideração e tempo gasto zelando por relacionamentos é um investimento em possíveis recompensas futuras.

MÃOS À OBRA

1. Procure por oportunidades de surpreender as pessoas com um presente inesperado. Ao invés de presentes em momentos previsíveis, presenteie quando as pessoas menos esperam.

Pare de pensar em si mesmo como uma ilha

Apesar de eu ter uma equipe de dez pessoas na Inventium, geralmente sinto que trabalho como uma ilha. A maioria das minhas tarefas no trabalho parecem missões solo: escrever, pesquisar, palestrar, apresentar o podcast. E apesar de eu ter pessoas ao meu redor me ajudando com cada uma dessas coisas — e, de fato, eu não poderia fazer isso sem elas —, raramente penso em procurar ajuda ativamente quando tenho alguma dificuldade. E é por isso que o ritual semanal de Marcus Buckingham mexeu comigo.

Marcus Buckingham é uma especialista global em engajamento de funcionários. Ele escreveu vários best-sellers sobre o assunto e comanda uma consultoria que ajuda empresas ao redor do mundo. Assim como o meu, o trabalho de Buckingham envolve muita escrita, pesquisa e fala — mas ele entende profundamente o poder das equipes.

Quando conversei com ele, tinha acabado de terminar uma grande pesquisa desenvolvida em dezenove países, envolvendo várias indústrias diferentes. *"Se você me perguntasse qual é a característica mais definidora do trabalho, seria que trabalhamos em equipe"*, disse-me Buckingham. *"Ninguém trabalha sozinho. Mesmo que suas disposições financeiras apontem que você é um empreiteiro individual, estamos todos conectados, portanto, trabalho é sempre trabalho em equipe. Oitenta e três por cento das pessoas dizem que fazem a maior parte dos seus trabalhos em equipe."*

Mesmo que você tenha lampejos de genialidade ao longo da semana, Buckingham diz que quase tudo que você tentará fazer nessa semana de trabalho irá envolver se apoiar, depender e buscar a força de mais alguém. *"E, é claro, você pode fazer muito mais em conjunto do que pode fazer sozinho."*

Buckingham usou esse *insight* para formular uma rotina semanal que agora aplica religiosamente. Na segunda-feira, ele passa por volta de 15 minutos refletindo sobre quais são suas prioridades para a semana e, com base na resposta para essa questão, ele pergunta a si mesmo: *"Eu preciso da ajuda de quem?"*

Eu me lembro de ter ficado surpresa quando ouvi essa pergunta. Não é algo que eu penso que deveria perguntar a mim mesma.

"É um ritmo tão simples. O mundo se move rapidamente, mas se eu puder fazer isso toda semana, será uma maneira de ser muito proposital sobre o que é importante para a semana.

"Pensar todas as semanas sobre de quem você precisará de ajuda não é apenas algo que nos enobrece em termos de pensar no próximo e em como podemos envolvê--los, mas também é pragmático. Você terá que trabalhar com os outros. Então poderia muito bem pensar intencionalmente sobre quem esses outros são."

Antecipar de quem você pode precisar de ajuda e pedir por ela proativamente é uma maneira bem mais inteligente de usar sua equipe do que fazer pedidos reativos de último minuto.

MÃOS À OBRA

1. No começo de cada semana, esclareça suas prioridades ou objetivos para a semana seguinte.

2. Evite pensar em si mesmo como uma ilha, ou sentir como se tivesse que fazer tudo sozinho. Em vez disso, pergunte a si mesmo, "Eu preciso da ajuda de quem?". Essas pessoas podem estar na sua equipe ou fora dela — não importa. O que importa é que você admita para si mesmo que pode buscar ajuda para alcançar seus objetivos, e ninguém espera que você faça isso sozinho.

Por que você precisa se tornar um doador extremo

Eu imagino o *rolodex* digital (aqueles arquivos rotativos) de Emma Isaac mostrando quem é quem entre os líderes de pensamento. Como fundadora e CEO global da Business Chicks, uma organização que apoia dezenas de milhares de empresárias globalmente, ela atraiu alguns dos maiores nomes do mundo para palestrar para seus membros. Richard Branson, Seth Godin, Nicole Kidman, Julia Gilliard, Brené Brown e Sir Bob Geldof já agraciaram seu palco.

Seria fácil considerar que essas pessoas apareceram na vida de Isaac apenas para o evento, mas ela é uma construtora de relacionamentos consumada.

"Eu sempre enxergo os relacionamentos como sendo algo de longo prazo. Não é como se eu os consumasse, mastigasse e cuspisse", diz Isaac. E, apesar de ser fácil pensar que essa coisa de longo prazo significa simplesmente adicioná-los ao seu boletim informativo ou se conectar com eles no LinkedIn, para ela significa algo completamente diferente.

"É sobre estar presente em momentos importantes das vidas dessas pessoas." Por exemplo, Isaac anota o aniversário delas ou quando irão lançar um novo livro. Ela até mesmo ficou famosa por enviar bolos a autores com a capa de seus livros impressa na cobertura, acompanhados de uma carta pessoal escrita à mão. Uma estratégia deliciosa e inteligente para construir relacionamentos.

Isaac também reflete sobre como ela pode genuinamente apoiar as pessoas. Ela deixa recomendações no LinkedIn e resenha de livros na Amazon. *"Eu posso garantir que cada autor olha as resenhas da Amazon, e eles sabem exatamente quem comentou e avaliou seus livros."*

Isaac também faz questão de abordar essas pessoas de vez em quando e fazer perguntas simples, como "Do que você precisa agora?", "Há algo que eu possa fazer por você?" ou "Como eu posso te apoiar?".

CONEXÃO

Uma das pessoas com quem ela formou uma forte ligação ao longo dos anos é Richard Branson. O relacionamento começou quando ele palestrou em um evento da Business Chicks, mas floresceu ao ponto de a dupla trabalhar junta em várias interações por mais de uma década. *"Eu apoiei seu trabalho de filantropia. Fui para a África do Sul e até fui mentora na Branson School of Entrepreneurship. Trabalhei em seus centros nas Ilhas Virgens Britânicas. E, dessa forma, eu sempre pergunto como posso oferecer um apoio significativo para essas pessoas e valorizá-las."*

O padrão de Isaac é pensar sobre como ela pode doar. Ela acredita que as pessoas podem sentir o cheiro a uma longa distância (e não o tipo de cheiro de um Chanel No. 5 floral), quando você só quer algo de alguém para benefício próprio, sem nenhuma consideração pelas necessidades delas.

"Estou sempre pensando, 'Como posso conectar pessoas? Como posso valorizá-las? Como posso ligar os pontos do que as pessoas precisam?'. É esse monólogo constante que se passa pela minha cabeça, de como eu posso servir as pessoas." Seu futuro Eu o agradecerá por investir tempo em atitudes proativas de bondade no presente.

MÃOS À OBRA

1. Quando estiver tentando construir relacionamentos duradouros com alguém, adote um pensamento de generosidade e doação personalizada.

2. Atente-se a marcos importantes na vida daquela pessoa, tal como começar um novo emprego, ter filhos ou conquistar algo significativo no trabalho, por exemplo.

3. Pense em como você pode apoiá-la ou dar a ela algo significativo, além de um e-mail genérico ou de uma "curtida" nas redes sociais. E, lembre-se, bolos personalizados são sempre uma boa escolha.

Como ser melhor em networking — sem conhecer novas pessoas

"Eu amo fazer networking e conversa fiada com estranhos", disse ninguém. Felizmente, Marissa King, uma professora de comportamento organizacional da Yale School of Management, que literalmente escreveu um livro sobre o tópico — *Social Chemistry* [sem publicação no Brasil] —, tem um ritual para tornar o networking um pouco mais agradável.

King explica que existe um poder extraordinário em nossas conexões atuais. Sem dúvidas, a coisa mais impactante que a maioria das pessoas pode fazer para melhorá-lo é revigorar laços dormentes. Esses laços são pessoas que você não vê há 2 ou 3 anos, ou até mais.

Uma pesquisa liderada por Daniel Levin da Rutgers Business School examinou os benefícios de contatar laços dormentes. Os pesquisadores pediram para que as pessoas fizessem uma lista de dez conexões atuais e dez pessoas com quem elas não entram em contato há 2 ou 3 anos. Foi pedido que os participantes reatassem o contato com essas pessoas para pedir um conselho ou ajuda com um projeto. Levin e seus colegas descobriram que eles não apenas ofereceram ideias mais criativas, mas a confiança também tinha permanecido nesse relacionamento.

King aplicou essa pesquisa para criar um ritual que ela agora executa todas as sextas-feiras. *"Eu escrevo os nomes de duas ou três pessoas. Entro em contato com elas só para dizer 'Oi, estava pensando em você'. Às vezes, até pergunto algo que estou tentando descobrir, como um feedback ou uma dúvida. Mas na maioria das vezes é apenas 'Oi, eu estava pensando em você'. Para mim, isso tem sido uma fonte de muita alegria, mas também tem sido extraordinariamente útil."*

Antes de começar esse ritual, King ficou hesitante. *"Eu pensava 'Ah, meu Deus, isso não vai ser estranho?'"* Pessoalmente, eu pensaria a mesma coisa. Mas acontece que não foi.

"Quanto mais você faz isso, mais percebe que na verdade é muito bom. Também ajuda imaginar a mim mesma no lugar da outra pessoa. Se eu me imaginar recebendo esse e-mail, ficaria feliz em recebê-lo? E a resposta é quase sempre 'sim'."

King pensa sobre como ela pode ser útil para as pessoas com quem reestabelece contato. E, para ela, existem três maneiras de fazer isso.

A primeira é dizer "obrigado". *"Sabemos que a gratidão é uma fonte extremamente poderosa de conexão. Então eu penso, 'Existe algum mentor que me vem à mente agora, ou alguém que me deu um conselho anos atrás, ou serviu como exemplo para mim?'. E eu simplesmente entro em contato com essa pessoa para agradecer o que ela fez."*

Apesar de isso parecer irrelevante, uma pesquisa descobriu que as pessoas tendem a subestimar os efeitos de dizer "obrigado" e de elogiar os outros. Em um estudo, as pessoas subestimaram significativamente o grau com o qual seus elogios poderiam melhorar o ânimo de outras pessoas. (E posso dizer, querido leitor, como radiante você está hoje?)

A segunda razão para King contatar as pessoas em sua network atual é para compartilhar algo de que ela pensa que a outra pessoa pode gostar, tal como um podcast ou um artigo. *"Existem muitas coisas que todos temos para dar, e simplesmente dizer 'Estava pensando em você' também é, de muitas formas, um presente."*

A razão final é pedir ajuda, o que ela também acredita que pode ser um presente. As pessoas gostam de sentir que suas expertises importam, e uma pesquisa mostrou que quando nos pedem ajuda, isso faz com que nos sintamos mais próximos das pessoas para quem estamos prestando assistência.

King diz que apesar de entrar em contato com pessoas com quem não fala há vários anos, ela quase sempre recebe um retorno. *"Nem consigo pensar em uma vez em que isso não aconteceu"*, admite ela. O impacto do seu ritual de networking tem sido enorme, especialmente durante 2020, quando ela passou a maior parte do ano em quarentena por causa do covid.

"Particularmente, durante o ano passado, isso foi um salvador de vidas. Permitiu que eu me sentisse conectada durante momentos em que eu não me sentia tão conectada quanto poderia estar." O marido de King também adotou esse ritual e encontrou um novo emprego, ainda que não estivesse procurando por um. Era o seu emprego dos sonhos trabalhar com um incrível grupo de pessoas, o que foi revolucionário para sua família.

O tempo gasto cuidando de relacionamentos com conexões que já existem pode não somente levar a trocas recompensadoras, mas também a potenciais oportunidades transformadoras.

MÃOS À OBRA

1. A cada mês, separe um tempo (ou você pode emular o que King faz e tornar essa uma atividade semanal) para escrever o nome de duas ou três pessoas com quem você não entra em contato há alguns anos.

2. Pense nas formas em que poderia ser útil para elas. Talvez queira agradecer por algo que elas fizeram, compartilhar algo de que possam gostar ou até mesmo pedir um conselho sobre algo no qual você está trabalhando.

Um conselho para construir um relacionamento rapidamente

Criar uma conexão com uma pessoa rapidamente pode ter muitos benefícios para nossas carreiras. Pode nos ajudar a criar relacionamentos de trabalho melhores com nossos colegas, a fechar uma venda e a aumentar nossa network. Algumas pessoas fazem com que construir relacionamentos pareça algo fácil — é como se elas tivessem carisma transpirando por cada poro. A boa notícia é que criar conexões e derrubar barreiras é uma habilidade que pode ser aprendida.

David "Kochie" Koch coapresenta o programa matinal *Sunrise* há quase duas décadas. Parte do seu trabalho envolve entrevistar celebridades, frequentemente as mais famosas. Porém, o desafio de entrevistar pessoas famosas é que elas receberam treinamento de mídia, sempre voltam para os mesmos tópicos de conversa e geralmente usam uma fachada ao conversar com a mídia.

Para Kochie, encontrar estratégias para construir conexões fortes em um curto período é a chave para conduzir uma ótima entrevista. E com base nos seus anos de experiência, ele encontrou uma estratégia que raramente falha.

"Eu sempre pergunto sobre a criação deles [quando os entrevista ao vivo]. Seu relacionamento com irmãos e irmãs, mãe e pai, o que eles faziam juntos como família. Isso me ajuda a lidar melhor com eles", explica Kochie.

"Não importa se você tem 18 ou 80 anos. Você é um produto da sua criação, e isso nunca muda. Você pode pensar que sim e fingir que é uma pessoa diferente, mas nunca é. E é esse tópico que eu sempre abordo."

Perguntar sobre a família é um ótimo nivelador humano. Todos temos uma (de alguma forma ou formato), e todos temos histórias interessantes a compartilhar. Porém, esse raramente é o primeiro assunto levantado quando se conhece alguém, e definitivamente não é aquele que celebridades esperam que seja abordado por entrevistas pequenas para a televisão.

"Poucas pessoas esperam que você pergunte sobre suas famílias. Por exemplo, nós recebemos Charli XCX no Sunrise outro dia. A capa do seu novo álbum é um pouco ousada. É uma foto dela nua. Ela estava falando sobre isso e eu perguntei, 'O que a sua mãe achou?', e ela disse 'Eu tive que ligar para ela antes. Eu fiquei um pouco envergonhada e nervosa de ligar'. Isso mostrou o seu lado humano, uma fragilidade."

Kochie continuou na rota de perguntas sobre a família com Charli XCX. Em sua pesquisa, ele descobriu que os pais dela a emprestaram dinheiro para gravar seu primeiro álbum. Ele a perguntou se ela os tinha pagado de volta. "Ela disse 'Ah, eu não paguei'. E eu brinquei, 'Bem, isso não é ser uma filha muito boa, não é?'. Isso derrubou aquela barreira de treinamento de mídia e a transformou em um ser humano normal. Afinal, quem nunca pegou dinheiro emprestado dos pais?"

MÃOS À OBRA

1. Da próxima vez que estiver tentando construir um relacionamento com alguém em um ambiente profissional, resista à vontade de partir direto para tópicos relacionados ao trabalho. Em vez disso, pergunte sobre a família dessa pessoa ou sobre sua criação. Ao falar sobre a infância e a família — experiências que todos nós tivemos —, você será capaz de construir conexões mais fortes e mais humanas rapidamente.

Como evitar conversa fiada ao conhecer novas pessoas

Visto de fora, você pensaria que Kevin Rose é extremamente confiante. Ele foi um investidor-anjo do Facebook, do Twitter e do Square, e fundou o site de notícias Digg. Ele apresenta um dos podcasts mais ouvidos nos Estados Unidos, *The Kevin Rose Show*, e também é um parceiro na empresa de capital de risco True Ventures. Não é exatamente um fracassado. Ainda assim, Rose descreve a si mesmo como tímido e, de fato, estar em lugares onde ele não conhece as pessoas pode deixá-lo nervoso.

Além da timidez, Rose odeia conversa fiada. Então ele pensou em estratégias que poderiam tornar mais fácil o ato de conversar com novas pessoas (e também com as que ele já conhece) e evitar conversas fiadas entediantes.

"Eu tento pensar em algo que não seja conversa fiada, mas um tipo de interesse em comum. Eu gosto de muitas coisas excêntricas, então quando as pessoas dizem 'O que você tem feito ultimamente?', ou 'Qual a novidade?', eu respondo com algo como o fato de estar tentando inocular troncos de árvores para dar vida a cogumelos juba-de-leão. Tipicamente, alguém responde com 'Nossa, conte-me mais', ou compartilha algum dos seus interesses excêntricos comigo. É algo sobre o qual é divertido falar, em vez de dizer coisas como 'Ah, o tempo está horrível'."

Antes de comparecer a eventos, Rose passa um tempo conscientemente pensando sobre as coisas interessantes que ele vem fazendo e que podem ser do interesse das pessoas que ele venha a encontrar.

Ele também reflete a respeito dos tipos de pessoas com quem quer se conectar, que tipicamente são aquelas que estão sempre explorando algo novo e que gostam de aprender as coisas da vida, assim como ele. Ele deliberadamente pensa a respeito de perguntas que trariam esses tópicos para a conversa com alguém, tal como "O que você tem feito ultimamente?" e "O que você tem tentado de novo que é animador?".

Uma pesquisa da Universidade de Washington apoia a eficácia da estratégia de Rose. A professora adjunta Cheri Levinson e seus colegas descobriram que quando as pessoas pensam sobre suas experiências únicas, histórias e qualidades, elas relatam se sentir menos ansiosas durante reuniões sociais. Ser mais cientes das nossas características distintas nos torna menos vulneráveis à ansiedade social.

Por fim, Rose descobriu que as pessoas geralmente têm um livro para recomendar, o que pode ser outra ótima maneira de evitar conversa fiada. *"Eu sempre gosto de dizer que estou procurando um novo livro para ler. Então eu pergunto, 'Que livro você leu nos últimos 6 meses que te deixou muito entusiasmado ou que poderia me recomendar?'. As pessoas tipicamente têm algo sobre o qual estão muito empolgadas."*

Adotar essa técnica ao conhecer as pessoas pela primeira vez permite que a conversa siga direções inesperadas. Mesmo que não passem muito tempo juntos, evitar conversa fiada pode levar a trocas recompensadoras — uma forma muito mais inteligente de usar o tempo de todos.

MÃOS À OBRA

1. Da próxima vez que tiver um compromisso social onde você não conhece ninguém particularmente bem, pense sobre três coisas que está fazendo que são inovadoras ou únicas.

2. Quando alguém te perguntar, como inevitavelmente farão, "O que você tem feito?", responda com uma dessas coisas. Uma conversa interessante certamente surgirá disso.

3. Se for como Rose e valorizar se conectar com pessoas que são eternos aprendizes (ou criadores de cogumelos), pergunte "O que você tem tentado fazer que é novo e empolgante?". Você também pode perguntar "Qual podcast ou audiolivro você ouviu nos últimos 6 meses que te deixou muito empolgado?".

Faça com que conhecer novas pessoas em eventos seja menos aterrorizante

Eu participei da minha segunda conferência do TED em 2019. Se você nunca esteve em um "baile do TED", como às vezes é chamado (ao menos por mim), imagine um grupo de 2 mil pessoas dentre as mais bem-sucedidas do mundo reunidas em um grande centro de convenções. E todas elas parecem ser melhores amigas, mas você não conhece uma alma sequer (além de vê-las na televisão ou ler seus livros, ou admirá-las à distância, como heróis). Intimidante o suficiente?

Jerry Dischler é vice-presidente de Gerenciamento de Produto no Google, onde lidera o time de anúncios. A TED2019 foi a sua primeira conferência TED. Estando do lado introvertido do espectro, ele buscava estratégias para fazer com que se encontrar com 2 mil pessoas fosse menos intimidador. Ele também queria extrair o melhor de estar cercado por todos esses fascinantes estranhos bem-sucedidos.

Dischler acabou conhecendo alguém na conferência que lhe apresentou uma ótima estratégia. *"Essa pessoa era um introvertido autodeclarado que não parecia introvertido de forma alguma. Eu o perguntei 'Como você faz isso?', e ele disse, 'Na verdade, eu finjo que é um videogame'. Ele finge ser um personagem extrovertido em um jogo e marca pontos ao conversar com pessoas novas."*

Tornar algo assustador divertido é uma maneira efetiva de mudar de comportamento. Humanos são estimulados pela sensação de progresso, e marcar pontos por conhecer estranhos é uma clara maneira de progredir. Além disso, a oportunidade de marcar pontos nos distrai do medo e, na pior das hipóteses, da paralisia que pode vir com a ideia de ter que se apresentar para pessoas com quem você nunca falou antes.

Jogar um jogo como esse é essencialmente uma forma de enganar a nós mesmos para agirmos de forma mais extrovertida e confiante socialmente. Por sinal, se mais pessoas introvertidas agem de uma maneira extrovertida e praticam atividades associadas com a extroversão, tal como participar de uma aula de exercício físico ou de um evento comunitário, ou se voluntariando em um lugar onde não conhecem ninguém, seus humores tendem a melhorar.

Em um estudo, foi pedido a um grupo de estudantes que conversassem uns com as outros. Imediatamente antes das discussões, foi pedido que alguns dos participantes agissem como se fossem extrovertidos; eles foram instruídos a serem ousados, assertivos, espontâneos e conversadores. A outros foi pedido que agissem de maneira introvertida e parecessem quietos, tímidos e reservados. Os estudantes que agiram como extrovertidos experimentaram mais emoções positivas. Eles também pareceram mais animados, interessados e positivos para os observadores.

Como uma introvertida orgulhosa, eu me sinto obrigada a apontar que ser introvertido ainda é incrível de muitas maneiras (então, meus parceiros introvertidos, não tentem mudar a si mesmos) — mas essas táticas podem ser benéficas ao passar tempo com pessoas que você não conhece bem. Você não somente se sentirá mais feliz, mas também formará ligações mais fortes com as pessoas com quem conversa.

MÃOS À OBRA

1. Da próxima vez que estiver em um evento e se sentir nervoso, transforme a experiência em um jogo.

2. Pense em um sistema de recompensa que achar motivador. Pode ser uma marcação de ponto simples em um jogo imaginário, ou uma recompensa tangível, tal como pagar um jantar para si mesmo ou uma massagem, se conversar com um determinado número de pessoas.

3. Estabeleça um objetivo para si. No caso de um evento de networking, você pode ter o objetivo de marcar cinco pontos, sendo um ponto por pessoa desconhecida que encontrar e conseguir as informações de contato.

4. Recompense a si mesmo quando atingir seu objetivo. Associar a recompensa com um comportamento que você pensou ser assustador ajudará a reduzir o medo e a aumentar a sensação de prazer que sente com o comportamento, nesse caso o networking.

Um simples truque de números para facilitar o networking

Eu evito eventos de negócios e conferências como se fossem uma praga. (Na verdade, a única vez que você me verá nesses eventos é quando eu for palestrar.) Odeio a sensação de entrar em um grande salão de conferência e ver um mar de estranhos. Todos parecem estar se divertindo e se conectando com amigos de longa data, enquanto eu me sinto um pária social. E sempre fico perdida sobre como me infiltrarei na multidão e encontrarei uma única pessoa que queira conversar comigo.

Marissa King odeia fazer networking. Ainda assim, ironicamente, ela dedicou mais de 15 anos a pesquisar relações interpessoais. King é professora de comportamento organizacional na Yale School of Management e escreveu o livro *Social Chemistry*, que explora a ciência por trás das nossas relações.

Assim como eu (e possivelmente todo mundo no planeta), King realmente não gosta de entrar em uma sala cheia de estranhos e ter que começar uma conversa com alguém que ela não conhece. Mas, felizmente, alguns aspectos de sua pesquisa podem nos ajudar. *"O que sabemos com base em pesquisas é que as pessoas não criam barreiras ou oceanos. Elas, na verdade, tendem a se aglomerar em pequenos grupos"*, explica King.

"Então, na verdade, não é um oceano de pessoas, são apenas pequenas ilhas. Então a pergunta é 'Agora que eu sei que elas são ilhas e as coisas parecem um pouco mais gerenciáveis, o que farei em seguida?'. O que os pesquisadores descobriram é que as pessoas quase sempre interagem em grupos de dois, ou díades. Essa é, na verdade, a unidade de interação humana mais fundamental. Temos dois olhos e duas orelhas e nossa audição faz algo conhecido como o 'efeito coquetel' – ou seja, focar uma única voz."

Para King, isso significa que, quando olha para as ilhas de pessoas, ela procura por um grupo em número ímpar. *"Pode ser três, cinco, sete. Não im-*

porta. Se é um número ímpar, então existe alguém que não é realmente parte da conversa, e provavelmente está em busca de um parceiro para conversar. Então, essa é uma estratégia muito básica que se tornou essencial para eu começar a navegar em meio à ansiedade social que sinto nesses tipos de situações, pois me dá uma direção."

Lá se vão os anos de ficar parada desperdiçando tempo e esperando por um momento para entrar na conversa. Você agora será capaz de se conectar facilmente com as pessoas, enquanto simultaneamente ajuda alguém que está sobrando e que pode estar se sentindo deixado de fora.

MÃOS À OBRA

1. Na próxima vez que estiver em um evento onde não conhece ninguém ou quiser conhecer pessoas novas, procure por grupos com três pessoas (ou qualquer número ímpar).

2. Aborde esses grupos e identifique a pessoa que está de fora (uma delas estará). Tente iniciar uma conversa um a um com ela.

Por que você precisa enviar e-mails mais divertidos — e como fazê-lo

Quantos dos e-mails que você recebe são um pouco sem graça? Eles contêm frases previsíveis do tipo "Seguindo com a nossa discussão, minhas ideias são as seguintes", "Por favor, me retorne assim que tiver lido o meu relatório" e "De acordo com meu último e-mail, aqui está X".

Que preguiça.

Obviamente, você e eu nunca fomos culpados por ter digitado uma dessas frases em um e-mail. Nós somos muito mais interessantes e criativos e descolados do que isso. Não é?

Naomi Bagdonas é uma consultora de estratégia e mídia que também ensina humor na Stanford Graduate School of Business. Ela é coautora do best-seller *Humor, Seriously* [sem publicação no Brasil]. Talvez não seja surpresa que Bagdonas ache que existem muitos benefícios em inserir humor nos e-mails.

"Se pensarmos no bombardeio de informação eletrônica que recebemos todos os dias, isso é bem sério", explica Bagdonas. *"O humor é uma forma tão poderosa de separar o que é importante do que não é. É um presente para quem está lendo o quadragésimo e-mail que recebeu nos últimos 20 minutos, todos se tratando apenas de negócios. Então você recebe esse único e-mail que é um pouco mais descontraído. É tão incrivelmente poderoso, seja um trocadilho sobre o assunto, um GIF ou simplesmente uma frase inesperada."*

Em última instância, o humor é uma excelente forma de escrever um e-mail que alguém queira realmente responder, ao invés de um que irão ignorar e ao qual não darão prioridade. Um e-mail divertido também ajuda a construir uma conexão mais forte com a pessoa que o recebe.

Bagdonas faz com que seus estudantes passem por uma revisão de e-mails, na qual ela pede que avaliem os últimos dez e-mails que enviaram. Em seguida ela faz uma competição para ver qual estudante pode encontrar a fala corporativa mais esterilizada — uma frase que poderia ter sido escrita por um robô. Os alunos compartilham com a classe, às vezes no chat de conversas e outras vezes como uma leitura dramática.

O exercício serve para lembrar as pessoas de que, quanto mais mediada pela tecnologia for a nossa conversa, mais fácil é perder o nosso senso de humor e humanidade ao longo do caminho. *"Nós subconscientemente nos adaptamos ao meio. Estamos constantemente nos comunicando por meio da tecnologia, então é fácil parecer um robô"*, explica Bagdonas.

Ela recomenda três maneiras simples de alegrar seus e-mails.

Primeiro, escreva como um ser humano. Em vez de escrever "Segue anexa a apresentação de slide requerida mediante nossa conversa", você poderia dizer "Deixei os slides anexados pra você". Apesar de parecer algo simples, é incrivelmente eficaz — mas infelizmente muito raro. Receber um e-mail que parece ter sido escrito por uma pessoa real e não por um robô empresarial torna a mensagem muito mais agradável de ler. Você não precisa ser um comediante para conseguir fazer isso.

Segundo, use aquilo a que Bagdonas se refere como uma assinatura casual. Em vez de dizer "Atenciosamente", escreva algo relevante, mas inesperado. Ela dá um exemplo de quando começou uma ligação às 15h e a pessoa com quem estava conversando mencionou que tinha tomado três copos de café. Bagdonas disse que ela estava em seu segundo copo e elas riram disso. Quando saiu da conversa, em seu e-mail pós-reunião, ela escreveu "Atenciosamente cafeinada".

Terceiro, use retornos. Retornos são referências a momentos em que você e a outra pessoa já deram risada juntas. *"Quando estou numa ligação, especialmente se for com um novo cliente, eu procuro por momentos em que rimos sinceramente juntos. Provavelmente riremos em algum momento, e eu tomarei nota disso e abordarei a situação no e-mail. Por exemplo, quando estava tentando convidar alguém a palestrar no nosso curso na Stanford, ele brincou que era supersticioso. Então eu enviei um e-mail de volta dizendo assim: 'Esperamos muito que você possa vir. Listamos você enquanto cruzávamos nossos dedos, esfregávamos um chaveiro de pé de coelho e jogávamos moedas na fonte dos desejos para que você se junte a nós.'"*

Se tudo mais falhar, Bagdonas diz que um meme bem colocado pode surtir efeito. Só não os use demais. E outro conselho quando for usar humor: nunca ataque alguém. Atacar se refere a tornar alguém, de status inferior ao seu, o alvo de uma piada. Bagdonas explica: *"Se você for a pessoa mais alta na hierarquia, ou se estiver em uma posição de autoridade, tirar sarro de si mesmo é uma maneira segura de agir."*

Por outro lado, se você não estiver no topo da hierarquia, sinta-se seguro para "atacar para cima", de forma a fazer alguém em uma posição mais alta que a sua o alvo da piada. Fazer isso pode te ajudar a ganhar status e influência.

MÃOS À OBRA

1. Faça uma revisão dos seus próprios e-mails. Acesse a sua pasta de enviados e destaque qualquer jargão que escreveu nos últimos dez e-mails que enviou.
2. Traga mais leveza para os seus e-mails ao fazer o seguinte:
    a. Fale como um humano e evite clichês empresariais.
    b. Pratique usar uma assinatura descontraída ao final dos seus e-mails.
    c. Use retornos, quando você deliberadamente busca por momentos de humor em suas reuniões e conversas com o destinatário do e-mail, e faça referência a esses momentos em seus e-mails.
    d. Use GIFs, com moderação.

CONEXÃO
Um resumo

O manual de instrução de uma página

Para criar um manual de instrução de uma página, responda:

- Quais são seus pontos fortes? Como alguém pode ativá-los em você?
- Quais são suas fraquezas? O que tende a fazer com que elas apareçam?
- Como as pessoas devem se comunicar melhor com você?
- Quais são as suas implicâncias?
- O que as pessoas entendem errado ao seu respeito?

Decida como você gostaria de compartilhar o seu manual de instruções. Você pode criar um documento de Word e compartilhá-lo com sua equipe e qualquer novato com quem começar a trabalhar. Você pode até postá-lo online para o mundo ver.

Comunique-se por meio das suas roupas

Se você tem uma mensagem importante para comunicar aos seus funcionários, pense em algo fora da caixinha dos canais de comunicação mais comuns que possa surpreender. Pode ser uma peça de vestuário, ou, com a mudança para mais reuniões virtuais, talvez o fundo do seu vídeo ou um adereço que use no fundo das suas videochamadas.

O presente inesperado

Procure por oportunidades para surpreender as pessoas com presentes inesperados. Ao invés de dar presentes em momentos previsíveis, dê quando elas menos os esperam.

Você precisa da ajuda de quem?

No início de cada semana, esclareça suas prioridades ou seus objetivos para a semana que se inicia. Evite pensar em si mesmo como uma ilha. Em vez disso, pergunte-se: "Eu preciso da ajuda de quem?" Essa pessoa pode fazer parte do seu time ou ser alguém de fora. Admita para si mesmo que está tudo bem em receber ajuda para alcançar seus objetivos, pois ninguém espera que você faça isso sozinho.

Doação extrema

Quando estiver tentando construir um relacionamento de longo termo com alguém, adote um pensamento de generosidade. Fique atento às conquistas na vida dessa pessoa, seja começar um novo emprego, ter filhos ou alcançar uma grande conquista no trabalho. Pense sobre como você pode apoiá-la além do e-mail genérico ou da curtida nas redes sociais.

Revigore laços dormentes

Separe um tempo uma vez ao mês (ou uma vez por semana, se quiser ser ambicioso, assim como King) e escreva os nomes de duas ou três pessoas com quem você não entra em contato há alguns anos. Pense em como você poderia ser útil para elas. Talvez você queira agradecer por algo que elas fizeram, compartilhar alguma coisa de que elas possam gostar, ou até mesmo pedir um conselho sobre algo em que você está trabalhando no momento.

Pergunte sobre a família

Quando tentar construir uma conexão com alguém em um ambiente profissional, resista à urgência de partir direto para assuntos relacionados ao trabalho. Em vez disso, pergunte a essa pessoa sobre sua família — experiências compartilhadas por todos — e você será capaz de construir conexões mais humanas e mais fortes.

Planeje temas de conversa

Da próxima vez que tiver um evento social no qual não conhece bem ninguém em particular, pense sobre três ou cinco coisas que esteja fazendo que sejam inovadoras ou únicas. Quando alguém perguntar, como inevitavelmente irão, "O que você anda fazendo?", responda com um desses tópicos.

Transforme conhecer pessoas em um jogo

Se você estiver em um evento e se sentindo nervoso, transforme a experiência em um jogo, ou em algo tangível. Em seguida estabeleça um objetivo para si mesmo, tal como marcar pontos, ganhando um ponto por cada estranho que encontrar. Premie a si mesmo quando atingir o objetivo.

Procure por números ímpares

Busque grupos com um número ímpar de pessoas da próxima vez que estiver em um evento no qual não conhece ninguém ou queira conhecer pessoas novas. Aborde esse grupo, identifique a pessoa que está de fora e tente começar uma conversa um a um com ela.

Mande e-mails divertidos

Faça uma revisão dos seus e-mails ao abrir sua pasta de enviados e destacar o jargão que usou para escrever os últimos dez e-mails que enviou.

Traga mais leveza aos seus e-mails ao:

a. Falar como um ser humano e evitar clichês dos negócios.

b. Praticar usar uma assinatura casual para terminar o e-mail com alto astral.

c. Utilizar os retornos, quando você deliberadamente busca por momentos de humor nas suas reuniões e conversas com a pessoa que irá receber o e-mail, e fazer referências a esses momentos nas suas mensagens.

d. Usar GIFs, mas moderadamente.

ENERGIA
Mantenha o seu brilho

São 14h e você está se debatendo. Está naquela clássica fase de "cansaço pós-almoço", como os psicólogos chamam. Ainda que esteja completamente saciado da refeição, talvez você ainda coma algum chocolate para conseguir um pouco de energia artificial. Mas, infelizmente, você sabe muito bem que sofrerá com uma queda de açúcar no sangue dentro de 20 minutos.

Gerenciar o tempo de uma pessoa pode ser difícil o suficiente, mas gerenciar a energia pode ser ainda pior. Em combinação com o ritmo de energia natural do nosso corpo, também temos que lidar com as flutuações de humor. Além do mais, podemos encontrar estressores inesperados que têm um impacto dramático em nossa energia. É hora de recuperar o controle e pensar sobre as ferramentas e técnicas disponíveis para nos sentirmos mais energizados por mais tempo. Ter um tanque cheio (ou ao menos *mais cheio*) de energia nos ajuda a usar nosso tempo da melhor maneira e, dessa forma, usá-lo com mais sabedoria.

Esta seção começa olhando para um panorama geral, e para como colocar seu propósito à frente e ao centro (literalmente) e articular seus fatores de concretização pode melhorar os sentimentos revigorantes, especialmente quando as coisas estiverem ativas e estressantes.

Veremos como tornar o trabalho duro algo agradável e como estabelecer o ritmo ideal para manter a sua energia.

As pessoas que gerenciam bem a própria energia pensam deliberadamente sobre como aumentar a felicidade ao longo do dia, e aprenderemos rituais e truques que você pode adotar para se ater a novos hábitos e sentir mais gratidão, humor e alegria ao longo do dia.

Por fim, veremos o que você pode remover da sua vida para aumentar sua energia e o seu vigor.

Como uma nota adesiva pode ajudá-lo a ser mais resiliente

Kate Morris teve um grande ano em 2020. Ela não apenas estava gerenciando um dos maiores varejos da Austrália durante a pandemia, como também estava se preparando para entrar na Bolsa de Valores da Austrália com a marca Adore Beauty.

"Eu me lembro de olhar para a agenda que nossos bancários tinham criado", relembra Morris. *"Eu disse a eles 'Deve ter havido um erro, porque minha agenda tem chamadas consecutivas no Zoom por 12 horas todos os dias por várias semanas'. E eles disseram 'Não, isso é apenas um procedimento padrão'. Então eu sabia que, para mim, não era sobre gerenciar meu tempo, era sobre gerenciar minha energia."*

Morris descobriu que a melhor maneira de gerenciar sua energia seria retornar ao seu propósito. Ela perguntou a si mesma o que realmente queria conquistar com a OPI (oferta pública inicial). A resposta era clara: ela queria ter a maior OPI da Austrália com uma fundadora e CEO mulher. Para Morris, era sobre fazer história.

O coach de negócios de Morris a encorajou a articular esse propósito e mantê-lo como prioridade em sua mente. *"Eu coloquei uma pequena nota adesiva na parte debaixo do monitor do meu computador que eu veria por 12 horas por dia. A nota dizia: 'Fazendo história.'*

"Ao início de cada chamada, que começava a cada passar de hora, em que eu faria a mesma apresentação e responderia às mesmas perguntas, eu olharia para a nota. E isso me ajudou a tornar cada apresentação nova – como se fosse a primeira vez que eu estivesse dizendo aquelas palavras e respondendo àquelas perguntas."

Em um experimento bem incomum, uma pesquisa liderada por Bruce Smith, da Universidade do Novo México, demonstrou o poder de nos conectarmos com nossos propósitos. Ele descobriu que quando as pessoas estavam mais conectadas com o que ansiavam conquistar, elas eram capazes de manter suas mãos imersas em água muito fria ou muito quente por um longo tempo, em comparação com aquelas que não estavam conectadas com seu propósito. Os pesquisadores concluíram que ter um senso de propósito ajuda as pessoas a lidarem com o desconforto mais efetivamente, assim como Morris lidou com o intenso desconforto de 12 horas consecutivas de chamadas no Zoom, dia após dia (possivelmente muito menos confortável do que enfiar a mão na água gelada por um longo tempo).

Após ouvir Morris compartilhar seu exemplo, eu me senti inspirada a fazer isso na minha própria vida. O que me motiva é dar estratégias às pessoas para ajudá-las a fazer o seu melhor trabalho e se divertirem enquanto o fazem. Afinal, adultos gastam um terço de suas vidas no trabalho, então você quer que ele seja agradável. Por isso, atualmente minha nota adesiva diz: "Ajude as pessoas a fazerem seu melhor trabalho — e se divertirem enquanto o fazem."

Eu colei essa nota no botão do meu iMac, na frente do qual eu me sento todos os dias. E, apesar de eu não precisar de muita ajuda para me sentir empolgada sobre o que eu faço na maioria dos dias, minha pequena nota serve como uma lembrança motivadora nos dias em que tenho dificuldade de fazer alguma tarefa ou de reunir a energia para completar as tarefas que venho adiando.

Apesar de a ideia de esclarecer seus propósitos não ser nova, para mim, a grande diferença é a simplicidade de ter uma nota adesiva no meu computador que age como um lembrete constante e diário do porquê de eu escolher gastar meu tempo de uma maneira em particular.

MÃOS À OBRA

1. Pense sobre o principal motivador que o faz trabalhar todos os dias. Pode ser para um grande projeto no qual você está trabalhando, ou algo que tenha relação com a sua carreira de forma mais geral.
2. Tente expressar esse motivo, ou propósito, em uma frase curta.
3. Escreva-a e cole em algum lugar onde você trabalha para que a veja todos os dias.
4. Se o seu propósito mudar, ou se você terminar o grande projeto com o qual seu propósito se relaciona, troque por algo novo e mais relevante.

Uma maneira fácil de monitorar se as coisas estão saindo dos trilhos

Conjure na sua mente o último dia bem ruim que você teve. Talvez tenha acordado se sentindo grogue depois de uma noite de sono mal dormida, teve um dia cheio de reuniões, sentiu como se estivesse atrasado com sua agenda e não terminou o trabalho a tempo de jantar com sua família. Provavelmente foi um dia em que você se sentiu o oposto de satisfeito.

Dr. Jason Fox, escritor e consultor de liderança e motivação, tornou-se hiperconsciente dos dias em que faltava satisfação. *"Eu sei que entro em uma espiral quando estou viajando entre estados ou internacionalmente para trabalhar com clientes"*, descreve Fox. *"Os voos, a diferença de fuso horário, a dieta que muda quando estou em hotéis, ter que dormir em quartos diferentes. Isso pode me colocar nessa espiral em termos de saúde e escolhas ruins.*

"Eu também sei que se eu passar mais de 3 dias sem fazer nenhum registro no meu diário pela manhã, ou meu ritual matinal, isso geralmente é um indicador precoce de que algo está acontecendo. E se mais de 3 dias se passarem em que eu não tenha lido livros ou alimentado minha curiosidade, isso também é um sinal."

Para Fox, esses são sinais de aviso de que ele não está priorizando o que chama de fatores de satisfação. Há vários anos, Fox e sua parceira se sentaram para criar uma lista de cinco fatores que eram especialmente importantes para levar uma vida satisfatória. Eles pensaram em coisas que consideravam frustrantes e sobre qual seria o oposto delas. Eles também pensaram sobre o que os dava alegria e fazia com que se sentissem no ritmo.

Como um exemplo, a saúde é um dos fatores de satisfação mais valorizados por Fox. Para transformar isso em algo mensurável, ele estabelece para si mesmo marcadores para monitorar se está priorizando esse fator de satisfação. Isso significa frequentar a academia três vezes por semana e dormir 7 horas todas as noites.

Outro fator de satisfação para Fox é a curiosidade. Isso significa priorizar um determinado número de horas na semana para ler, aprender e refletir.

Para manter os fatores de satisfação como prioridade em sua mente, Fox e a esposa têm um calendário colado na parede do escritório de casa, no qual marcam quando estão fazendo atividades que se relacionam com seus fatores de satisfação. Antigamente, Fox monitorava suas atividades digitalmente, mas ele descobriu que era muito fácil se esquecer delas quando estavam escondidas em uma pasta online.

O calendário fornece a Fox a representação visual para garantir que ele está vivendo uma vida alinhada com seus fatores de satisfação, e o mostra, de uma só vez, quando as circunstâncias estão fora de controle e precisam ser ajustadas. Ser responsável pelo próprio tempo dessa forma e dar a si mesmo a oportunidade de lutar para retomar o controle de todas as coisas que nos deixam ocupados nos dá o poder de viver uma vida mais satisfatória, na qual usamos o nosso tempo e a nossa energia com sabedoria.

MÃOS À OBRA

1. Faça uma lista das coisas que o frustram. Por exemplo, terminar o trabalho tarde e não conseguir passar tempo suficiente com o seu parceiro ou parceira e filhos durante a noite pode ser uma constante fonte de frustração. Em seguida, pense sobre o motivo de isso ser tão frustrante. Por exemplo, pode significar que o tempo com a família é uma prioridade para você, dessa forma, é frustrante quando seu trabalho atrapalha esse tempo.

2. Agora faça o oposto: crie uma lista das coisas que te trazem alegria, que fazem com que você se sinta energizado ou entre no ritmo. Ela pode incluir diferentes atividades profissionais e recreacionais, tipos de interação ou objetivos relacionados às pessoas na sua vida e, é claro, sua saúde física e mental.

3. Procure por temas que emergem dessas listas. Alguns exemplos de temas para os quais as pessoas geralmente se atentam incluem saúde, família, amigos, aprendizado, esporte, desenvolvimento pessoal, criação, artesanato e escrita.

4. Priorize sua lista ao selecionar de três a cinco coisas mais importantes.

5. Pense sobre atividades mensuráveis que se relacionam com os seus fatores de satisfação. Por exemplo, se amizade for um dos seus fatores, uma atividade mensurável poderia ser se encontrar com ao menos um amigo para jantar ou caminhar toda semana.

6. Monitore suas atividades e faça uma conferência semanal ou mensal consigo mesmo para garantir que você está priorizando os fatores de satisfação na sua vida.

Como transformar o trabalho duro em algo agradável

Existe uma falsa dicotomia no mundo do trabalho: somos levados a acreditar que trabalho duro e focado deve parecer difícil. Não existe ganho sem dor. Precisamos ter dificuldade em algo para mais tarde sentir que conquistamos um resultado que vale a pena. Como escrever este livro: quanto mais eu reclamo com meus amigos sobre o quão arrasador, desafiador e exaustivo é escrever um manuscrito, melhor será o livro. Certo?

Greg McKeown, autor criticamente aclamado dos livros *Essencialismo* e *Sem esforço*, pensa que isso é tolice. Não há nada nos impedindo de tornar o trabalho duro também agradável.

McKeown não gostava nem um pouco de fazer várias ligações de trabalho. Elas eram um dos aspectos do seu trabalho que parecia enfadonho. Então ele experimentou um ritual que aprendeu de outro empreendedor para tornar essa atividade divertida.

"Se eu tiver muitas ligações para fazer, eu me sento na banheira de hidromassagem, e digo às pessoas de onde estou ligando – não é um segredo. Nós simplesmente rimos disso e ainda fazemos o serviço. Mas é um ambiente mais agradável."

McKeown acredita que isso pode ser feito com qualquer atividade na vida. *"Não há nenhuma regra dizendo que as coisas essenciais devem ser difíceis. Ainda assim, muitas pessoas acreditam exatamente nisso: se não for enfadonho, não pode ser um trabalho importante."*

Ele também aplica essa estratégia em casa. *"Minha família tem rituais nas refeições em conjunto. Às vezes brindamos uns com os outros no começo da refeição, ou elogiamos o que deu certo. Mas então, após o jantar, meus filhos são como ninjas. Eles não só desaparecem, mas o fazem em silêncio. E eles têm desculpas muito boas quando eu tento dar uma de gato e rato e trazê-los de volta para a cozinha para que ajudem com a limpeza."*

McKeown refletiu sobre como ele poderia tornar essa limpeza mais agradável. A solução veio de uma música da Disney. A filha mais velha de McKeown ama cantar essas músicas. Então, para transformar o que parecia trabalho duro em algo divertido, ele começou a tocar clássicos da Disney durante a hora da limpeza, e agora sua família genuinamente aproveita o ritual, pois a música, a dança e a cantoria que são parte do processo o tornam divertido e animador.

MÃOS À OBRA

1. Pense sobre o tipo de trabalho que você faz regularmente — ou até mesmo algo que faz na sua vida doméstica — que parece enfadonho. Talvez seja e-mails, ligações, tarefas domésticas ou avançar em um grande projeto no qual esteja trabalhando.

2. Em seguida, pense sobre algo de que você realmente gosta e que poderia combinar com essa atividade. Poderia ouvir sua música favorita enquanto responde aos e-mails? Você tem uma banheira de hidromassagem, como McKeown, ou simplesmente um espaço do lado de fora com uma bela vista, de onde poderia fazer suas ligações?

3. Comece a parear constantemente o trabalho duro com algo que o torne mais agradável. Se fizer isso com frequência o suficiente, você talvez comece a desejar fazer essa atividade que antes estava sugando a sua energia.

O ritmo ideal para o trabalho duro

Quando Greg McKeown estava trabalhando em seu segundo livro best-seller, *Sem esforço*, ele refletiu bastante sobre seu processo de escrita. *"Havia algumas coisas que eu fazia que tornavam isso mais difícil do que deveria ser, tal como qualquer dia em que eu trabalhava além de cerca de 3 horas"*, contou-me McKeown.

"Se eu tentasse trabalhar 4 ou 6 horas a mais, eu não alcançava apenas rendimentos decrescentes, eu alcançava rendimentos negativos. Rendimentos decrescentes significam que, para cada unidade de esforço que você coloca, você alcança um resultado um pouco menor. Mas rendimentos negativos significam que, para cada unidade de esforço que coloca, você na verdade tem um resultado geral pior."

Nos dias em que McKeown trabalhou por mais de 4 horas, ele sentiu que o manuscrito estava ficando pior do que quando tinha começado. Ele aprendeu que precisava descobrir o ritmo certo, então experimentou uma nova estratégia para abordar a escrita do livro.

"Eu disse a mim mesmo: todos os dias eu vou trabalhar no manuscrito e abrir o documento do Google. Esse é o meu padrão mínimo. Eu irei acessá-lo. Mas o máximo de trabalho que farei nunca será mais do que 3 horas."

Essencialmente, ele estabeleceu limites altos e baixos para o que faria todos os dias. Ele também pensou a respeito dos limites altos e baixos para quantas palavras escreveria.

"Você tem que tentar garantir que não usará mais energia mental do que pode recuperar a cada dia e semana. Precisa ser capaz de manter o ritmo e fazer o trabalho. É o contrário de ser intermitente no seu esforço, quando exagera por uns dois dias e em seguida não consegue nem trabalhar naquilo, porque você fritou seu cérebro e não consegue voltar ao trabalho."

A professora Maura Scott liderou uma pesquisa que demonstrou o impacto de estabelecer limites altos e baixos. Ela pediu a um grupo de pessoas que estabelecesse um objetivo para perda de peso, tal como perder 2 quilos.

Enquanto isso, foi dito a outros participantes que estabelecessem uma escala, como perder entre 1 e 3 quilos. Aqueles que estabeleceram uma escala em vez de um número específico tinham mais probabilidade de perder peso. Scott sugeriu que isso é devido ao limite baixo parecer mais possível, o que leva ao senso de confiança e determinação, enquanto o limite alto parece inspirador e ambicioso, levando a sentimentos de esperança e otimismo.

Eu pensei bastante sobre essa estratégia quando estava escrevendo este livro. Quando estava no meu primeiro rascunho, eu queria idealmente escrever duas seções por dia — por volta de mil a 1,2 mil palavras. Mas eu tinha um limite baixo de escrever apenas uma seção e um limite alto de escrever três. Sabendo que tenho a tendência de constantemente tentar superar meus próprios objetivos (será que eu conseguiria escrever dez seções em um dia?), diminuir meu ritmo significava que eu era capaz de manter um ritmo estável durante o processo de escrita, sem nunca chegar perto de me sentir esgotada. Eu também fui capaz de enviar o manuscrito com antecedência.

MÃOS À OBRA

1. Pense sobre um grande projeto no qual está trabalhando atualmente.

2. Trabalhando na contramão do seu prazo, estabeleça um limite alto e um baixo para quanto você precisa fazer em um dia para atingir seu prazo.

3. De preferência, formule os limites altos e baixos em relação ao seu maior rendimento, diferentemente das horas gastas trabalhando na tarefa, pois é o seu rendimento final (não as horas) que o deixará mais próximo do seu objetivo final.

Como fazer um hábito durar

Você deve ter ouvido dizer que são necessários 21 dias para criar um hábito. Ou talvez tenha ouvido que demora 66 dias. Ou então que é tão rápido quanto 2 semanas. Infelizmente, tudo isso é um mito sobre criação de hábitos. Acontece que a repetição não é a chave para o sucesso quando se está tentando fazer novos hábitos durarem. Apesar de a força de um novo hábito poder estar correlacionada com a repetição, ela não é necessariamente a sua causa.

B.J. Fogg é um psicólogo experimental que fundou e dirige o Behavior Design Lab, na Universidade de Stanford, e é autor do best-seller *Micro-hábitos*. Fogg descobriu que a chave para a mudança de comportamento é criar micro-hábitos. Esses são comportamentos que você faz, pelo menos, uma vez por dia, que não demoram mais do que 30 segundos e exigem pouco esforço.

Ele diz que para fazer com que um novo comportamento dure, você deve reduzi-lo para que ele seja pequeno. *"Então, em vez de fazer vinte flexões, você faz apenas duas"*, explicou-me durante o *How I Work*. *"Em vez de passar o fio dental em todos os dentes, você passa em apenas um. Em vez de ler um capítulo completo, você lê uma frase."*

O próximo passo é descobrir onde esse novo hábito se encaixará naturalmente na sua vida. Por exemplo, depois de escovar os dentes, você deve passar o fio dental em um dente — se usar o fio dental for um hábito que você está tentando criar. Quando tomar o seu café da manhã, você pode ler uma frase (sim, isso pode parecer estranho) se estiver tentando adicionar mais leitura ao seu dia.

O ponto crucial para fazer um novo hábito durar é uma técnica que Fogg chama de "celebração", na qual você faz algo que cause um sentimento positivo em si mesmo. Fogg diz que são os sentimentos que criam hábitos.

"Para mim, algo que funciona é dar dois socos comemorativos no ar e dizer 'incrível'. Ao fazer isso, você sinaliza para seu cérebro que aquilo é um sucesso e ele começa a tornar isso um hábito. Você está programando seu cérebro com celebrações."

Quando você sobrecarrega a formação de hábito ao celebrar o novo comportamento, ou, até mesmo, apenas criando um sentimento positivo, você naturalmente começa a expandir esse comportamento. Após se acostumar com o hábito de passar o fio dental em um dente, você finalmente o passará em todos os dentes (para a alegria do seu dentista). Ou, ao fazer duas flexões por dia, você naturalmente desejará continuar e alcançar um número ainda maior.

O impacto do sentimento positivo no comportamento atinge outro patamar. Fogg deu o exemplo de algo tão simples quanto escrever com determinada caneta. *"Tenho uma caneta na minha frente e ela é roxa. Eu pego a caneta e começo a escrever com ela pensando 'Ah, meu Deus, minha caligrafia está mais bonita e essa caneta é mais macia no papel, e eu me sinto bem-sucedido usando essa caneta roxa'.*

"E adivinhe? Hoje à tarde, quando eu for escrever uma carta para minha mãe ou algo do tipo, e ver várias canetas na minha frente, eu pegarei a caneta roxa, pois essa é a que faz com que eu me sinta bem-sucedido. E se esse sentimento for forte e claro o suficiente, e se meu cérebro o associa com uma ótima caligrafia, então eu não vou pegar a caneta azul, ou a preta, ou a vermelha tão cedo. Eu sempre voltarei para a caneta roxa."

Fogg chama isso de hábito instantâneo. Hábitos instantâneos se formam quando fazemos algo uma única vez, nos sentimos bem, e então paramos de considerar as alternativas. Refletindo sobre a minha própria vida, eu posso identificar uma série de hábitos instantâneos. Eu tenho uma cadeira na minha casa que inconscientemente se tornou minha cadeira de leitura. Ela está posicionada longe de aparelhos tecnológicos e é muito confortável (e ficou muito fofa desde que eu reformei o estofado para rosa escuro), e, como resultado, minha leitura flui quando estou sentada nela. Agora ela é, literalmente, a única na minha casa na qual eu leio, apesar de haver várias outras cadeiras e sofás confortáveis em casa.

MÃOS À OBRA

1. Pense sobre um novo hábito que deseja criar. Pode ser relativo a trabalho, família, saúde ou algo completamente diferente.

2. Reduza esse hábito à menor medida. Por exemplo, você pode começar uma prática regular de meditação. A menor versão desse novo hábito (algo que você possa fazer em 30 segundos ou menos) pode ser respirar fundo três vezes.

3. Conecte esse hábito a algo que você já faz todos os dias, tal como ir para a cama à noite. Diga a si mesmo, "Quando minha cabeça tocar o travesseiro à noite, eu irei respirar fundo três vezes".

4. Por fim, celebre esse comportamento. Você pode fazer igual a Fogg e dar um soco comemorativo no ar, ou gritar "Eu sou uma lenda de formar hábitos!", ou outra coisa que seja boa e crie sentimentos positivos. Ao conectar o novo hábito a um sentimento positivo, ele começará a ser automático.

5. Talvez você queira se tornar mais consciente de hábitos instantâneos. Eles funcionam quase ao inverso dos micro-hábitos que você cria deliberadamente. Esteja ciente de novos comportamentos que está adotando e reflita se eles estão sendo úteis. Você provavelmente descobrirá que eles se tornam hábitos instantâneos pois produzem um ciclo de feedback positivo. Porém, se o comportamento não for produtivo, considere aplicar a teoria de micro-hábitos para ajustar o comportamento em algo que seja produtivo e enriquecedor para a sua vida.

Por que você precisa fazer piada do trabalho sério

Em 2013, quando a revista *Gallup* perguntou a jovens de 17 a 20 anos se eles tinham sorrido ou gargalhado muito no dia anterior, 85% disseram que sim. Esse número cai para 60% quando chegamos na metade dos nossos 20 anos, bem no momento em que a maioria de nós está entrando no mercado de trabalho.

Aprendemos que o trabalho é algo sério — e coisas sérias não se misturam com humor e leveza. Mas, na verdade, as pesquisas sugerem que trazer o humor para o escritório melhora significativamente o nosso trabalho. E isso não é uma piada.

A consultora de estratégia e mídia Naomi Bagdonas e a professora Jennifer Aaker ensinam humor na Stanford Graduate School of Business e são autoras do livro *Humor, Seriously*. Apesar de Aaker ter escrito outros livros, esse foi o primeiro de Bagdonas. Aaker advertiu Bagdonas sobre como seria difícil escrever um livro. *"É mais difícil do que você pensa"*, disse ela à sua coautora quando elas concordaram em colaborar. (Só para constar, Naomi, eu concordo).

"Então, desde o começo nós tentamos estabelecer esses truques que nos lembrariam de não levar o trabalho, ou a nós mesmas, a sério", disse-me Bagdonas.

Uma das formas com que as autoras fizeram isso foi baixando as expectativas, especialmente para o primeiro rascunho. Bagdonas descreveu o ato de escrever as primeiras palavras de um livro como sendo algo realmente intimidador. *"Então, em vez de criar um documento com um título de manuscrito e todas as suas formalidades, nós simplesmente criamos um documento do Google e o nomeamos Palavras Numa Página."*

"O objetivo era baixar a expectativa. É tipo, 'Não estamos escrevendo um livro. Estamos apenas escrevendo algumas palavras numa página. É só para isso que

estamos aqui'." Adotar essa mentalidade e baixar as expectativas tornou mais fácil começar o processo de escrita.

A dupla usou essa estratégia outra vez quando chegou a hora de escrever uma proposta de livro. Um documento de proposta de livro pode ser uma coisa assustadora de se criar. É como um longo e detalhado plano de negócios, mas para um livro. E é o documento que as editoras usam para avaliar se irão comprar e publicar a sua obra magna.

Usando uma estratégia similar, as autoras evitaram nomear o documento "proposta de livro". Em vez disso, elas criaram outro documento do Google e o intitularam Uma Porcaria de Proposta.

"Toda vez que abríamos esse documento, estava escrito nossa Porcaria de Proposta. Eu mandava uma mensagem às 6 horas da manhã para Jennifer e dizia: 'Ei, estou na porcaria de proposta agora. Te vejo lá mais tarde'."

O nome do documento pegou, mas então as autoras o enviaram, acidentalmente, para uma editora sem mudar o título. Talvez não por acaso, os editores amaram, e Aaker e Bagdonas acabaram enviando a proposta para todas as editoras como Uma Porcaria de Proposta. E o resto, como dizem, é história (ou, mais especificamente, um livro que se tornou best-seller nacional).

MÃOS À OBRA

1. Na próxima vez que tiver uma tarefa grande e desafiadora, pense sobre como você pode incorporar um pouco de humor ou leveza ao processo para torná-lo mais animador.

2. Talvez você queira fazer o que Bagdonas e Aaker fizeram e dar um nome divertido ao projeto. Talvez queira usar humor visual ao inserir um meme engraçado na página de um relatório no qual você está trabalhando todos os dias. Ou talvez convidar sua equipe de projeto para começar todas as suas reuniões com músicas dos anos 1980. Porque músicas dos anos 1980 melhoram tudo.

Por que você precisa de uma Pasta da Alegria

Quando estava terminando meu doutorado em psicologia organizacional, simultaneamente eu buscava uma atividade paralela (apesar de ser uma que gerava pouquíssimo lucro) como musicista. Eu tinha gravado um álbum de dez músicas com um produtor e estava tentando promovê-lo para gravadoras. Buscar uma carreira na qual a rejeição é a regra pode ser difícil, então eu estabeleci um objetivo para mim mesma de não esperar respostas positivas até eu receber cartas de rejeição suficientes para preencher uma parede inteira do meu quarto. Por conta da quantidade insana de talento que eu possuía (brincadeira — a sorte estava claramente do meu lado), eu recebi apenas uma dezena de cartas de rejeição até que uma gravadora me oferecesse um contrato. Quase não deu para cobrir um canto da parede do meu quarto.

Todos nós recebemos rejeições profissionais. Se você trabalha em alguma indústria criativa, deve experienciar mais rejeição que a maioria. Mas, mesmo que trabalhe em um emprego "padrão" de escritório, as rejeições ainda podem ser desconfortavelmente frequentes. Você é rejeitado para uma promoção. Recebe uma revisão de performance inferior ao esperado. Não é convidado para se juntar a uma equipe de projeto da qual queria muito fazer parte (não se preocupe — você está melhor sem eles. Acredite em mim).

Scott Sonenshein é um autor best-seller (ele é coautor, juntamente com Marie Kondo, do livro *Alegria no trabalho*) e professor de gerenciamento na Universidade Rice. Ele também escolheu uma carreira em que críticas são frequentemente distribuídas. "*Somos criticados e recebemos feedback quando entregamos manuscritos*", explica ele. "*Temos revisores anônimos que nos dizem o quanto o nosso trabalho é ruim, mesmo que vá ser publicado um dia. Recebemos críticas nas nossas avaliações docentes. E já que informações ruins são mais salientes e parecem ser mais verdadeiras do que a boas – tal como um comentário negativo sobre a sua avaliação docente – você sempre se lembrará delas."*

Nossa ênfase exagerada no negativo tem um nome: Viés Negativo. Temos maior propensão a colocar mais ênfase na informação e nos estímulos negativos do que nos positivos. Basicamente, os seres humanos amam ser punidos. Embora Sonenshein reconheça que críticas são importantes e são o que nos leva ao crescimento, receber muitas delas pode ser sufocante. *"Sejamos sinceros: é emocionalmente exaustivo ouvir constantemente 'Melhore isso ou melhore aquilo'."*

Para superar esse viés, ele queria encontrar uma maneira de lembrar a si mesmo de toda a alegria que sentiu por causa do trabalho, especialmente quando deparado com um bombardeio de feedback e crítica negativos. Então ele criou uma pasta no seu computador chamada A Pasta da Alegria.

"Eu coloco um monte de itens rotatórios que me trazem alegria dentro dela. Pode ser uma foto de família, um artigo que publiquei recentemente ou um comentário de alguém que me convidou para palestrar e elogiou algo que eu fiz, ou uma avaliação docente positiva. Eu abro aquela pasta pelo menos uma vez por dia e simplesmente leio algumas coisas. Isso me ajuda a me sentir bem sobre uma das coisas que fui capaz de fazer." E quando se trata de usar seu tempo com sabedoria, uma Pasta da Alegria o ajudará a voltar aos trilhos se estiver se sentindo desmotivado, ao lembrá-lo das suas qualidades e do seu propósito maior.

MÃOS À OBRA

1. Pense sobre qual seria a sua versão de uma Pasta da Alegria. Ela pode ser no formato digital, como a de Sonenshein, ou analógica, como uma caixa ou uma pasta de verdade.

2. Procure alguns artefatos que te causam alegria. Podem ser fotos, e-mails, feedbacks que recebeu, conquistas (um diploma, por exemplo) ou algo completamente diferente.

3. Coloque esses artefatos na sua pasta.

4. Seguindo em frente, sempre que receber algo que o faça se sentir feliz, coloque-o na Pasta da Alegria.

5. À medida que coleciona mais artefatos que causam alegria, considere arquivar alguns itens da sua pasta para mantê-la atualizada.

Como a senha do seu computador pode torná-lo mais produtivo

Décadas de pesquisa mostram que a gratidão faz com que nos sintamos bem. Por exemplo, Robert Emmons, da Universidade da California em Davis, descobriu que pessoas que mantiveram um diário de gratidão por dez semanas eram significativamente mais felizes do que as que escreveram sobre eventos neutros ou negativos. Outra pesquisa descobriu que adolescentes que foram pedidos para pensar sobre coisas pelas quais eram gratos reportaram uma satisfação com a vida significativamente mais alta do que aqueles que pensaram sobre dificuldades e eventos neutros. E esse efeito durou por 3 semanas após o experimento.

Então todos sabemos que a gratidão é boa, e diários de gratidão são particularmente bons. Mas você tem um? Nem eu. Mas não se preocupe, pois estamos em boa companhia. A autora best-seller e guru da alegria, Gretchen Rubin, descobriu que a prática de manter um diário da gratidão simplesmente não funciona para ela. Ao invés de descobrir nesse exercício algo útil, ela descobriu que ele é chato, e o hábito nunca durou.

Contudo, como alguém que dedicou mais de uma década a estudar a felicidade, ela estava determinada a encontrar um método para se sentir grata e não simplesmente dar pouco valor às coisas boas da vida. Em vez de forçar a si mesma a sentar e refletir sobre aquilo pelo qual ela era grata todos os dias, ela pensou em conectar alguns de seus comportamentos diários à gratidão.

Rubin mora em um apartamento em Nova York. Existem duas portas para entrar e sair do prédio pelas quais ela passa todos os dias. *"Eu sempre tento usar essas portas como um ponto de transição. Quando saio, penso sobre o quão feliz estou por estar andando por Nova York, minha cidade favorita. E quando entro, ao fim do dia, para ir para casa, eu penso sobre como sou feliz por poder voltar para o meu apartamento aconchegante.*

"A pausa forçada ao passar por essas duas portas é uma maneira de me lembrar de ser grata."

Ela já ouviu pessoas descreverem outras atividades diárias que constituem uma versão da prática de gratidão. Por exemplo, alguns de seus leitores usavam algo pelo qual eles eram gratos como a senha do computador. Outros colocaram fotos de momentos de gratidão como protetor de tela ou tela de bloqueio dos celulares.

Incorporar lembretes daquilo pelo qual você é grato em ações que faz diariamente e sem pensar, tal como digitar senhas ou bloquear o celular, torna fácil sustentar uma prática de gratidão. Essa também é uma maneira eficiente em termos de tempo para incrementar a gratidão na sua vida. E tendo em vista que a gratidão leva à felicidade e pessoas felizes conquistam mais, a senha do seu computador pode agora ter um potencial de aumentar a sua produtividade.

MÃOS À OBRA

1. Pense sobre algo que você faz todos os dias. Pode ser um dos comportamentos mencionados anteriormente, tal como usar uma senha no seu computador ou passar por uma porta de entrada. Pode ser entrar no seu carro ou escovar os dentes.

2. Comece pequeno e decida qual é a coisa pela qual você quer ser mais conscientemente grato na sua vida.

3. Considere como você irá conectar essa gratidão ao seu comportamento escolhido. Pode ser algo tão simples quanto pensar sobre a coisa pela qual você é grato enquanto pratica o comportamento. Ou você pode fazer isso de forma escrita, criando um bilhete para si mesmo expressando gratidão e colocando uma foto dessa nota como tela de bloqueio do seu celular.

4. Comece a conectar outras coisas pelas quais você é grato a outros comportamentos diários até que eles também fiquem integrados a sua rotina.

5. Se você quiser aumentar o foco daquilo que aprecia na vida, sinta-se livre para adicionar e subtrair coisas que vê dessa forma.

É hora de parar de se apressar

Tem dias em que eu sinto que meu estado padrão é "apressado". Eu estou com pressa para terminar tarefas, pressa para começar reuniões na hora, pressa para almoçar. Esse sentimento é muito desagradável, é como ter uma nuvem de estresse te seguindo o dia todo. Mas quando eu paro para pensar sobre o que está fazendo com que eu me sinta com tanta pressa, o problema se resume apenas a expectativas pouco realistas.

Geralmente eu termino prazos externos bem antes do tempo, mas quando imponho meus próprios prazos internos, eu me sinto com pressa — é como se eu me infligisse um senso de pressão. Não há nada que eu odeie mais do que estar atrasada para uma reunião. Eu me estresso se me atrasar apenas 2 minutos: Deus me livre que a pessoa com quem terei uma reunião espere por 60 segundos. E por causa da minha necessidade de eficiência, eu geralmente encho o meu dia com tarefas que quero fazer e reuniões às quais comparecer, deixando pouco tempo de reserva.

Sentir pressa é exaustivo. Eu fico bocejando só de escrever sobre isso. Mas quando entrevistei a comediante Meshel Laurie, ela me apresentou um antídoto.

Laurie descobriu o budismo há mais de uma década. Um dos ensinamentos que ela segue é o de deixar outras pessoas irem primeiro, de todas as formas. *"Quando está no trânsito, quando está passando por portas, quando está subindo na escada rolante, quando está entrando no elevador"*, descreve Lori. *"O simples ato de dar um passo para trás e gesticular para outra pessoa ir na sua frente é uma ótima forma de exercitar a humildade."*

Ao adquirir o hábito de sempre deixar os outros irem primeiro, Laurie percebeu que essa é uma ótima forma de fazer as outras pessoas felizes. E, apesar de ela admitir que pode ser complicado manter esse hábito com consistência, é um ótimo propósito para ter em seu dia.

Para Laurie, dirigir por ruas movimentadas é uma ótima maneira de praticar a ideia de deixar o outro ir primeiro. *"Estamos todos no trânsito o tempo todo e você começa a pensar: 'Por que sou tão enjoadinha no trânsito? Por que estou fingindo que não estou vendo a pessoa que está tentando entrar aqui? Por que eu simplesmente não a deixo passar?' Serão apenas mais 5 minutos para mim. Então eu deixo as pessoas passarem. E isso é tão importante para elas."*

Laurie entrevistou recentemente um neurocirurgião para o seu podcast, *Calm Ya Farm*. Ela geralmente diz às pessoas: "Quem se importa se você está atrasado? Ninguém vai morrer." "Bem, se esse neurocirurgião se atrasar, alguém pode morrer. Mas, para o resto de nós, se nos atrasarmos para o trabalho, ninguém vai morrer."

Eu preciso lembrar a mim mesma desse fato na próxima vez que estiver estressada por estar 1 minuto atrasada para uma reunião. Porque, se pudermos ter uma perspectiva mais saudável do tempo e evitarmos gastar nossa preciosa energia por um atraso de minutos, guardaremos essa energia para tarefas e atividades mais importantes.

MÃOS À OBRA

1. Pela manhã estabeleça um propósito para o dia de deixar os outros passarem primeiro.

2. Você pode querer começar devagar e simplesmente praticar deixar os outros passarem à frente no trânsito. Uma vez que pegar o jeito da coisa, deixe os outros passarem na frente na fila ou pela porta. Em seguida, traga isso para as interações que você tem com as pessoas e permita que elas falem primeiro em reuniões, por exemplo, para apresentarem seus pontos de vista antes de você.

Por que vale a pena considerar comprar mais tempo

Eu sou uma grande fã de vegetais, bem como a minha filha. Nós comeríamos facilmente dez porções por dia. Costumávamos ter o ritual semanal de ir a um mercado no centro da cidade de Melbourne e comprar o suficiente para a semana todos os sábados. Então, eu passava várias horas das tardes de sábado preparando os alimentos, lavando, cortando e guardando-os em quinze potes Tupperware cheios de vegetais. Apesar de amar a sensação de uma geladeira cheia de alimentos saudáveis pré-preparados, eu odiava as horas dedicadas a essa tarefa monótona semana após semana, na qual eu nem era particularmente boa (minha habilidade com a faca deixa muito a desejar).

Em um fim de semana, meu (agora ex) marido sugeriu: por que não postar um anúncio no Airtasker (empresa de terceirização de tarefas diárias) para ver se eu encontrava alguém para cortar os vegetais para mim? Foi um momento de revelação. Eu poderia simplesmente usar dinheiro para remover essa tarefa semanal irritante da minha vida permanentemente? Ah, sim, eu poderia.

Encontrei uma estudante universitária que trabalhava meio período em um café fazendo preparação de alimentos. Ela vinha até minha casa por 2 horas todas as semanas para preparar os vegetais e eu a pagava 50 dólares. Esses eram sem dúvidas os melhores 50 dólares que eu gastava durante minha semana. Esse dinheiro me comprou tanta alegria, pois eu ganhei de volta várias horas, todo final de semana, que poderiam ser gastas com a minha família. (E deixe-me admitir que tenho a sorte de ter 50 dólares para dedicar à tarefa de cortar e picar pepinos e cenouras, visto que nem todos têm esse privilégio.)

A professora de psicologia Elizabeth Dunn não se surpreendeu quando eu compartilhei essa história com ela. *"Nós publicamos uma série de oito estudos em um dos principais periódicos científicos demonstrando que as pessoas que usam dinheiro para comprar tempo são mais felizes do que as que não o fazem."*

"Eu definitivamente tive dificuldades com esse dilema fundamental, que acho que muitos de nós enfrentamos hoje em dia, de que existem muito mais coisas para fazer do que tempo para fazê-las", disse-me ela.

Em sua casa, a limpeza é uma fonte de discordância. Dunn teve a sorte de se casar com uma pessoa boa em fazer limpeza, diferente dela. *"Meu marido fica perplexo com a quantidade de tempo que eu levo para limpar nossa cozinha minúscula. Então eu sempre me coloquei a favor de pagar para alguém vir e ajudar com a limpeza toda semana. E ele sempre discordou de mim nisso"*, disse ela dando risada.

Dunn acabou vencendo essa "briga" e agora uma amiga da família vai toda semana limpar a casa por algumas horas. Foi uma vitória para o casamento e uma vitória pessoal para Dunn. *"Eu não tenho mais que gastar toda a minha tarde de sábado para tentar não deixar nossa casa um completo desastre."*

MÃOS À OBRA

1. Faça uma lista das tarefas que drenam sua energia, tempo ou, idealmente, ambos. Podem ser tarefas que você tem que fazer no trabalho ou em casa, tal como tarefas administrativas repetitivas, tarefas domésticas ou até mesmo coisas nas quais você não é muito bom em fazer, como foi o caso de Dunn com a limpeza.

2. Escolha uma tarefa que toma tempo na semana e investigue o quanto custaria pagar alguém para fazê-la. Por exemplo, tarefas administrativas podem ser terceirizadas para um assistente virtual, geralmente ao custo de 5 a 10 dólares por hora. Tarefas domésticas podem ser terceirizadas por, em média, 20 a 40 dólares por hora.

3. Faça um experimento no qual você paga alguém para fazer essa tarefa por 4 semanas. Ao final do experimento, reflita sobre como eliminar a tarefa da sua vida fez com que você se sentisse, quanto tempo isso liberou e se parece um bom investimento financeiro. Se sim, continue fazendo! Se não, pense na sua lista e experimente com outras tarefas que você poderia pagar alguém para fazer para liberar tempo na sua vida.

Como remover recorrências irritantes da sua vida

O autor best-seller Dan Heath me disse que ele geralmente acorda irritado. Para piorar as coisas, na época ele tinha um despertador humano na forma de um bebê de 16 meses. Sempre que era a vez de Heath de se levantar para cuidar de sua filha, ele se vestia no escuro para evitar atrapalhar o sono da esposa. Se você já tentou se vestir no escuro, sabe que isso não é fácil.

Colocar a camisa se provou um desafio recorrente. *"Está do avesso? Está do lado certo? Eu não consigo ver a etiqueta no escuro. Não consigo ver as letras na frente da camisa no escuro"*, disse ele. *"Estou só adivinhando, e por alguma razão, de que nove em cada dez tentativas eu adivinho errado, então eu fico meio irritado."*

A situação descrita por Heath é um exemplo clássico de uma recorrência irritante: um incômodo regular na vida de alguém.

Em seu livro best-seller *Upstream*, Heath escreveu sobre outra recorrência irritante com a qual se identificava. Ele descreveu como escreve melhor em um café. Ele se senta na mesma mesa, coloca os fones de ouvido e imediatamente começa a trabalhar. Mas parte desse ritual envolve levar o notebook, e toda vez que ele chega ao café, tem que tirar o carregador da bolsa e conectá-lo à tomada, então, quando volta ao escritório, ele tira o carregador da bolsa e o conecta à tomada novamente.

"Eu tenho uma centena de cabos na minha mesa. Então é sempre uma irritação. Mas parecia que precisava ser assim", explicou Heath.

Durante o processo de escrita de *Upstream* e ao pensar sobre resolver problemas em sua origem, Heath percebeu que poderia na verdade viver em um mundo em que ele tem dois carregadores. Então ele comprou um segundo, que fica dentro da bolsa do notebook. Genial. (Ele também começou a preparar suas roupas na noite anterior.)

Então por que Heath teve que escrever um livro sobre resolução de problemas para identificar essa solução simples em sua própria vida?

Isso se deu por conta de uma força chamada efeito *tunnelling*. O termo *tunnelling* foi cunhado pelo professor de psicologia da Universidade de Princeton Eldar Shafir e o economista da Chicago Booth Sendhil Mullainathan. Quando temos recursos cognitivos limitados (por exemplo, capacidade cerebral) por conta dos estresses da vida, nosso cérebro adota uma visão de túnel e perde a oportunidade de identificar e resolver problemas. E quando estamos lidando com um ou dois grandes problemas, nossa capacidade cerebral diminui para que não tenhamos a capacidade mental de lidar com outras demandas.

No contexto de solução de problemas, quando temos alguns grandes problemas para resolver, nós simplesmente não temos as fontes ou habilidades para resolver cada situação (especialmente as pequenas). Adotamos uma visão de túnel e, como resultado, nos engajamos em um pensamento reativo de curto período — que é o motivo pelo qual Heath falhou em parar e pensar sobre a melhor forma de resolver seus problemas com o carregador e a camisa e, ao invés disso, aceitou a situação. De fato, pesquisas mostram que nosso QI cai em dez pontos quando temos um grande problema tomando conta dos nossos pensamentos, em comparação a quando o grande problema não existe. (Se pensar sobre o que a pandemia fez com os nossos cérebros, ela provavelmente nos deixou um pouco mais burros.)

Como escapar do efeito *tunnelling*? Você precisa dar uma folga a si mesmo na forma de tempo ou recursos, e encontrar e eliminar recorrências irritantes o ajudará a liberar tempo e energia na sua vida.

MÃOS À OBRA

1. Faça uma lista de recorrências irritantes na sua vida. Essas são tarefas que você faz regularmente e que te deixam frustrado ou irritado, ou que você simplesmente acha chatas. De preferência escolha tarefas que faz com regularidade — uma vez na semana ou diariamente.

2. Para descobrir mais recorrências irritantes, pergunte a um colega de trabalho ou membro da família o que eles observam você fazer que não deveria, o que é um desperdício do seu tempo e o que o frustra.

3. Comece a encontrar soluções com uma de quatro maneiras:
    - Delegue. Considere delegar a recorrência irritante a outro membro da sua equipe ou contratar algum serviço,

por meio de sites como o Upwork.com ou o Airtasker.com.
- Pare de fazer o que te incomoda. Sua recorrência irritante pode ser um relatório que ninguém lê ou uma reunião na qual você não adiciona muito valor. Pare de fazer essas coisas e veja se algo negativo acontece. Pode ser uma surpresa ver que ninguém irá notar.
- Compre ou crie uma solução. Pode ser tão simples quanto um carregador adicional para seu notebook. Se o custo for maior que a sua irritação recorrente, compre ou crie uma solução.
- Altere a atividade para que ela não seja mais irritante. Combine-a com algo de que você gosta.

4. Baixe uma planilha para ajudá-lo a identificar e remover suas irritações recorrentes em amantha.com/timewise (conteúdo em inglês).

Uma forma de dizer "não" sem culpa

Uma vez eu li que a dica mais efetiva de produtividade era simplesmente dizer "não". Ao dizer "não" nós evitamos nos sobrecarregar e podemos focar as coisas que mais importam.

Infelizmente, dizer "não" com mais frequência é mais fácil dito do que feito. Principalmente se você gosta de agradar as pessoas (assim como eu), ou é alguém que genuinamente quer ajudar as pessoas o máximo possível (sim, eu também sou assim), dizer "não" pode ser difícil e fazer com que você se sinta péssimo.

Mas aqui está o problema: quanto mais ocupado você está, e quanto mais bem-sucedido se torna em sua carreira, mais solicitações por seu tempo você receberá. É aí que aprender a dizer "não" se torna ainda mais importante.

Mia Freedman recebe muitas solicitações. Como cofundadora e diretora criativa da empresa de mídia de mulheres Mamamia, na Austrália, e apresentadora de dois podcasts (um deles diário), ela é uma mulher insanamente ocupada.

Freedman costumava ser terrível em dizer "não". *"Como a maioria das mulheres, eu queria que as pessoas gostassem de mim e não queria desapontar ninguém. Então, o que eu fazia era – por não querer fazer ninguém se sentir mal pelos 10 segundos que levariam para entender que eu estava recusando o que quer que eles quisessem que eu fizesse – dizer 'tudo bem', apenas para acalmá-los. Mas então eu arranjava um problema para o meu Eu do futuro, que tinha prometido ir para Brisbane, ou fazer uma palestra, ou ir a algum lugar após o trabalho. Aquele momento chegaria e eu não iria querer fazer aquilo. O que causaria danos a mim e à minha família."*

Então, Freedman descobriu uma estratégia para ajudá-la a dizer "não" mais facilmente. Ela começou a estabelecer regras para si mesma e a mudar a linguagem que usava para responder a essas solicitações.

"Em vez de dizer 'Eu não posso', eu digo 'Eu não'. Parece bem sutil, mas é muito importante. Eu tenho regras do tipo: eu não faço eventos sociais. Eu não saio para almoços durante a semana. Eu não faço premiês. Eu não faço palestras ou eventos de caridade nos fins de semana."

Ter regras restritas e claras e usar a linguagem do "Eu não faço" tira de questão o "Eu deveria? Ou não deveria?". E, para Freedman, ter regras claras e concretas a ajuda em todos os aspectos da vida.

"Eu me exercito todos os dias porque é mais fácil do que me exercitar duas ou três vezes na semana. É menos estresse mental, pois é algo não negociável. É como escovar os dentes. Imagine se você tivesse que fazer isso apenas dois ou três dias na semana. Então, todas as noites, você pensaria, 'Eu deveria ter escovado os dentes hoje à noite? Ah, eu não sei. Mas então amanhã à noite eu estarei cansado porque terei aquela coisa para fazer. E eu não sei'. Essa parte do seu cérebro não tem que pensar 'Eu deveria escovar meus dentes hoje à noite ou não', porque você já faz isso todos os dias.

"Eu sou uma daquelas pessoas que precisa de regras rígidas e rápidas. De outra forma eu me veria negociando comigo mesma. E isso é exaustivo."

Ela também descobriu que quando começou a usar a linguagem do "Eu não" em resposta a solicitações do seu tempo, as pessoas pararam de tentar argumentar com ela ou de convencê-la a fazer o que desejavam que ela fizesse.

"Quando eu digo 'Eu não saio para almoços', isso está bem claro, mas se você diz 'Eu não posso almoçar na terça-feira', a pessoa pode dizer, 'E na quarta-feira?'. E você se sente com vontade de dizer 'Que tal nunca? Nunca está bom para você?'", brinca Freedman. "É uma linha tênue."

Ela faz outras duas coisas quando diz não.

"Eu sou muito honesta. Eu digo: 'Obrigada pelo convite, mas as demandas de comandar um negócio e ter uma família nova significam que eu não posso fazer nada além dessas duas coisas.' E ninguém pode argumentar quando você fala de trabalho e família. Ninguém diz: 'Ah, por favor?'"

Ela também responde rapidamente.

"As pessoas ficam incrivelmente gratas se você responde rápido. Porque o que a maioria das pessoas pensa é, 'Ah, eu não quero desapontá-los, então irei apenas ignorá-los. Mas as pessoas não se importam em ouvir um 'não'. Elas prefeririam um 'sim', mas irão lidar com o 'não'." E remover a angústia de se preocupar com desapontar as pessoas com essa estratégia significa que você continua sendo o dono do seu tempo e da sua energia.

MÃOS À OBRA

1. Pense em quais são as suas regras quando se trata do que você não quer fazer. Escreva-as, começando com as palavras "Eu não". Por exemplo, eu recebo várias ofertas de convidados todos os dias para o *How I Work*. Para tomar uma decisão rápida, eu tenho regras que aplico para agilizar essas decisões e ser direta.

2. Quando alguém te fizer uma solicitação que vá contra uma das suas regras, diga "não", usando a frase "Eu não X".

3. Diga "não" rapidamente. Embora pareça desconfortável em um primeiro momento, você rapidamente descobrirá que as pessoas apreciam isso. No meu caso, eu tento dizer "não" para solicitações dentro de 24 horas. Eu fiz isso, literalmente, centenas de vezes, e geralmente recebo uma resposta de gratidão da pessoa.

4. Simplesmente seja honesto. É difícil para as pessoas argumentarem com a honestidade.

O poder do "Sim, mas"

Os gurus da produtividade falam sobre o poder de dizer "não". Mas se você tiver uma mentalidade de generosidade, como muitos líderes de sucesso, dizer "não" o tempo todo pode começar a parecer tolice, sem mencionar desalinhado com seus valores.

Nicky Sparshott não tem um, mas dois cargos de CEO. Ela é CEO global de um varejista de chás de luxo T2 e CEO da Unilever Austrália e Nova Zelândia. Talvez não seja surpreendente que ela diga muitos "nãos". E ela é uma fã de dizer "não" rapidamente, para que as pessoas possam mudar as suas programações. Mas ela toma o cuidado de manter seus "nãos" ao mínimo.

"'Não' é uma palavra muito importante, mas, dependendo de como é usada, pode calar conversas antes mesmo que tenham uma oportunidade de começar", explica Sparshott. *"Tem algo sobre o 'sim' que dá espaço para possibilidades e opções. E muito frequentemente eu participo de grupos nos quais um pessimista diz constantemente: 'Não, isso não pode ser feito. Não, já tentamos isso antes. Não, isso nunca vai funcionar.'"* Embora ela reconheça que é importante ter alguém fazendo o papel de advogado do diabo, você sempre precisa de pessoas na sala que perguntam o que é possível.

O segredo de Sparshott é como ela diz "sim", mas sem se comprometer demais. Então sua resposta para essas situações é "Sim, mas".

"Sim, mas eu só poderei fazer isso daqui a seis meses. Sim, mas eu só poderei dedicar 20 minutos do meu tempo a esse ponto. Sim, eu adoraria poder participar, mas não poderei estar lá pessoalmente – em vez disso, eu posso enviar um e-mail com minhas ideias? É sobre encontrar maneiras que o permitam compartilhar, ainda que um pouco, de uma maneira que reflita o tempo que você tem. Isso é algo que eu tento fazer o máximo que posso."

Interessantemente, uma pesquisa mostrou que as pessoas tendem a valorizar e apreciar pequenos atos de gentileza mais do que atos precipitados.

Em um estudo publicado pelo *Journal of Personality and Social Psychology*, pessoas tiveram que se lembrar de momentos no passado em que alguém foi gentil com elas e pensar no quanto elas ficaram gratas. Os pesquisadores descobriram que o grau de gratidão que elas sentiram não estava diretamente relacionado com a quantidade de dinheiro ou tempo que as outras pessoas investiram. Em vez disso, o nível de gratidão estava mais relacionado com o ato ter sido útil ou não.

"Existem determinadas situações em que eu sei que não vou necessariamente adicionar valor, e que não seriam um bom uso do meu tempo, mas eu tipicamente tento alocar um pouco do meu tempo de uma forma significativa", diz Sparshott. *"Estou garantindo que tenho um pouco de tempo para dar quando as pessoas pedem ajuda, em grande parte por eu ter tido a sorte de ter pessoas que fizeram isso por mim na minha carreira."* Então, sem ter que ceder uma grande quantidade de tempo, você pode fazer contribuições valorosas, ainda que pequenas, e passar a bondade adiante.

MÃOS À OBRA

1. Da próxima vez que alguém solicitar o seu tempo, pause antes de dizer diretamente "sim" ou "não".

2. Em vez disso, procure encontrar um meio-termo. Existe alguma forma que você possa ajudar sem se comprometer demais?

3. Formule sua resposta como "Sim, mas...", esclarecendo as circunstâncias pelas quais você está dizendo "sim". Ao fazer isso, você poderá ser generoso na sua doação, mas também imporá limites no seu tempo.

Crie uma lista do que não fazer

Listas de tarefas são consideradas muito sexy em círculos de produtividade (pessoalmente, penso que elas são incrivelmente atraentes). Este livro abordou várias maneiras de fazer listas de tarefas funcionarem melhor para você. Mas você já pensou sobre escrever uma lista de coisas que *não* quer fazer?

Rachel Botsman é uma especialista renomada em confiança e tecnologia e bolsista da Universidade de Oxford. Antes da pandemia, Botsman escreveu uma lista anual do que "não fazer" por vários anos. O propósito dessa lista tem sido refletir sobre hábitos que ela queria abandonar ou coisas que gostaria de fazer de forma diferente. Mas durante sua primeira quarentena da covid, ela adotou esse ritual mensalmente.

"Acredito que o gatilho tenha sido não viajar e perceber o quanto eu não queria voltar a fazer isso", explica Botsman. *"Muito de nossas vidas é programado para 'adicionar' tarefas e comprometimentos – não somos ensinados a subtrair."*

Ela sentiu como se seu trabalho fosse sobre constantemente adicionar tarefas e responsabilidades à lista. Para combater esse sentimento de uma lista de tarefas sem fim, ela marca um compromisso consigo mesma na última sexta-feira de cada mês, no qual ela separa um tempo para considerar as coisas que deseja parar de fazer no trabalho.

"Eu dou a mim mesma uma hora completa para pensar sobre isso e refletir sobre a lista do mês anterior. O que eu mantive? O que achei difícil? Por quê? Qual é o padrão que eu não consigo quebrar?"

Embora não existam categorias específicas sobre as quais ela pensa em relação ao que deseja parar de fazer, ela pensa sobre sua energia. Durante suas reuniões solo, reflete sobre como gasta seu tempo, com quem o gasta e no que deseja focar — e, mais importante, não focar.

Alguns exemplos de itens que entram na lista do que não fazer de Botsman incluem:

- Não trabalhar com clientes cujas intenções/motivos não forem alinhados com os seus.
- Não subestimar coisas que você acha muito fáceis.
- Não agendar reuniões entre 8 horas e 11 horas da manhã.
- Não usar redes sociais depois das 19 horas.
- Não se desdobrar pelas agendas de outras pessoas.
- Não ver a pessoa X, ponto final(!).
- Não fazer "favores" por se sentir mal.

Para Botsman, o processo tem sido imensamente benéfico em ajudá-la a ser mais consciente sobre onde deposita sua energia, e a ajuda a pensar sobre coisas antigas de maneiras novas. E ao evitar a tentação de constantemente adicionar coisas ao seu prato, ela também permanece focada no trabalho que mais importa para ela.

MÃOS À OBRA

1. Agende uma reunião consigo mesmo uma vez por mês. Marque-a como a sua reunião do que "Não fazer".

2. Reflita sobre o mês que acabou de passar e pergunte a si mesmo o que mais drenou sua energia ou sugou mais de você durante esse período, tanto pessoal quanto profissionalmente. Você deve considerar hábitos diários (tal como conferir as redes sociais), pessoas que viu (que talvez pareçam dementadores humanos, sugando a sua vida), ou coisas para as quais disse "sim", mas se arrependeu depois.

3. Crie uma lista de coisas que você não fará no mês seguinte. Mantenha essa lista à vista na sua mesa para agir como um lembrete constante.

4. Nos meses seguintes, reveja como você está se mantendo na sua lista do que não fazer, o que funcionou ou não. Adicione ou subtraia itens com base nas suas reflexões do que ou quem sugou sua energia e poderia, assim, se beneficiar de ser removido da lista do mês seguinte.

ENERGIA
Um resumo

Motivação em uma nota adesiva

Pense sobre o principal motivo que o leva a fazer seu trabalho todos os dias. Expresse essa razão ou motivo em uma nota curta ou em uma frase. Escreva-a e a cole em algum lugar onde você trabalha, para que veja todos os dias.

Monitore fatores de satisfação

Faça uma lista de atividades que realmente te frustram e reflita sobre o motivo de elas serem tão frustrantes. Em seguida, faça o oposto: uma lista de experiências que trazem alegria ou fazem com que você se sinta animado, ou que o faça entrar no ritmo.

Busque temas que surgem nessas listas. Use-os para identificar e priorizar seus fatores de satisfação. Pense sobre atividades mensuráveis que se relacionem com seus fatores. Monitore suas atividades e faça um acompanhamento semanal ou mensal consigo mesmo para garantir que está priorizando esses fatores na sua vida.

Torne o trabalho duro agradável

Identifique um tipo de trabalho que você faz regularmente, mas é enfadonho. Agora, nomeie algo de que você realmente gosta e que poderia combinar com essa atividade. Pode ser ouvir sua música favorita enquanto responde e-mails?

Comece a combinar constantemente o trabalho duro com algo que o torne mais agradável e aumente sua energia. Se fizer isso o suficiente, começará a desejar fazer a atividade que uma vez sentiu que estava sugando sua vida.

Estabeleça limites altos e baixos

Considere um grande projeto no qual está trabalhando no momento. Trabalhando na linha oposta ao seu prazo, estabeleça limites altos e baixos para quanto você precisa fazer a cada dia para cumprir seu prazo. Preferivelmente, formule os limites altos e baixos como resultados, em vez de horas gastas trabalhando na tarefa.

Faça os hábitos durarem por meio da emoção

Pense sobre um novo hábito que você quer criar. Divida esse hábito à sua forma mais pequena — preferivelmente algo que leve 30 segundos ou menos. Conecte o novo hábito a algo que você faz diariamente, tal como ir para a cama à noite. Por fim, celebre o comportamento. Ao conectá-lo com uma emoção positiva, ele começará a ser automático.

Traga leveza para o trabalho duro

Da próxima vez que tiver que começar uma grande e difícil tarefa, contemple como você pode incorporar um pouco de humor e leveza ao processo. Você pode usar humor visual ao inserir um meme engraçado à página de abertura de um relatório que está preparando. Ou talvez você queira convidar a sua equipe de projeto a começar as reuniões com alguém compartilhando uma história engraçada ou uma piada.

A Pasta da Alegria

Da próxima vez que se sentir para baixo ou esgotado, tire algum artefato da sua Pasta da Alegria. Podem ser fotos, e-mails, feedbacks que você recebeu ou conquistas (por exemplo, um certificado). Coloque esses artefatos na sua pasta, seja ela em formato digital ou analógico.

Seguindo em diante, sempre que receber algo que o deixe feliz, considere movê-lo para a Pasta da Alegria.

Crie gatilhos de gratidão

Escolha um comportamento diário e uma coisa pela qual você quer ser conscientemente grato. Conecte essa gratidão com o comportamento escolhido. Pode ser tão simples quanto pensar pelo que você é grato sempre que fizer esse comportamento. Ou talvez você possa incorporá-lo na forma escrita, como uma nota para si mesmo que expresse gratidão, e colocar uma foto dela como tela de bloqueio do seu telefone.

Deixe os outros passarem na frente

Durante a manhã, estabeleça um propósito para o dia de deixar que os outros passem primeiro. Você pode querer começar devagar e simplesmente praticar deixar as pessoas passarem à sua frente no trânsito. Uma vez que se acostumar a isso, deixe os outros passarem na fila ou pela porta. Então, aplique isso às suas interações com as pessoas e deixe os outros falarem primeiro durante reuniões, por exemplo, e expressarem seu ponto de vista.

Compre mais tempo

Faça uma lista das tarefas que drenam a sua energia ou tempo, ou ambos. Escolha a tarefa que leva mais tempo por semana e investigue quanto custaria pagar alguém para fazê-la. Tente pagar alguém para fazê-la por quatro semanas. Ao final do experimento, reflita sobre como eliminar a tarefa da sua vida fez com que você se sentisse, quanto tempo ela liberou e se isso pareceu ser uma boa transação financeira.

Remova irritações recorrentes

Faça uma lista de irritações recorrentes na sua vida. Essas são tarefas que você faz regularmente (diariamente ou semanalmente) que o frustram, irritam, ou que você simplesmente acha entediante. Remova as irritações recorrentes ao delegar, parar de fazer a tarefa, comprar ou criar uma solução, ou alterar a atividade para que não seja mais irritante.

A regra do "Eu não"

Crie regras para atividades que você não quer fazer ou que drenam sua energia. Escreva essas coisas, começando pelas palavras "Eu não". Quando alguém solicitar que você quebre uma dessas regras, diga "não" usando a linguagem do "Eu não X".

Sim, mas

Da próxima vez que seu tempo for solicitado, pause antes de dizer diretamente "sim" ou "não". Em vez disso, procure um meio-termo. Existe alguma forma com a qual você pode ajudar um pouco, sem se comprometer demais? Formule sua resposta como "Sim, mas...", deixado claras as limitações com base nas quais você está dizendo "sim". Ao fazer isso, você será generoso ao doar, mas também estabelecerá limites sobre seu tempo.

A lista do que não fazer

Agende reuniões consigo mesmo uma vez ao mês. Nomeie o evento de a reunião de "Não fazer". Olhe para o mês que passou e pergunte a si mesmo o que te deixou sem energia ou esgotado durante o mês. Crie uma lista de coisas que você não fará no mês seguinte. Mantenha essa lista à vista na sua mesa para ser um lembrete constante.

Tempo bem gasto

"Nada é uma perda de tempo se você usar a experiência sabiamente."
— Auguste Rodin

Deixe-me contar um segredo: às vezes eu pulo as conclusões dos livros. Conclusões não deveriam ter nenhum conteúdo novo, então eu concluo que não preciso lê-las.

Esta conclusão não foge da convenção — não vou contar nada de novo. Mas eu quero terminar com umas palavras de sabedoria (tudo bem, não vou exagerar — vamos apenas dizer "algumas palavras") para te mandar para o mundo armado com uma tonelada de estratégias e garantir que o tempo que você investiu ao ler este livro tenha sido bem gasto.

Primeiramente, você pode estar se sentindo empolgado ou sobrecarregado. Se estiver empolgado (provavelmente por ter tantas estratégias que está interessado em tentar), então ótimo! Vá em frente! Mas se estiver se sentindo sobrecarregado ("São tantas estratégias! Por onde eu começo?!"), escolha apenas uma. E nem precisa ser sua favorita. Apenas escolha uma estratégia com que você se identifique e que resolva um problema pelo qual você está passando. E se comprometa a testá-la por uma semana. Se ajudar, continue. Se não, simplesmente escolha outra.

Alguém inteligente disse uma vez que pequenas mudanças, com o tempo, somam para formar grandes resultados. E essa foi minha experiência quando testei, literalmente, cada uma das estratégias neste livro.

Eu frequentemente uso o truque de Hemingway quando estou terminando (ou melhor, não terminando) o trabalho do dia, o que torna entrar no ritmo na manhã seguinte quase fácil. O truque de King de procurar por grupos de pessoas com números ímpares tornou os eventos bem menos assustadores para mim. E eu apliquei os limites altos e baixos de McKeown enquanto escrevia este livro, uma técnica que ajudou imensamente a escrever 70 mil palavras em 5 meses, enquanto estava trabalhando em período integral (e sem enlouquecer).

Obviamente, existe outra opção: não fazer nada. E muitas pessoas fazem essa escolha — talvez não deliberadamente — após ler um livro sobre trabalho e desenvolvimento pessoal. Mas no caso de um livro sobre como usar seu tempo com sabedoria, sejamos sinceros: seria um erro amador. Você acabou de investir várias horas da sua vida lendo, então certifique-se de que o tempo que gastamos juntos leve a mudanças.

A vida não precisa ser caótica e extremamente ocupada. Você não precisa estar à mercê da sua agenda e caixa de entrada. E seu telefone não deveria gerir sua vida.

Lembre-se, seu dia tem o mesmo número de horas que o da Beyoncé. Agora você sabe como usá-lo com mais sabedoria.

Outros materiais

Eu terminei de escrever este livro no final de 2021 e, desde então, continuo a entrevistar convidados incríveis no *How I Work* que falaram sobre outras estratégias que não puderam ser incluídas neste livro. Pesquise pelo *How I Work*, em qualquer que seja a plataforma que você usa para ouvir podcasts, se estiver faminto por mais *insights* e experiências.

Para ferramentas e modelos que acompanham as mesmas técnicas contidas neste livro, acesse amantha.com/timewise e baixe esse conteúdo gratuitamente (conteúdo em inglês).

Referências

Você usa seu tempo com sabedoria?

Uma pesquisa da Organização Mundial da Saúde (OMS) sugere que estamos trabalhando mais do que antes.
DESCATHA, Alexis; DRISCOLL, Tim; FISCHER, Frida M.; GODDERIS, Lode; HANSON, Linda L. Magnusson; KIIVER, Hannah M.; LI, Jian; MOMEN, Natalie C.; NÁFRÁDI, Bálint; PEGA, Frank; PRÜSS-ÜSTÜN, Annette M.; RUGULIES, Reiner; SØRENSEN, Kathrine; STREICHER, Kai N.; TECHNICAL ADVISORY GROUP; UJITA, Yuka; WOODRUFF, Tracey J. "Global, regional, and national burdens of ischemic heart disease and stroke attributable to exposure to long working hours for 194 countries, 2000–2016: A systematic analysis from the WHO/ILO Joint Estimates of the Work-related Burden of Disease and Injury", *Environment International*, v. 154, set. 2021. Acesso em: jan. de 2022. Disponível em: <www.sciencedirect.com/science/article/pii/S0160412021002208>.

Uma pesquisa de quase 3 mil profissionais nos Estados Unidos.
MAURER, Rob. "Remote Employees Are Working Longer Than Before", Society for Human Resource Management, 16 dez. 2020. Acesso em: jan. de 2022. Disponível em: <www.shrm.org/hr-today/news/hr-news/pages/remote-employees-are-working-longer-than-before.aspx>.

Em uma pesquisa que se estendeu por 65 países, a gigante dos softwares Atlassian descobriu que a média diária de horas trabalhadas dos australianos aumentou em 32 minutos por dia.
"People are working longer hours during the pandemic", *The Economist*, 24 nov. 2020. Acesso em: jan. de 2022. Disponível em: <www.economist.com/graphic-detail/2020/11/24/people-are-working-longer-hours-during-the-pandemic>.

De acordo com um relatório da Microsoft, nós enviamos 45% mais mensagens de chat por semana.
MICROSOFT. "The next great disruption is hybrid working — are we ready?", 22 mar. 2022. Acesso em: jan. de 2021. Disponível em: <www.microsoft.com/en-us/worklab/work-trend-index/hybrid-work>.

PRIORIDADES

A definição de metas está ultrapassada. Aprenda a se renovar

As pessoas se sentem mais motivadas quando usam sistemas do que quando estabelecem objetivos.
L. Legault; M. Inzlicht. "Self-determination, self-regulation, and the brain: Autonomy improves performance by enhancing neuroaffective responsiveness to self-regulation failure", *Journal of Personality and Social Psychology*, 105(1), 2012, pp. 123–38. Acesso em: dez. de 2021. Disponível em: <https://psycnet.apa.org/record/2012-29188-001>.

Os professores Gary Latham e Travor Brown investigaram os efeitos de utilizar sistemas em vez de objetivos.
BROWN, Travor C.; LATHAM, Gary P., "The Effect of Learning vs. Outcome Goals on Self-Efficacy, Satisfaction and Performance in an MBA Program", *Applied Psychology: An International Review*, 55(4), out. 2006, pp. 606–23. Acesso em: dez. de 2021. Disponível em: <https://psycnet.apa.org/record/2006-20408-006>.

O passo crítico que a maioria das pessoas ignora quando toma decisões

Psicólogos descobriram que ter tempo ilimitado para tomar decisões pode, na verdade, prejudicar, ao invés de ajudar, a nossa satisfação com os resultados.
D.R. Lehman; LYUBOMIRSKY, S.; MONTEROSSO, J.; SCHWARTZ, B.; WARD, A.; WHITE, K. "Maximizing versus satisficing: Happiness is a matter of choice", *Journal of Personality and Social Psychology*, 83(5), 2002, pp. 1178–97. Acesso em: dez. de 2021. Disponível em: <https://psycnet.apa.org/record/2002-18731-012>.

Como fazer as perguntas certas o levará às melhores decisões

Aparentemente, 44% dos advogados não recomendariam que jovens seguissem uma carreira jurídica.
KANE, Sally. "The 10 Challengers About a Career As a Lawyer", thebalancecareers.com, 20 de novembro de 2019. Acesso em: jan. de 2022. Disponível em: <www.thebalancecareers.com/lawyer-career-drawbacks-2164594>.

Já se comprometeu demais? Você precisa do Iceberg do Sim

Uma pesquisa liderada pelo professor Justin Kruger, da Stern School of Business da Universidade de Nova York, descobriu que as pessoas constantemente subes-

timam quanto tempo precisam para completar uma tarefa.
EVANS, M.; KRUGER, J. "If you don't want to be late, enumerate: Unpacking reduces the planning fallacy", *Journal of Experimental Social Psychology*, 40(5), 2002, pp 586-98. Acesso em: dez. de 2021. Disponível em: <https://psycnet.apa.org/record/2004-17814-002>.

Da mesma forma, uma tarefa que as pessoas pensavam que levaria 8 dias demorou, na verdade, 14.
BUEHLER, Roger; GRIFFIN, Dale. "Planning, personality, and prediction: The role of future focus in optimistic time predictions", *Organizational Behavior and Human Decision Processes*, v. 92, ed. 1-2, 2003, pp. 80-90. Acesso em: dez. de 2021. Disponível em: <www.sciencedirect.com/science/article/pii/S074959780300089X>.

Nunca mais se arrependa de uma decisão com essa simples pergunta

Sigmund Freud fez uma famosa referência a esse impulso como sendo o Princípio do Prazer.
NEEDLES, William. "The Pleasure Principle, The Constancy Principle, and The Primary Autonomous Ego", 17(3), 1 jul. 1969, pp. 808-25. Acesso em: jan. de 2022. Disponível em: <https://journals.sagepub.com/doi/abs/10.1177/000306516901700306>.

Em um estudo publicado pelo *Journal of Personality and Social Psychology*, os participantes tiveram que avaliar várias atividades e planos.
EYAL, T.; LIBERMAN, N.; TROPE, Y.; WALTHER, E. "The Pros and Cons of Temporally Near and Distant Action", *Journal of Personality and Social Psychology*, 86(6), 2004, pp. 781-95. Acesso em: jan. de 2022. Disponível em: <https://psycnet.apa.org/record/2004-14304-001>.

Como decidir a quais reuniões comparecer

Pesquisas constantemente mostraram que a satisfação com reuniões prediz o quão satisfeitos estamos com nossos trabalhos de forma geral.
HANSEN, Morton. *Great at Work: How Top Performers Do Less, Work Better and Achieve More*. Nova York: Simon & Schuster, 2018.

Faça mais com uma lista de possibilidades

Em um estudo publicado no *Personality and Social Psychology Bulletin*, foi pedido que as pessoas imaginassem uma visita ao supermercado com um amigo.
HUANG, Y.; SHI, J.; WANG, L. "When do objects become more attractive? The individual and interactive effects of choice and ownership on object evaluation", *Personality and Social Psychology Bulletin*, 35(6), 2009, pp. 713-22. Acesso em: dez. de 2021. Disponível em: <https://psycnet.apa.org/record/2009-08449-004>.

ESTRUTURA

Por que você precisa deixar seu cronotipo estruturar seu dia?

Por exemplo, uma pesquisa conduzida no Irã com 210 trabalhadores do setor da saúde.
AMINI, Fatemeh; BABAKHANIAN, Masoudeh; GHARA, Ali Asghar Nadi; MOOSAVI, Seyed Mohammad; RAFAIEE, Raheleh. "Chronotype patterns associated with job satisfaction of shift working healthcare providers", *Chronobiol Int*, 38(4), abr. 2021, pp. 526–33. Acesso em: dez. de 2021. Disponível em: <https://pubmed.ncbi.nlm.nih.gov/33435743/>.

Escolha um destaque satisfatório para cada dia

Estudo liderado pela professora de psicologia Gabriele Oettingen.
GOLLWITZER, P.M.; MARQUARDT, M.K.; OETTINGEN, G. "Mental contrasting turns positive feedback on creative potential into successful performance", *Journal of Experimental Social Psychology*, 48(5), 2012, pp. 990–96. Acesso em: dez. de 2021. Disponível em: <https://psycnet.apa.org/record/2012-10398-001>.

Pare de pensar em pausas como algo adiável

Uma pesquisa da Universidade do Colorado descobriu que existe um tempo ideal para pausas.
BERGOUIGNAN, A.; DE JONG, N.; LEGGET, K.T. "Effect of frequent interruptions of prolonged sitting on self-perceived levels of energy, mood, food cravings and cognitive function", *International Journal Behavioral Nutrition and Physical Activity*, 13, 113, 2016. Acesso em: dez. de 2021. Disponível em: <https://ijbnpa.biomedcentral.com/articles/10.1186/s12966-016-0437-z>.

Em um estudo, após ouvir uma história, um grupo de pessoas descansou por 10 minutos.
ALBER, Jessica; BUTLER, Christopher; COWAN, Nelson; DEWAR, Michaela; SALA, Sergio Della. "Brief Wakeful Resting Boosts New Memories Over the Long Term", *Psychological Science*, 23(9), pp. 955–60. Acesso em: dez. de 2021. Disponível em: <https://journals.sagepub.com/doi/abs/10.1177/0956797612441220>.

Como parar de conferir os e-mails incessantemente

Em pesquisa feita por Kostadin Kushlev e Elizabeth Dunn, da Universidade de British Columbia, foi descoberto que as pessoas que checavam seus e-mails três vezes por dia eram significativamente menos estressadas do que as que os conferiam constantemente.
DUNN, Elizabeth W.; KUSHLEV, Kostadin. "Checking email less frequently reduces stress", *Computers in Human Behavior*, v. 43, fev. 2015, pp. 220–28. Acesso em: dez. de 2021. Disponível em: <www.sciencedirect.com/science/article/abs/pii/S0747563214005810>.

REFERÊNCIAS

Por que você precisa terminar seu dia com a Técnica de Hemingway

A psicóloga Bluma Zeigarnik conduziu um famoso experimento em 1927.
PSYCHOLOGIST WORLD. "The Zeigarnik Effect Explained". Acesso em: jan. de 2022. Disponível em: <www.psychologistworld.com/memory/zeigarnik-effect-interruptions-memory>.

É hora de começar um ritual da "hora de largar"

Psicólogos descobriram que um dos maiores benefícios de rituais como esse é que eles incutem um senso de significado na vida.
HEINTZELMAN, Samantha J.; KING, Laura A. "Routines and Meaning in Life", *Personality and Social Psychology Bulletin*, 45(5), 18 set. 2018, pp. 688–99. Acesso em: dez. de 2021. Disponível em: <https://journals.sagepub.com/doi/full/10.1177/0146167218795133>.

Quando se trata do ritual específico de organização e se desfazer das coisas, uma pesquisa publicada no *Psychological Science* sugere que esse é um ritual muito benéfico de se adotar.
LI, X.; SOMAN, D.; WEI, L.D. "Sealing the emotions genie: The effects of physical enclosure on psychological closure", *Psychological Science*, 21(8), 2010, pp. 1047–50. Acesso em: dez. de 2021. Disponível em: <https://psycnet.apa.org/record/201023598-001>.

EFICIÊNCIA

Por que você precisa ir à caça aos zumbis

Talvez não seja surpreendente, mas uma pesquisa descobriu que as pessoas não gostam de acreditar que suas escolhas passadas foram equivocadas.
CONLON, D.E.; LENNARD, A.C.; MCNAMARA, G.; SLEESMAN, D.J. "Putting escalation of commitment in context: A multilevel review and analysis", *The Academy of Management Annals*, 12(1), 2018, pp. 178–207. Acesso em: dez. de 2021. Disponível em: <https://psycnet.apa.org/record/2018-15084-007>.

Uma fórmula para reuniões mais eficientes

Em um estudo liderado pelo professor Justin Kruger da Stern School of Business, da Universidade de Nova York.
KRUGER, J.; MILLER, D.T.; WIRTZ, D. "Counterfactual Thinking and the First Instinct Fallacy", *Journal of Personality and Social Psychology*, 88(5), 2005, pp. 725–35. Acesso em: dez. de 2021. Disponível em: <https://psycnet.apa.org/record/2005-04675-001>.

Uma estratégia simples para reduzir o desperdício de tempo

Talvez surpreendentemente, forçar-se a trabalhar e pensar rápido melhora o humor.
JACOBS, E.; PRONIN, E.; WEGNER, D.M. "Psychological effects of thought

acceleration", *Emotion*, 8(5), 2008, pp. 597–612. Acesso em: dez. de 2021. Disponível em: <https://psycnet.apa.org/record/2008-13989-002>.

Uma pesquisa incomum liderada por Echo Wen Wan.
STERNTHAL, Brian; WAN, Echo Wen. "Regulating the Effects of Depletion Through Monitoring", *Personality and Social Psychology Bulletin*, 34(1), 1 jan. 2008, pp. 32–46. Acesso em: dez. de 2021. Disponível em: <https://journals.sagepub.com/doi/10.1177/0146167207306756>.

Abra caminho para um comportamento melhor

Pesquisa liderada por Paul Rozin, da Universidade da Pennsylvania.
DINGLEY, M.; JIANG, H.; KALTENBACH, M.; ROZIN, P.; SCOTT, S.; URBANEK, J.K. "Nudge to Nobesity I: Minor Changes in Accessibility Decrease Food Intake", *Judgment and Decision Making*, 6 (4), 2011, pp. 323–32. Acesso em: dez. de 2021. Disponível em: <https://repository.upenn.edu/cgi/viewcontent.cgi?article=1282&context=marketing_papers>.

Como parar de esquecer o que você leu

Um dos estudos favoritos de Young sobre a memória foi conduzido por Jeffrey Karpicke e Janell Blunt, da Universidade de Purdue.
BLUNT, Janell R.; KARPICKE, Jeffrey D. "Retrieval Practice Produces More Learning than Elaborative Studying with Concept Mapping", *Science*, v. 331, ed. 6018, 11 fev. 2011, pp. 772–75. Acesso em: dez. de 2021. Disponível em: <www.science.org/doi/abs/10.1126/science.1199327>.

FOCO

Foco: entre no ritmo

Uma pesquisa coletada pela MediaKix sugere que por volta de metade do nosso tempo ao telefone — quase 2 horas — é gasto nas cinco principais plataformas de redes sociais.
MEDIAKIX. "How much time do we spend on social media?". Acesso em: dez. de 2021. Disponível em: <https://mediakix.com/blog/how-much-time-is-spent-on-social-media-lifetime/#gs.EQCxB7I>.

Uma revisão de estudos sobre o vício em aparelhos celulares.
FONSECA, F. Rodríguez de; GUTIÉRREZ, J. De-Sola; RUBIO, G. "Cell-Phone Addiction: A Review", *Frontiers in Psychiatry*, 7:175, 24 out. 2016. Acesso em: jan. de 2022. Disponível em: <www.ncbi.nlm.nih.gov/pmc/articles/PMC5076301/>.

Tire o celular da mesa para aumentar a felicidade

Dunn e seus colegas de trabalho organizaram um experimento para manipular sutilmente o quanto as pessoas usavam os celulares durante uma interação social.

REFERÊNCIAS

DUNN, Elizabeth W.; DWYER, Ryan J.; KUSHLEV, Kostadin. "Smartphone use undermines enjoyment of face-to-face social interactions", *Journal of Experimental Social Psychology*, v. 78, 2018, pp. 233–39. Acesso em: dez. de 2021. Disponível em: <www.sciencedirect.com/science/article/abs/pii/S0022103117301737>.

Como ficar confortável com o desconforto o tornará mais produtivo

Em um estudo fascinante, foi pedido que participantes com aracnofobia ficassem perto de uma tarântula.
KIRCANSKI, Katharina, et al. "Feelings into words: contributions of language to exposure therapy", *Psychological Science*, v. 23, 10, 2012, pp. 1086–91. Acesso em: dez. de 2021. Disponível em: <www.ncbi.nlm.nih.gov/pmc/articles/PMC4721564/>.

Como usar a música para entrar no ritmo

Em um estudo publicado no periódico *Psychology of Sport and Exercise*, pediu-se que jogadores de *netball* escolhessem músicas.
FRYER, R.; KARAGEORGHIS, C.I.; MAYNARD, I.; PATES, J. "Effects of asynchronous music on flow states and shooting performance among netball players", *Psychology of Sport and Exercise*, 4(4), 2003, pp. 415–27. Acesso em: dez. de 2021. Disponível em: <https://psycnet.apa.org/record/2003-10506-008>.

Uma maneira nada convencional de conseguir o ritmo criativo

Um estudo publicado no *Leadership Quarterly* examinou como os líderes poderiam aumentar a criatividade das suas equipes.
DIONNE, S.D.; JAUSSI, K.S. "Leading for creativity: The role of unconventional leader behavior", *The Leadership Quarterly*, 14(4-5), 2003, pp. 475–98. Acesso em: dez. de 2021. Disponível em: <https://psycnet.apa.org/record/2003-09618-005>.

O real motivo para a sua procrastinação

Após editar um artigo sobre procrastinação de Charlotte Lieberman, Herrera começou a pensar de forma diferente.
LIEBERMAN, Charlotte. "Why you procrastinate (it has nothing to do with self-control)", *New York Times*, 25 mar. 2019. Acesso em: dez. de 2021. Disponível em: <www.nytimes.com/2019/03/25/smarter-living/why-you-procrastinate-it-has-nothing-to-do-with-self-control.html>.

Uma pesquisa liderada por Michael Wohl descobriu que perdoar a si mesmo por procrastinar diminiu a tendência de fazê-lo no futuro.
BENNETT, Shannon H.; PYCHYL, Timothy A.; WOHL, Michael J.A. "I forgive myself, now I can study: How self-forgiveness for procrastinating can reduce future procrastination", *Personality and Individual Differences*, 48, 2010, pp. 803–8. Acesso em: jan. de 2022. Disponível em: <https://law.utexas.edu/wp-content/uploads/sites/25/Pretend-Paper.pdf>.

RFLEXÃO

Use a insegurança como uma força, não uma fraqueza

Psicóloga da Universidade de Stanford, Alia Crum.
ACHOR, S.; CRUM, A.J.; SALOVEY, P. "Rethinking stress: The role of mindsets in determining the stress response", *Journal of Personality and Social Psychology*, 104(4), 2013, pp. 716–33. Acesso em: dez. de 2021. Disponível em: <https://psycnet.apa.org/record/2013-06053-001>.

Transforme o medo em entusiasmo com uma simples pergunta

Uma pesquisa publicada no *Journal of Positive Psychology* apoia a ideia de perguntarmos a nós mesmos: "Qual é a melhor coisa que poderia acontecer?"
ADAIR, Kathryn C.; KENNEDY, Lindsay A.; SEXTON, J. Bryan. "Three Good Tools: Positively reflecting backwards and forwards is associated with robust improvements in well-being across three distinct interventions", *The Journal of Positive Psychology*, 15:5, 2020, pp. 613–22. Acesso em: dez. de 2021. Disponível em: <www.tandfonline.com/doi/full/10.1080/17439760.2020.1789707>.

O momento ideal para buscar feedback

Cientistas investigaram o motivo disso.
DAHLING, J.J.; RUPPEL, C.L. "Learning goal orientation buffers the effects of negative normative feedback on test self-efficacy and reattempt interest", *Learning and Individual Differences*, 50, 2016, pp. 296–301. Acesso em: dez. de 2021. Disponível em: <https://psycnet.apa.org/record/2016-40949-001>.

Como extrair um feedback que seja realmente útil

Quando Young estava escrevendo *Ultra-aprendizado*, ele conversou com Avraham Kluger.
DENISI, Angelo; KLUGER, Avraham N. "The Effects of Feedback Interventions on Performance: A Historical Review, a Meta-Analysis, and a Preliminary Feedback Intervention Theory", *Psychological Bulletin*, v. 119, no. 2, 1996, pp. 254–84. Acesso em: dez. de 2021. Disponível em: <https://mrbartonmaths.com/resourcesnew/8.%20Research/Marking%20and%20Feedback/The%20effects%20of%20feedback%20interventions.pdf>.

Lembre-se de que você vai morrer

O filósofo romano Seneca, um dos adeptos do estoicismo, escreveu a respeito disso em um de seus ensaios, *Sobre a Brevidade da Vida*.
SENECA. *On the Shortness of Life: Life Is Long if You Know How to Use It*. Nova York: Penguin Books, 2005.

REFERÊNCIAS

CONEXÃO

Por que você precisa de um manual de instruções de uma página
Ele criou o próprio manual de instruções, disponível para qualquer um com um navegador de internet.
Página do LEIAME de Darren, about.gitlab.com. Acesso em: dez. de 2021. Disponível em: <https://about.gitlab.com/handbook/marketing/readmes/dmurph/>.

Sijbrandij tem sua própria página de operações online, onde ele lista suas principais falhas. Página de CEO de Sijbrandij. Acesso em: dez. de 2021. Disponível em: <https://about.gitlab.com/handbook/ceo/>.

Use uma peça de roupa para transformar seu comportamento
Em um estudo incomum, liderado por Amanda Shantz, funcionários de um telemarketing para arrecadação de fundos receberam um pacote de informações sobre seu trabalho.
LATHAM, G.P.; SHANTZ, A. An exploratory field experiment of the effect of subconscious and conscious goals on employee performance. *Organizational Behavior and Human Decision Processes*, 109(1), 2009, pp. 9–17. Acesso em: dez. de 2021. Disponível em: <https://psycnet.apa.org/record/2009-06254-003>.

Como ser melhor em *networking* — sem encontrar novas pessoas
Pesquisa liderada por Daniel Levin, da Rutgers Business School.
LEVIN, Daniel Z.; MURNIGHAN, John Keith; WALTER, Jorge. "Dormant Ties: The Value of Reconnecting", *Organization Science*, 22(4), 2011, pp. 923–39. Acesso em: dez. de 2021. Disponível em: <https://papers.ssrn.com/sol3/papers.cfm?abstract_id=1625543>.

Apesar de parecer algo inconsequente, uma pesquisa descobriu que as pessoas tendem a subestimar os efeitos de dizer "obrigado" e de elogiar alguém.
BOHN, Vanessa K.; BOOTHBY, Erica J. "Why a Simple Act of Kindness Is Not as Simple as It Seems: Underestimating the Positive Impact of Our Compliments on Others", *Personality and Social Psychology Bulletin*, 47 (5), 1 maio 2021, pp. 826–40. Acesso em: dez. de 2021. Disponível em: <https://journals.sagepub.com/doi/abs/10.1177/0146167220949003>.

Como evitar conversa fiada ao conhecer novas pessoas
Cheri Levinson e seus colegas de trabalho descobriram que quando as pessoas pensam sobre suas experiências, histórias e qualidades únicas, elas se sentem menos ansiosas durante encontros sociais.
LANGER, Julia K.; LEVINSON, Cheri; RODEBAUGH, Thomas L. "Self-construal and social anxiety: Considering personality", *Personality and Individual Differences*, 51, 2011, pp. 355–59. Acesso em: dez. de 2021. Disponível em: <www.cherilevinson.com/uploads/1/1/7/6/11768007/levinson_langer_rodebaugh.pdf>.

Faça com que conhecer novas pessoas em eventos seja menos aterrorizante

Interessantemente, se pessoas mais introvertidas agirem de maneira extrovertida e participarem de atividades associadas a extroversão.
MCNIEL, J.M.; FLEESON, W. "The causal effects of extraversion on positive affect and neuroticism on negative affect: Manipulating state extraversion and state neuroticism in an experimental approach", *Journal of Research in Personality*, 40(5), 2006, pp. 529–50. Acesso em: dez. de 2021. Disponível em: <https://psycnet.apa.org/record/2006-12442-005>.

ENERGIA

São 14h e você está fracassando. Está naquela clássica fase do dia de sono pós-almoço.
MONK, Timothy. "The Post-Lunch Dip in Performance", *Clinics in sports medicine*, 24(2), mar. 2005. Acesso em: dez. de 2021. Disponível em: <www.researchgate.net/publication/7848298_The_Post-Lunch_Dip_in_Performance>.

Como uma nota adesiva pode ajudá-lo a ser mais resiliente

Em um experimento incomum, liderado por Bruce Smith, da Universidade do Novo Mexico.
COSPER, Cynthia J.; MONTAGUE, Erica Q.; MULLINS, Paul G.; ROBINSON, Amanda E.; SMITH, Bruce W.; TOOLEY, Erin M. "The role of resilience and purpose in life in habituation to heat and cold pain", *The Journal of Pain*, 10(5). maio 2009, pp. 493–500. Acesso em: dez. de 2021. Disponível em: <https://pubmed.ncbi.nlm.nih.gov/19345153/>.

O ritmo ideal para o trabalho duro

A professora Maura Scott liderou uma pesquisa que demonstrou o impacto de limites altos e baixos.
NOWLIS, S.M.; SCOTT, M.L. "The effect of goal specificity on consumer goal reengagement", *Journal of Consumer Research*, 40(3), 2013, pp. 444–59. Acesso em: dez. de 2021. Disponível em: <https://psycnet.apa.org/record/2013-32845-004>.

Por que você precisa de uma Pasta da Alegria

Nossa ênfase exagerada no negativo tem um nome: Viés Negativo.
GROSSMANN, T.; VAISH, A.; WOODWARD, A. "Not all emotions are created equal: the negativity bias in social-emotional development", *Psychological Bulletin*, 134(3), 2008, pp. 383–403. <https://doi.org/10.1037/0033-2909.134.3.383>. Acesso em: dez. de 2021. Disponível em: <www.ncbi.nlm.nih.gov/pmc/articles/PMC3652533/>.

Como a senha do seu computador pode torná-lo mais produtivo

Décadas de pesquisas mostraram que a gratidão faz com que nos sintamos bem.
EMMONS, R.A.; MCCULLOUGH, M.E. "Counting blessings versus burdens:

an experimental investigation of gratitude and subjective well-being in daily life", *Journal of Personality and Social Psychology*, 84(2), fev. 2003, pp. 377–89. Acesso em: jan. de 2022. Disponível em: <https://pubmed.ncbi.nlm.nih.gov/12585811/#affiliation-1>.

EMMONS, R.A.; FROH, J.J.; SEFICK, W.J. "Counting blessings in early adolescents: an experimental study of gratitude and subjective well-being", *Journal of School Psychology*, 46(2), abr. 2008, pp. 213–33. Acesso em: jan. de 2022. Disponível em: <https://pubmed.ncbi.nlm.nih.gov/19083358/#affiliation-1>.

Pessoas que mantiveram um diário de gratidão para o dia a dia ou semanalmente eram significativamente mais felizes do que aquelas que escreveram sobre eventos neutros ou negativos.
EMMONS, R.A.; MCCULLOUGH, M.E., ibid.

Outra pesquisa descobriu que adolescentes que foram pedidos para pensar sobre coisas pelas quais eram gratos relataram uma satisfação com a vida significativamente maior.
EMMONS, R.A.; FROH, J.J.; SEFICK, W.J., ibid.

Por que vale a pena considerar comprar mais tempo

"Nós publicamos uma série de oito estudos em um dos principais periódicos científicos demonstrando que as pessoas que usam dinheiro para comprar tempo são mais felizes do que que as que não o fazem."
BEKKERS, Rene; DUNN, Elizabeth W.; NORTON, Michael I.; SMEETS, Paul; WHILLANS, Ashley V. "Buying time promotes happiness", *Proceedings of the National Academy of Sciences*, 114 (32), ago. 2017, pp. 8523–27. Acesso em: dez. de 2021. Disponível em: <www.pnas.org/content/114/32/8523>.

Como remover recorrências irritantes da sua vida

É por causa de uma força chamada *tunnelling*.
MANI, Anandi; MULLAINATHAN, Sendhil; SHAFIR, Eldar; ZHAO, Jiaying. 'Poverty Impedes Cognitive Function', *Science*, (341), ago. 2013, pp. 976–80. Acesso em: dez. de 2021. Disponível em: <https://scholar.harvard.edu/files/sendhil/files/976.full_.pdf>.

O poder do 'Sim, mas'

De maneira interessante, uma pesquisa mostrou que as pessoas tendem a valorizar e apreciar pequenos atos de gentileza mais do que o esperado.
EPLEY, N.; ZHANG, Y. "Self-centered social exchange: Differential use of costs versus benefits in prosocial reciprocity", *Journal of Personality and Social Psychology*, 97(5), 2019, pp. 796–810. Acesso em: dez. de 2021. Disponível em: <https://psycnet.apa.org/record/2009-19144-004>.

Agradecimentos

Foi durante um café no Babble, em Prahran, que este livro recebeu a primeira chance de existir fora da minha cabeça. Eu estava trabalhando no conceito por alguns meses quando fui apresentada a Cathy Baker (que agora é minha agente), da CMC Talent Management, que perguntou se eu estava trabalhando em alguma ideia para um livro. Eu disse "sim".

Então, em primeiro lugar, Cathy, eu te agradeço por ser absolutamente incrível, por me apoiar e por ter uma crença inabalável em mim. Eu me sinto tão sortuda por tê-la como minha parceira de crime (do tipo legal, obviamente).

Cathy promoveu a ideia do meu livro para Isabelle Yates, da Penguin Random House (PRH). Izzy, você foi a campeã mais apaixonante que uma garota poderia desejar. Eu mal posso começar a imaginar quantas ideias são enviadas a você todos os dias, e ainda me sinto tão sortuda por você ter acreditado no que eu queria fazer. Eu me refiro a você para os meus amigos como a "capitã do livro", então, obrigada, Capitã Izzy, por ter liderado meu livro de maneira tão entusiasmada através do mundo da PRH até as mãos dos leitores. Obrigada por sua visão, suas ideias e seus feedbacks; você foi essencial para tornar *Seu tempo vale ouro* mais impactante.

Obrigada a Clive Hebard, da PRH, que fez da etapa de edição de texto desse processo uma felicidade absoluta (quando poderia ter sido algo completamente diferente). Clive, obrigada por focar os mínimos detalhes de cada página do manuscrito e por não simplesmente injetar um bilhão de melhoras em meu livro, mas também trazer humor ao processo. (Quem pensaria que poderíamos dar risadas ao conversar sobre mudanças gramaticais?)

Obrigada, Braden Bird e Jemma Ferreira-Rowe, do time de marketing e publicidade da PRH, por ajudarem a espalhar a palavra do *Seu tempo vale ouro* e por serem cheios de ideias criativas sobre como fazê-lo.

Este livro não existiria sem as pessoas completamente inspiradoras que eu tive o absoluto privilégio de entrevistar no *How I Work* ao longo dos últimos 3 anos. Vocês todos fizeram o trabalho parecer tudo, menos trabalho. Um obrigada especial a três dos meus heróis/convidados: Adam Grant, Jake Knapp e Nir Eyal, que foram particularmente generosos com seu tempo e apoio.

Desde que o *How I Work* começou, em julho de 2018, meu pai, Martin, faz a mixagem de som de cada episódio. Ele foi de engenheiro e programador de computador aposentado para alguém que aprendeu a ser um engenheiro de som em semanas (sem mencionar um completo guru sobre o melhor equipamento a se usar). Obrigada pelas centenas (ou seriam milhares?) de horas que você gastou fazendo com que eu e meus convidados tivéssemos o som mais limpo e de maior qualidade, e pelo amor e cuidado que você coloca em cada episódio. Trabalhar com você foi um projeto de pai e filha muito agradável.

Em 2021, eu expandi o time do *How I Work* para incluir membros que não são da minha família. Kellie Riordan, eu te admirava à distância, e agora tive a sorte de trabalhar com você e com o time do Deadset Studios por mais de um ano. Todo apresentador de podcast precisa de uma Kellie; você me tornou uma entrevistadora infinitamente melhor e elevou o nível do *How I Work* tanto, mas tanto. Um grande agradecimento a você, Jenna Koda, pelas horas de pesquisa que colocou no programa toda semana, e ao Liam Riordan, por suas edições inteligentes e assistência em tornar cada episódio melhor.

Escrever um livro em 5 meses enquanto trabalha em tempo integral (apesar de nós, tecnicamente, utilizarmos a Semana dos 4 Dias na Inventium) não acontece a não ser que você tenha um time de superestrelas te apoiando. Agradeço à melhor CEO que eu poderia sonhar em ter, Mish Le Pidevin, por pilotar o barco da Inventium tão bem ao longo dos últimos 3 anos (e especialmente durante a loucura que foram os últimos 8 meses). E obrigada a Charlotte Rush, Zoe Aitken, Nick Johnson, Georgia Luttick, Gabby Webb, Kez Hanstock, Sasha D'Arcy, Evelina Bereni e Hannah O'Connor por serem o melhor time com quem eu poderia imaginar trabalhar. Trabalhar com todos vocês significa que cada dia de trabalho garante novas ideias para ponderar, feedback para melhorar meu pensamento, um esquadrão de torcedores mútuos e várias gargalhadas de doer a barriga.

Agradeço à minha mãe, que também é escritora e psicóloga, por me inspirar a me tornar o que ela descreve como uma "detetive da mente", e por me tornar uma autora muito melhor por meio de várias edições em tantas partes do meu trabalho nas últimas 3 décadas (incluindo as que melhoraram muito o primeiro rascunho do manuscrito). Mais importante, obrigada por ser minha rocha e pelo amor incondicional que eu sempre sei que espera por mim.

Como filha única, eu sempre disse que meus amigos são a família que escolhi. E eu fiz muitos bons amigos ao longo dos anos. Um agradecimento especial a Monique, Trudi, Simon (Mrocki), Simon (Moss), Steph, Tash, Sarah, Sean, Jase, Mia e Andrew por trazerem tanta risada, sabedoria e uma excelente companhia para a minha vida, especialmente durante as quarentenas em Melbourne e outros desafios enquanto eu escrevia este livro.

Eu dediquei este livro à minha filha Frankie (que estava muito animada com essa decisão). E, apesar do fato de que ela provavelmente não vai lê-lo (apesar de eu ter tentado prescrevê-lo para ela durante a história da hora de dormir), eu gostaria de agradecê-la por me inspirar todos os dias com sua curiosidade sobre o mundo.

Sobre a autora

Dra. Amantha Imber é psicóloga organizacional e fundadora da consultoria de ciência comportamental Invetium. Amantha também é cocriadora da lista Empresas Mais Inovadoras do jornal *Australian Financial Review* e da lista Melhores Lugares para se Trabalhar do *AFR BOSS*. Amantha ajudou empresas como Google, Apple, Disney, Lego, Atlassian, Commonwealth Bank e muitas outras a reinventar a maneira com que abordam o trabalho.

Em 2019, foi nomeada como uma das 100 mulheres mais influentes pelo *Australian Financial Review*.

Em 2021, ela venceu o Prêmio de Inovação no *Thinkers50* (descrito pela *Financial Times* como o Oscar do Pensamento de Gerenciamento), que reconhece o pensador que mais contribuiu para o entendimento da inovação global nos últimos 2 anos. Amantha foi a primeira australiana a vencer o prêmio.

Amantha também é apresentadora do podcast número um no ranking dos negócios, *How I Work*, com mais de 3 milhões de downloads, em que ela entrevista algumas das pessoas mais bem-sucedidas do mundo sobre seus hábitos, estratégias e rituais.

Os pensamentos de Amantha apareceram em artigos para a *Harvard Business Review*, a *Forbes*, a *Entrepreneur* e a *Fast Company*, e ela é autora de dois livros best-sellers: *The Creativity Formula* e *The Innovaton Formula*, ainda sem tradução para o português.

amantha.com
intentium.com.au
Amantha Imber
@amantha
@amanthai

EDITORA ALAÚDE

CONHEÇA OUTROS LIVROS

ALCANCE SEU POTENCIAL MAIS ELEVADO E UMA COMPREENSÃO MAIS PROFUNDA DE SI MESMO.

Com insights sobre inteligência social e emocional, o poder da atenção, consciência corporal, respiração, plenitude e transcendência — e com dezenas de ilustrações das posturas da ioga —, *Vivendo na luz* é um guia para você construir um futuro brilhante e esclarecedor.

Ioga

Meditação

SE FOSSE FAZER APENAS UMA COISA PARA TRANSFORMAR SUA SAÚDE, O QUE SERIA?

Todos queremos maneiras rápidas e fáceis de melhorar nossa saúde, mas quando se trata de dieta, condicionamento físico e bem-estar, pode ser difícil separar os fatos dos modismos. Dr. Mosley traz à luz pequenas coisas que você pode introduzir em sua rotina diária que terão um grande impacto em sua saúde mental e física.

Transformação Pessoal

Vida Fitness

Todas as imagens são meramente ilustrativas.

Este livro foi impresso nas oficinas gráficas da Editora Vozes Ltda.,
Rua Frei Luís, 100 – Petrópolis, RJ.